Sarinah Aurelia

Seelenverträge
Band 8

Die allumfassende Liebe verleiht Flügel

Bitte fordern Sie unser kostenloses Verlagsverzeichnis an:

Smaragd Verlag
In der Steubach 1
57614 Woldert (Ww.)
Tel.: 02684-97848-10
Fax: 02684-97848-20
E-Mail: info@smaragd-verlag.de
www.smaragd-verlag.de

Oder besuchen Sie uns im Internet unter der obigen Adresse und tragen Sie sich für unseren Newsletter ein.

© Smaragd Verlag, 57614 Woldert (Ww.)
Deutsche Erstausgabe: Juni 2014
© Cover:
© Loraliu, Fotolia.com
© free_photo, Fotolia.com
Umschlaggestaltung: preData
Satz: preData
Printed in Czech Republic
ISBN 978-3-95531-050-9

Sarinah Aurelia

Seelenverträge Band 8

Die allumfassende Liebe verleiht Flügel

Smaragd Verlag

Über die Autorin

Sarinah Aurelia gab 2008 ihren Beruf auf, um mit ganzer Kraft für das Licht zu wirken. Es entstand ein lebhafter, lichtvoller und liebevoller Kontakt zu der Galaktischen Föderation des Lichts, den Erzengeln und geistigen Mentoren. Die Durchsagen bieten die Möglichkeit, die Hände denjenigen entgegenzustrecken, die uns mit Sehnsucht dort erwarten, wo einst der Ausgangspunkt für unsere Reise auf die Erde war.

Inhalt

- Das Gestern und das Heute 11
- Du bist ein lebendiger Engel 15
- Das Herz – Die innere Eintrittspforte
  in die Himmelssphären 20
- Das Läuterungsfeuer 23
- Unsere wahre Identität 26
- Lichtträger gibt es wie Sand am Meer 30
- Die Liebe zu sich selbst verlieren und wie
  Lichtträger wirken 33
- Der Aufstieg trennt nie, er verbindet 36
- Zeitpuffer – So kann jedes Wesen individuell
  eintreten in das Goldene Jerusalem 40
  Der Tod – Nur eine scheinbare Trennung 43
- Die irdische Liebe und ihre Tücken 46
- Sexualität – Ein Weg aus der spirituellen
  Isolation 50
- Krankheiten – Eine Option, um Vollkommenheit
  zu erreichen 53
- Ängste lehren uns, die Herausforderungen
  zu bestehen 55
- Das Gefühl und wie sehr wir damit den
  nächsten Tag bestimmen 57
- Das Leben ist perfekt, es führt dir genau das zu,
  was du brauchst, um die nächste Lernerfahrung
  zu bewältigen 59
- Der Weg in die innere klare Stärke 63

- Hoffnung, Glaube und Vertrauen sind wie Flügel für dich 66
- Wie möchte ich sein, wie denke und fühle ich über mich? 70
- Der Aufstieg an sich endet nie 75
- Erzengel Michael erzählt, wie die Engel und die Sternenfamilie unseren Aufstieg wahrgenommen haben 78
- Marix, ein alter Freund aus Sirius 82
- Engel inkognito – Sie nutzen das Rad der Wiedergeburt 85
- Erzengel Zadkiel – Der kristalline Lichtkörper 88
- Partnerschaft mit einem Wesen aus dem galaktischen Sternensystem 92
- Aufgestiegen – was nun? 96
- Zeit der lebendigen Engel 101
- Mitgefühl hilft immer, Mitleid jedoch nicht 104
- Die Liebe und der freie Wille 109
- Jesus Christus über die verschobene Wahrnehmung 112
- Die Sehnsucht nach dem wahren Zuhause 116
- Das Rad der Wiedergeburt steht – Was nun? 119
- Erdenengel lieben die Herausforderung 122
- Warum waren viele Lichtträger inkognito? 125
- Die Eigenermächtigung der Erdenhüter 128
- Die Widersacher aus früheren Leben und ihr Liebesdienst 131
- Das Liebste aller Liebsten – Erfahrungsbericht Sarinah 133

- Transformation ebnet den Weg nach oben 142
- Der Weg zu uns SELBST –
  Ein Husarenritt für die meisten von uns 145
- Der Wunsch nach Vereinigung erfüllt sich 148
- Die Vereinigung mit der Geistigen Welt –
  Eine durchaus sinnliche Erfahrung 151
- Die Erzengel Uriel und Michael sprechen über
  die Liebe 155
- Viele Wege, ein Ziel 159
- Warum der Aufstieg immenses Kälteempfinden
  im Körper auslösen kann 163
- Die Geistige Welt ist voller Sinnlichkeit –
  Wer hätte das gedacht? 166
- Das Herz – Die Verbindung zur himmlischen
  Sphäre 170
- Erzengel Michael: Du bist deine Seele, und dein
  Körper ist wie ein Vehikel, das deiner Seele
  erlaubt, auf der Erde zu sein 173
- Erzengel Michael: Je mehr göttliches Licht dein
  Körper halten und an andere verteilen kann,
  umso leichter wirst du 176
- Zeitenwandel geht immer einher mit Zellwandel .. 180
- Wie erreiche ich es, dass mein Leben leichter
  wird und sich meine Wünsche endlich erfüllen? ... 185
- Vision Sarinah: Meine Vereinigung mit dem
  galaktischen Seelenpartner 188
- Die Kleinen sind nicht auf der Erde, um von den
  Großen zu lernen, sondern umgekehrt 193

- Die gelebte Liebe verleiht zwar Flügel, kann aber der Grund sein für die immer wiederkehrenden schmerzhaften Erlebnisse 197
- Liebe und Partnerschaft aus galaktischer Sicht ... 201
- Sinnlichkeit aus galaktischer Sicht 206
- Erzengel Michael und Marix: Der individuelle Erstkontakt 210
- Die Kraft einer Umarmung, die Magie des Kusses, der Bund der Vereinigung 214
- Erzengel Raphael: Heilung in allen Bereichen – Längst möglich oder nur etwas für hochspirituelle Menschen? 218
- Der galaktische Lebenspartner 222
- Erzengel Michael: Die Sinne – Damit habt ihr eine gewaltige Verfügungsmacht 226
- Erzengel Jophiel: Der Zustand des Schwebens und das Gegenteil: das Mangelbewusstsein 230
- Zellwandel führt immer auch zum Wandel im Lebensbereich 233
- Die Sehnsucht nach allumfassender Erfüllung 237
- Erzengel Michael: Die Unlust, sich selbst zu leben 240
- Lichtarbeiter sind immer im Dienst 246
- Burn-out oder zu lange versucht, Stärke zu zeigen 249
- Liebe und Schmerz gehören zusammen 252
- Liebe ist untrennbar verbunden mit Freiheit 255
- Hingabe geht immer einher mit Schmerz 262

- Erzengel Michael – Magische Momente mit einem Engel 267
- Der Besitzanspruch und seine Tücken – Das schmerzhafte Sehnen nach Liebe 273
- Das Spiel mit den Abhängigkeiten 279
- Der Jesus-Effekt und die Süchte 283
- Das Vertrauen in weltliche Mentoren 286
- Schmerz und Verweigerung gehören zusammen 290
- Festhalten erschafft Abhängigkeit 294
- Politik, Religion und Jesus aus Sicht der Erzengel 299
- Das Verlangen des Goldenen Zeitalters – Ich will dich, aber ich brauche dich nicht 304
- Der Plan des sanften Erstkontakts 308
- Jesus: An den Augen erkennt ihr mich 312
- Kristallstädte – Aus Traum wird Wirklichkeit 317
- Kristallstädte – Nesara-Lichtarbeit wichtiger denn je 321
- Erzengel Michael spricht über die selbst gewählte Isolation, die viele Gesichter hat 324
- Erzengel Michael – Liebe verleiht Flügel 329

Nachwort 333

Das Gestern und das Heute

Wenn ihr morgens aufwacht, was macht ihr als Erstes?

Die einen greifen sofort zum Handy, andere zur Fernbedienung, wieder andere zur Zigarette.

Was hat das mit dem Aufstieg an sich zu tun? Ihr Lieben, es wird sich so vieles verändern, dass ihr euch zum heutigen Zeitpunkt noch gar nicht vorstellen könnt, dass auch in euch ein immenser Wandel stattfinden wird. Selbst die oben genannten Rituale, die wenig Beachtung finden bei denen, die sie ausführen, unterliegen einer Wandlung.

Warum wir in dieser Botschaft mit den Ritualen anfangen, hat einen Grund, denn es zeigt am besten, wie stark ihr auf die neuen Frequenzen reagiert.

Wir lieben eure menschlichen Angewohnheiten, vor allem die, die niemandem schaden und euch selbst in eine Art Sicherheit bringen.

Wir lieben es zu sehen, wie die Starken der Starken das wiederholen, was sie auch in früheren Inkarnationen schon getan haben, um sich in die Ruhe zu bringen.

Es gab zwar noch keine Handys, Fernbedienungen usw., doch wisst, dass es trotzdem Dinge im Alltag gibt, die euch mit früheren Leben viel mehr in Verbindung bringen, als ihr denkt.

Da sind zum Beispiel diejenigen, die morgens gerne kalt duschen, aus freien Stücken wohlgemerkt, und jene taten das auch in früheren Inkarnationen, allerdings oft aus dem Grund, weil es kein warmes Wasser gab. Doch was bringt sie dazu, im 21. Jahrhundert freiwillig kalt zu duschen?

Ja, richtig, alte Erinnerungen an frühere Lebensgewohnheiten. Diese Erinnerungen können euch aber auch dazu bringen, das zu verachten, was ihr gezwungen wart zu tun, damals, vor Hunderten von Jahren.

Was wir eigentlich damit sagen wollen ist, dass dieses Gewahrsein all eurer Leben in euch auftaucht, allerdings so sanft wie nur möglich, damit es euer System nicht sprengt.

Wahrlich, es gibt hier viel zu betrachten, und die Erinnerung an das, was IST, kehrt zurück. Doch das Erinnern hat längst angefangen, und es wird auf keinen Fall so sein, dass es euch auf einmal gegeben wird, sonst würdet ihr verrückt werden.

Eure Engel, Aufgestiegenen Meister, Feen, Geistführer und Mentoren sorgen liebevoll dafür, dass ihr langsam wieder das erhaltet, was euch mit all dem ausstatten wird, damit ihr dann in der Lage seid, selbst zu erschaffen, was ihr braucht, zum Wohl aller!

Wobei eure Mentoren erst einmal alle Reminiszenzen aus früheren Leben von euch fernhalten, die euch gefährlich werden könnten, weil die Erinnerungen an frühere Inkarnationen das Körper-, Geist- und Seelensystem überlasten würden. Denn tief in euch gibt es etwas, das in tiefe Resonanz gehen könnte mit all den dramatischen Ablebensarten, die euch in euren früheren Leben widerfahren sind.

Nun, auch hier wird es ein volles Gewahrsein geben, allerdings erst, wenn ihr in der Heilung seid, denn vorher könnte es euch so bedrücken, dass ihr nicht Herr eurer Sinne wärt, um es in eurem Sprachgebrauch auszudrücken.

Bedenkt bitte, dass es auch Inkarnationen gegeben haben mag, die dazu dienten, euer Karma zu tilgen oder das dunkelste Selbst kennenzulernen.

Sollte es also Freunde geben, die euch unglaublich ans Herz gewachsen sind, die viel für euch taten und umgekehrt genauso, dann wisst, dass oft diese Seelenfreunde zusammen beim Schöpfer um das irdische Gewand gebeten haben. Denn sie waren auch in früheren Leben dafür bekannt, dass sie für den anderen durchs Feuer gingen. Könnte es eine bessere Absicherung geben als den gemeinsamen Wiedereintritt ins Leben?!

Wie gut die Lebenspläne an sich abgesichert sind, haben wir euch schon erzählt, doch wusstet ihr, dass ihr euch nicht nur nach allen Seiten abgesichert habt, sondern auch mit all den Fähigkeiten geboren wurdet, die ihr an den Erzengeln so bewundert?

Ja, das volle Gewahrsein ist etwas, das euch sehr bald mit jenen in Berührung bringt, die ihr für immer verloren zu haben glaubtet, als ihr die Reise auf die Erde angetreten seid.

Damals, als die Dualität euch erst einmal verschluckte, und zwar so, dass ihr jegliche Erinnerung an die eigenen Fähigkeiten und die geistige Heimat verlort.

Grausam? Nein, durchaus nicht, denn das war eine Abmachung, der ihr zugestimmt habt, weil ihr wusstet, dass ihr erst zur Quelle zurückkehren wolltet, wenn ihr es selbst geschafft haben würdet, euch wieder dem Licht allen SEINS zuzuwenden.

Wenn ihr morgens die Augen aufmacht, sehen wir Wesen, die schon bei den ersten Handgriffen des Tages in der Lage sind, sich erst einmal zur eigenen Mitte zu bringen, wie immer das auch aussehen mag.

Wie sehr wir euch bewundern, wie sehr wir euch dafür ehren, dass ihr lange Zeit diesen Tarnmantel der Dualität ertragen habt, nicht weil ihr keine Wahl hattet, nein, eine Wahl hattet ihr durchaus, ihr habt diese Tarnung ertragen, weil ihr wusstet, dass der Zeitpunkt der Klarheit unweigerlich kommen wird.

Ihr wusstet innerlich, dass der Weg zurück zur Quelle euch all die Schwere von den Schultern nehmen wird, alles, was ihr die ganze Zeit auch für andere getragen habt.

Wahrlich, ein Dienst der Liebe, und diese Zeilen liest nun das Erdenwesen, das zu den Himmelsstürmern gehört, die Meisterseele, die damals ausgesandt wurde, weil der Schöpfer davon überzeugt war, dass durch dich, liebes Erdenkind, ein ganzer Tross lebendig zur Quelle zurückfinden wird.

Du bist ein lebendiger Engel

Wo immer du gerade bist, wenn du diese Zeilen liest, wir möchten dir sagen: „Deine Wahl war goldrichtig, die Wahl des Pfades, der dich in das Goldene Zeitalter führt."

Dass du auf diesem Lebensweg viel Schmerz erfahren hast, ist uns bewusst. Schmerz der scheinbaren Trennung vom Ursprung, damals, als du im Bauch deiner Mutter warst. Wobei dieses Hineingleiten in das Leben später oft mit Verzicht verbunden ist. Oder, besser gesagt, entweder mit selbst erzeugtem oder von außen auferlegtem Mangel. Erfahrungen eben, die es zu leben gilt, damit sie abgehakt werden können und man nicht immer wieder die gleichen Lebenssituationen durchleben muss.

Wir sehen alle deine Wunden, die dir das Leben geschlagen hat, und wir sehen, wie stark du bist. Welch ehrfürchtiges Raunen durch die Geistige Welt geht, wenn deine Aura nach jeder Reinigung umso mehr erstrahlt. Das, liebes Erdenkind, kannst du nur erahnen.

Doch nun werden wir uns hören, sehen, und unsere Hände werden sich wahrhaftig berühren.

So gleitet das Erdenschiff Gaia langsam und sanft, ohne zu trudeln, in die Himmelsgefilde hinein, begleitet von einer riesigen Schar von Lichtschiffen, die nicht nur beobachten, sondern auch helfend eingreifen, sollte das Erdenschiff in Gefahr geraten, abzudriften. Helfend stehen wir zur Seite und haben so manchen nuklearen Sprengsatz neutralisiert, sodass derjenige, der ihn zündete, seine Grenzen der Macht zu spüren bekam. Denn das Ziel der verkörperten Lichtwerdung der Erdenbewohner darf niemanden zerstören, schon gar nicht jene, die sich schon in Lemurien und Atlantis zerstörerisch eingemischt haben!

Nun, wir sind aber nicht hier, um uns in den Vordergrund zu stellen, sondern lenken die Scheinwerfer des Goldenen Zeitalters auf die wahren Helden, die gerade diese Zeilen lesen.

Welcher Schmerz war in euren Zellen, könnt ihr euch erinnern? Wie der Körper reagierte, wie schmerzvoll in der Vergangenheit der Lichtwerdungsprozess war?

Ja, in der Vergangenheit, denn mittlerweile solltet ihr die hereinströmenden göttlichen Energien sehr gut im Körper aufnehmen, ohne dass es bremst oder Teile eurer Zellen, Muskeln und Nerven sich verkrampfen oder schmerzen.

Ja, verkrampft, es hat wehgetan! Das geschah jedoch unbewusst, ihr konntet es nicht steuern. Ihr wart zwar zu dem Zeitpunkt schon in Verbindung mit dem Höheren Selbst, der goldene Engel jedoch wohnte noch nicht in eurem Körper. Und genau das ist jetzt der Fall: Das Höhere Selbst ist eingezogen in die lebendige Körperhülle, und so flutet das Licht von innen nach außen. Das wiederum dient dazu, innerlich zu leuchten, und so leuchtet euer Umfeld auch.

Wir sprechen die Vergangenheit an, damit ihr fühlt, wie sehr ihr euch zu Meistern gewandelt habt, wie erfolgreich euer Weg war, auch wenn es euch manchmal schwerfällt, das zu sehen. Verständlich, denn die Dinge im Körper und im Außen sind dermaßen in Bewegung, dass die Sicht auf das Wesentliche manchmal schwerfällt.

Wobei wir betonen möchten, dass die meisten irdischen Körper, die lebendig aufgestiegen sind, einer immensen Belastung ausgesetzt waren, ähnlich der Besteigung eines hohen Berges ohne Sauerstoffgerät, und immer in Gefahr, dass die Glieder, das Herz und das Gehirn versagen, weil die Luft zu dünn ist.

Eine Meisterleistung für dich und all jene, die reich an Lebensjahren sind, denn die „älteren Semester", um es in eurem Sprachgebrauch zu sagen, diese Lichtträger waren oft jene, die gerade dann mit ihrer Lebenserfahrung punkten konnten, wenn für Jüngere der Steig zu steil und steinig schien.

Nicht selten aber geschah es, dass zum Beispiel einem älteren Menschen die Straße zu steil und steinig wurde, und so nahm dieses Wesen dann eine Abkürzung über den Tod, indem es den Körper verließ.

Eine Schar von Engel und Mentoren waren und sind an eurer Seite, damit auch alle in das Goldene Zeitalter einziehen können, die es in ihrem Lebensplan so verankert haben.

Mittlerweile ist diese Begleitung aus der Geistigen Welt sichtbar, ihr könnt uns in den Augen eurer Mitmenschen sehen. Dadurch ist es für euch leichter, die Dinge hinter den Dingen zu sehen, und so nehmen wir die Leser gerne weiter an die Hand und führen voller Liebe durch dieses Buch.

Die Seelenverträge sind dein persönlicher Begleiter, denn es scheint gerade so, als wären die Zeilen nur für dich geschrieben, für dich liebevoll energetisiert, und wir sagen dir: „Ja, so ist es." Es ist ein Geschenk aus dem

Ursprung, dem Ort, wo deine Reise auf die Erde damals, vor vielen Jahrhunderten, angefangen hat.

Viele Inkarnationen liegen hinter dir, und viel Wissen hast du von all diesen Lebensreisen mitgenommen in die Epoche, in der du nun lebst.

Viel Wissen, Erinnerungen, Liebe und Weisheit und noch viel mehr waren bei deiner Geburt im Gepäck, weil du es so wolltest und wusstest, dass der Rucksack dadurch zwar schwer wird, jedoch unweigerlich nur das bei dir bleiben wird, was dir und anderen auch wirklich nutzt und guttut.

Du kamst mit einem reichen Erfahrungsschatz all deiner Leben, und als diese Erinnerungen anfingen, dein System zu überlasten, warst du gezwungen, die Dinge an die Oberfläche kommen zu lassen und alles, was zu sehr Last war, loszulassen.

Wahrlich, kein leichtes Unterfangen, denn das, was sich hier so leicht liest, hat sich im Alltag oft angefühlt wie tiefe Traurigkeit, Depression, Burn-out, Abschied oder sogar Sterben.

Immer dann, wenn ein Teil deiner Seele in die geistige Heimat reiste, um dort zu bleiben, immer dann kam auch ein Seelenanteil aus dem Ursprung zu dir zurück, was meistens einherging mit tief empfundener Liebe, aber auch dem Gefühl der Leere.

Der verkörperte Weg zurück ins Licht – wahrlich, kein leichtes Unterfangen, doch uns war von Anfang an klar, dass die Seele, die dieses Wesen bewohnt, niemals aufgeben würde, niemals…

So lange die Füße tragen oder, besser gesagt, so lange die göttliche Energiewelle trägt, weil du vertrauen kannst.

Auch wenn die vergangenen Jahre oft nicht leicht waren, möchten wir dir sagen, dass du in jedem Tal, das du durchschritten hast, Spuren im Sand hinterlassen hast, und diesen Spuren können wiederum andere Lichtträger folgen.

Wenn du zurücksiehst, wirst du erkennen, dass in besonders schweren Abschnitten die Engel und Mentoren, die um dich waren, den Dienst des Tragens übernommen haben, einfach so, bedingungslos, weil du so geliebt bist, wie du bist, weil wir dich immer schon geliebt haben – immer.

Das Herz – Die innere Eintrittspforte in die Himmelsphären

Je höher die eigene Frequenz des Körpers, desto wichtiger ist das Herz. Wobei wir nicht sagen möchten, dass das Herz sonst unwichtig wäre. Nein, damit möchten wir ausdrücken, dass der verkörperte Lichtwerdungsprozess vom Herz – von innen – ausgeht und sich erst dann in der äußeren Realität – dem Körper – zeigt.

Wir wissen, wie sehr du dir wünschst, die heilenden Umwandlungen würden schneller vonstattengehen. Wir wissen, dass dir nach all den erlebten Erfahrungen die Geduld fehlt, sagen dir jedoch: „Vergiss nicht, liebe Erdenseele, du bist die Zeit!"

Abgesehen von einigen wichtigen Eckpunkten, die es gilt abzuwarten, weil es mit dem großen Außen zu tun hat, hast du vielfach die Möglichkeit, Veränderungen voranzutreiben. Du musst nur eins tun: auf das Gesetz der Resonanz achten und vertrauen. Vertraue dir und deinen Fähigkeiten! Wisse, dass du deine göttliche Macht die meiste Zeit deines Lebens unterschätzt hast.

Wie könnte es anders sein? Wärst du von Anfang an voll in deinem Gewahrsein gewesen, hätte die Gefahr bestanden, dass du abhebst, und so hätten dich wiederum andere Menschen oder alltägliche Gegebenheiten erden und auf den Boden der Tatsachen zurückbringen müssen.

Hattest du heftige Auseinandersetzungen mit anderen, die dich erschaudern ließen, weil es dich runterzog? Nun, das hat zwei Gründe: Der eine ist, dass dein Sein viel zu stark in der Geistigen Welt war (Kopf im Himmel, Füße am Boden), was im Leib für einen Frequenzunterschied sorgt, der durchaus unangenehm sein kann, sodass du im Außen auf Leute triffst, die dafür sorgen, dass dein System erst einmal runterfährt, um dann wieder neu starten zu können. Um es banal zu sagen: Diese Leute erden dich! Wenn das physische System runterfährt, kann das durchaus sehr ermattend sein, daran erinnerst du dich sicher.

Der zweite Grund für Begegnungen, die im ersten Moment nicht besonders erfreulich sind, ist dein Licht. Ja, richtig gelesen, dein Licht! Was beim Kontakt mit anderen Wesen bewirkt, dass dieses über Emotionen, Ausdruck, dem Sein – sie leben meistens sofort genau das – sofort das erlöst, was mit den jeweiligen Wahrhaftigkeits-Vibrationen noch nicht übereinstimmt. So kann es sein, dass diejenigen sofort in alte Verhaltensmuster gehen, sobald du sozusagen zur Tür hereinkommst.

Sicher erinnerst du dich, solches erlebt zu haben, und sicher gab es Zeiten, in denen die Situationen, gerade wenn es sich um Familie, Freunde oder gar Vorgesetzte handelte, für dich unangenehm waren, weil auch du unweigerlich Resonanz spürtest.

Spiegelungen können heilen, wahrhaftig erhebend sein, doch meistens sind Spiegelungen – vor allem die der unangenehmen Sorte – erst einmal anstrengend. Oder sollen wir besser sagen: waren anstrengend? Denn mittlerweile seid ihr zu Beobachtern geworden, ihr habt gelernt, die Dinge, die im Inneren wehtun, zu hinterfragen;

ihr habt gelernt, dass es keine Zufälle gibt, keine Fehler, Schuld oder Sühne auf Erden.

Wahrlich, nicht leicht, dieser Seelenaufstieg, doch sehr wirkungsvoll – sowohl für dich, als auch für deine Seelenfamilie.

Wir danken dir für dein Sein, du Erdenengel, wir segnen dich, wir lieben dich, wir ehren dich.

Das Läuterungsfeuer

Der lebendige Eintritt in die Himmelreiche wird oft als Läuterungsweg empfunden, was verständlich ist, denn wenn sich ein höheres Dimensionstor auftut, ist es die Phase, in der extreme Reinigungsprogramme laufen – im Körper-, Geist- und Seelensystem.

Der Jesus-Effekt, so nannten wir es, als hätten sich viele Seelen schon vor ihrem Ankommen auf der Erde entschieden, diese Lebensphase der Läuterung, wenn auch abgemildert, ebenso zu erleben.

Wir sagen euch, das ist nur scheinbar so, denn wer verkörpert aufsteigen will, setzt sich automatisch auch dem Läuterungsfeuer aus. Was einfach heißt: Alles, was nicht dem höchsten Licht entspricht, muss aus dem Körpersystem weichen, und alles, was im Außen nicht der Wahrhaftigkeit entspricht, wird entweder umgewandelt, und falls das nicht möglich ist, von euch weggespült.

Diese Zeilen können nicht ausdrücken, was es für die Menschen bedeutet hat und noch immer bedeutet, das ist uns, euren geistigen Mentoren, sehr wohl bewusst. Transformation ging in der Vergangenheit einher mit Schmerz, Leid, dem Verlust der Liebe, dem Loslassen von Kindern, schmerzvollen Trennungen durch einen Todesfall und Arbeitsverlust.

Das sind nur einige Beispiele, und wir möchten betonen, dass Leid und Schmerz zwar immer ein Tor zum höheren Bewusstsein öffnen, dieses Vorausgehen und Durchschreiten der Täler euch jedoch zu wahren Helden macht. Auch wenn ihr zu dem Zeitpunkt möglicherweise noch nicht ahnt, wie wahr diese Worte sind.

So gibt es sicher Leser, für die diese ganzheitlichen Reinigungen Vergangenheit sind, und viele, die sich bei diesen Zeilen wiederfinden. Denn der Pfad zurück in die himmlischen Reiche ist zwar eine Kollektiv-Wanderung, doch jeder Mensch hat sein eigenes Tempo, und das ist auch gut so, denn wem würde es nutzen, wenn ihr zwar über allen Wolken schweben, aber dadurch unerreichbar für die werden würdet, die euch brauchen und lieben?

Wo wir bei der Liebe wären, denn auch in Sachen Partnerschaft und Beziehung war es so, als ob lang bestehende Partnerschaften immer wieder einer Prüfung unterzogen wären.

Wer aber ist verantwortlich für diese Prüfungen? Nun, das seid ihr selbst, denn ihr wisst nun allzu gut, dass in der Liebe Spiegelungen einsetzen können, und vor allem ist immer wieder eine Frequenzangleichung der Paare nötig. Wenn die Grundschwingung der Paare unterschiedlich ist, ist es sehr schwer, die Beziehung zu halten, denn es ist nicht mehr möglich, sein Licht zu dimmen, nur um den Partner nicht zu verlieren. Das wäre auch gefährlich, denn je niedriger die Schwingung eines Menschen, umso schwerer wird das Leben und umso anfälliger ist diese Person, was Krankheiten betrifft.

So wart ihr immer wieder konfrontiert mit dem Schmerz, weil ihr oft keine andere Wahl hattet, als gerade die loszulassen, die ihr am liebsten hattet. Wobei regelrechte Dramen entstehen konnten, wenn sich der Zeitrahmen der

Trennung verzögerte, weil einer festhielt und der andere immer heftiger spiegelte, weil er weg wollte.

Dabei ging und geht es eigentlich nur darum, die Lebenspläne einzuhalten. Diese sind, wie ihr wisst, sehr gut ausgearbeitet, und so könnt ihr davon ausgehen, dass sogar der Wirkungskreis und die Kollegen vorher feststanden, von euch in Absprache mit der Seelenfamilie geplant. Wobei bei jedem Lebenspunkt, der abweicht von dem, was ihr vor der Inkarnation für die jeweilige Situation beabsichtigt habt, eine Art Warnsignal ertönt, und zwar vom jeweiligen Gegenüber.

Wenn das Signal nicht beachtet wird, kommt es zu Wiederholungen, und diese sind wahrlich schmerzhaft, denn es reflektieren oft gerade jene, die man liebt. Dieses Stupsen in die richtige Richtung tut zwar weh, doch es bringt euch unweigerlich dazu, den eigenen Erdenplan einzuhalten.

Hast du dich schon einmal gefragt, warum du all das auf dich genommen hast? Hast du dich schon einmal gefragt, wer da in dir wohnt, und warum dein Körper so ist, wie er ist?

So viele Fragen, und wir möchten dir gerne helfen, die Antworten auf deine inneren Fragen zu erhalten.

Gerne nehmen wir dich weiter an die Hand und führen dich sanft zu dem, was du schon immer gesucht hast. Wir tun unser Bestes, um dich mit den himmlischen Seelenaspekten zu verbinden, die dir nicht nur die volle innere Klarheit bringen, sondern auch ein Leben, das gesegnet ist mit allem, was du brauchst, um glücklich zu sein.

Unsere wahre Identität

Während der Kern der Menschheit lange Zeit in einem Dornröschenschlaf lag oder, besser gesagt, gehalten wurde von denen, die vorgaben, mächtig zu sein und das Sagen über euch zu haben. Während also viele Erdenbürger noch schliefen, was ihre wahre Identität anging und vor allem die Fähigkeiten, die sie besitzen und immer besaßen, hast du dich längst auf den Weg gemacht, um dich zu erfahren und auf bestimmte Fragen, die in dir waren, Antworten zu finden.

Wenig spektakulär, würdest du jetzt sagen? Oh, da sind wir aber anderer Meinung, denn wer selbst noch in irdischen Dingen verstrickt ist, um Geld zu verdienen, um leben zu können usw., der hat es umso schwerer. Denn so findet die „zweite Geburt" deines wahren „Ichs" geradezu im Vorübergehen statt. Die Lichtkörperprozesse setzen nach dem geistigen Erwachen ein, allein das könnte einen Aufgestiegenen Meister aus den Angeln heben. Du hast richtig gelesen, die Geistige Welt bewundert dich für diesen Husarenritt, das ist es wirklich, eine Gratwanderung, die ihresgleichen sucht.

Lichtkörperprozesse, du erinnerst dich? Welch einfaches Wort für diesen mächtigen Umwandlungsprozess, der unermesslich wichtig war, denn ohne diese Umwandlung könntest du jetzt das Leben auf dem Blauen Planeten nicht leben. Die hereinflutende göttliche Energie ist so hoch –, du hättest ohne diese Umwandlung die hohen Vibrationen nicht aushalten können.

Unsere Gesprächspartnerin Sarinah hat in dem Buch „Seelenverträge Band 4 und 5" genau geschildert, wie diese Verpuppungsvorgänge im Körper waren.

Doch möchten wir anmerken, dass es nun darum geht, den irdischen Leib so feinstofflich wie möglich zu machen. Lichtkörperkrankheiten gehören der Vergangenheit an – das, was du jetzt spürst, wenn du dich nicht wohlfühlst, sind Höhensymptome, weil du deinen Lichtkörper physisch lebst und deine Zellen, dein Kern und die äußere Hülle immer feinstofflicher werden.

So feinstofflich und lichtdurchlässig wie die Form der Erzengel und derjenigen, die schon seit langer Zeit auf Lichtschiffen wirken und dort auf ihre Familien warten. Die galaktische Familie und die Lords des Lichts, die Lichtbewahrer, die lange Zeit auf der anderen Seite des Vorhangs ihren Dienst taten, bis zu dem Zeitpunkt, an dem sie sich euch vorstellen werden.

Wir sprechen absichtlich in der Vergangenheit, denn gewisse Dinge, wahrliche Events, sind zwar zum Zeitpunkt, an dem wir diese Zeilen durchgeben, noch nicht geschehen, doch sie sind womöglich Realität, wenn es für die Leserschaft öffentlich ist. Wobei Sarinah hundertprozentig vertrauen muss, denn es war uns sehr wichtig, diese Seelenverträge so zeitgemäß wie nur möglich zu halten. So schreibt sie also auch für die Zukunft (nicht nur für das Jetzt), in der sie sich zum Zeitpunkt unserer Gespräche befindet. Das ist zwar auch Thema, doch unsere Aufmerksamkeit gehört mehr denn je dem „Goldenen-Galaktischen Zeitalter".

Aber was bedeutet es, im Galaktischen Zeitalter zu leben, und welche Fähigkeiten hast du? Wie ist es, mit der geistigen, galaktischen Familie, den Cousins aus der inneren Erde, wieder vereint zu sein? Dieses Kapitel, ihr lieben Erdenengel, müsst ihr leben, denn Worte reichen nicht aus, um zu beschreiben, wie wunderschön es ist, wieder mit euch vereint zu sein.

Der galaktische Mensch schwingt mit dem ganzen Sein im Gleichklang, mit dem, WAS IST! So gehören Hellfühligkeit, Hellhörigkeit und Telepathie genauso zu euren Fähigkeiten wie Telekinese, Teleportation, Materialisierung und Dematerialisierung.

Hellfühligkeit	Die Fähigkeit, Dinge im Voraus zu fühlen.
Hellhörigkeit	Die Fähigkeit, in sich hineinzuhören und zu empfangen.
Telepathie	Die lautlose Kommunikation über die Gedanken.
Telekinese	Die Fähigkeit, Objekte ohne physischen Kontakt – mental – mit der Kraft der Gedanken zu bewegen.
Teleportation	(Auch beamen genannt, von engl.: beam, „der Strahl") bezeichnet man den Transport eines Gegenstandes (auch des menschlichen Körpers) von einem Ort zum Ort der Wahl.
Materialisierung	Das Unsichtbare sichtbar machen. Dinge, die man braucht, zu erschaf-

fen, ohne sie zum Beispiel kaufen zu müssen.
Dematerialisierung Im Allgemeinen bedeutet das, greifbare Dinge unsichtbar zu machen.

Der Leib hört auf zu altern und verjüngt sogar alle Zellen, und die, die geschädigt sind, regenerieren sich. So löst sich alles auf und wird gelöscht, was nicht den göttlichen Energien entspricht.
Das ist keine Zukunftsaussicht ihr Lieben, sondern längst in der Mitte des Geschehens. Wie sehr wir uns alle darauf freuen, den irdischen Teil der Familie in die Mitte all derer zu nehmen, die so sehnsüchtig auf euch warten.
Wie sehr wir uns freuen, wie sehr…

Lichtträger gibt es wie Sand am Meer

Lichtträger ist jeder, der die heilenden Frequenzen annimmt, denn diese Vibrationen werden unweigerlich an andere weitergegeben.

Dieses Weitergeben der göttlichen Teilchen geschieht unbewusst, und so wurde der Wandel der Menschheit erreicht, denn wir sind viele, wir sind die Masse.

Lichtträger sind oft inkognito, denn sie halten sich dort auf, wo dringend goldene Umwandlung gebraucht wird, zum Beispiel in Finanzbehörden, politischen Ämtern, Krankenhäusern oder auch Familien.

„Die wahren Helden der Geschichte", sagte einmal Erzengel Michael zu mir, „sind die, die sich in Berufen, Familien, Partnerschaften und an Orten aufgehalten haben, obwohl sie eigentlich längst von dort weg sein wollten."

Das sind die wahren Helden der Geschichte, denn sie taten es für die bedingungslose Liebe, für ihre Nächsten, für ihre Liebsten. Um denen, die vom Engelreich nicht so gut erreicht werden konnten, weil diese Mitmenschen durch ihre Probleme eine niedrigere Eigenfrequenz hatten, die göttlichen Vibes zu bringen, einfach indem sie dablieben und ihr Licht an die alte Struktur und ihre Nächsten weitergaben.

Wie viel Kraft und auch Nerven, oft auch Gesundheit dieser Dienst gekostet hat, lässt sich durchaus erahnen.

Hast du dich gefragt, warum du eine lange Lebensspanne wie in Aufbruchstimmung warst und trotzdem nicht von deiner ungeliebten Arbeit wegkamst, oder warum du wie festgezurrt an deinem Partner und in deiner Familie warst? Hast du dir Vorwürfe gemacht, die Schuld bei dir gesucht?

Bitte nicht, denn der Dienst am Licht hat viele Gesichter, denn wer hätte sonst dort, wo du dich aufgehalten hast, eine Umwandlung bewirken können, wenn nicht du?

Wobei meistens die Lichtbringer so lange vor Ort waren, bis die lichtvollen Veränderungen eingetroffen waren, sodass es für dich erst dann möglich war zu gehen, als dein Dienst als Lichtkanal erfüllt war.

Dieses Gehen, also eine berufliche Veränderung, eine Veränderung in der Partnerschaft oder auch eine örtliche Veränderung, geschah dann meistens so abrupt, dass deine Mitmenschen oft nicht verstanden, warum du ausgerechnet jetzt gingst und du es plötzlich so eilig hattest.

Hals über Kopf, dieser Begriff ist sehr passend, denn als von deinen geistigen Mentoren der Fanfarenruf zum Aufbruch kam, konntest du endlich durchstarten, der Zeitpunkt war für dich ideal.

Wobei nicht deine geistigen Mentoren es waren, die dich dazu aufforderten, in bestimmten Lebenssituationen zu verweilen, sondern du selbst warst es. Allerdings waren es die lieben Freunde aus der Geistigen Welt, des wahren Zuhauses, die dich vorwärtsdrängten, wenn es für dich, deinen Aufstieg und deine Gesundheit zu gefährlich geworden wäre.

Der Aufbruch in das neue Leben vollzog sich dann meistens ganz leicht, weil der Wind dich von hinten vorantrieb.

Lange genug gewartet, wird sich hier mancher Leser denken, lange genug in Situationen verweilt, die scheinbar nur eins waren: ermüdend.

Wir, die geistigen Mentoren, möchten anmerken, dass es sich außerdem um gelebte Erfahrungen handelt, die sehr wichtig sind. Denn mit diesen könnt ihr wieder anderen helfen, und eure Erfahrungen, gerade die gelebten, sind sogar in der Akasha-Chronik gespeichert und jederzeit abrufbar, wenn ihr sie braucht. Dieses Speichern geschieht wie in einem Safe, um die Erkenntnisse zu sichern, die sehr wichtig sind, weil ihr unter anderem extra dafür inkarniert seid.

So sind die Lebensphasen jederzeit für euch abrufbar, in Text- und in Filmformat, das Archivierungsteam der Galaktischen Föderation des Lichts hat sie für euch in einer Art Akasha-Bibliothek gesichert. So könnt ihr jederzeit darauf zurückgreifen und denen helfen, die sich nun auf dem Pfad der Pilgerreise befinden, dort, wo ihr eure Reise einst gestartet habt.

Die Liebe zu sich selbst verlieren und wie Lichtträger wirken

Lichtträger gibt es also wie Sand am Meer, diese Tatsache sollte den Zieleinlauf in das Goldene Zeitalter schützen. Das hat auch gut funktioniert, denn je höher die Zahl derer, die einfach so, ohne etwas dafür zu erwarten, als göttliche Verteilungs-Pipeline fungierten und es immer noch tun, desto schneller konnte Gaia aufsteigen und desto schneller wurde und wird die Menschheit vom Leid des Mangels erlöst.

Was ist der Unterschied zwischen einem Lichtarbeiter und einem Lichtträger?

Nun, es gibt keinen Unterschied, denn die einen stehen in der Öffentlichkeit, andere lieben eher den Hintergrund, sind sogar oft inkognito. So kann eine Hausfrau, die ein goldenes Herz hat und nicht einmal sonderlich spirituell ist, sehr wichtig sein für den Aufstieg der Masse.

Warum? Weil die göttliche Pipeline gerade von denen lebt, die den goldenen Strom dorthin leiten, wo er dringend gebraucht wird, wo jedoch die Menschen nicht von den öffentlich tätigen Lichtarbeitern erreicht werden können, weil sie es nicht möchten.

Es ist uns wichtig, dass ihr wisst, wie wichtig euer Wirken ist, auch wenn ihr womöglich gerade erst angefangen habt, bewusst zu werden, denn in Wahrheit arbeitet ihr schon euer ganzes Leben für das Kollektiv der Engel. So, wie es geplant war, so, wie du es vor deiner Geburt geplant hattest.

Sicher gibt es bei diesen Zeilen viele, die sich denken: Aber warum bloß sollte ich mir all die schwierigen, oft sogar tragischen Situationen selbst ausgesucht haben, das wäre ja, als ob ich mich selbst bestraft hätte?

Aber nein, es ging euch nicht um Wiedergutmachung oder Selbstbestrafung, sondern bei der Planung des Lebens war euch eins besonders wichtig: die Erfahrungen, die nur möglich sind, wenn man verkörpert ist. Um es einfach zu sagen: Wo spürt ihr am meisten, dass ihr verkörpert seid, dass ihr lebt? Ja, genau, wenn es wehtut, wenn das Körper-, Geist- und Seelensystem leidet.

So sind es also gerade die Erkenntnisse, die euch zu Ehrenbürgern der Geistigen Welt machen, die zu erlangen euch oft an den Rand eurer Kraft gebracht hat. Denn die Seele entwickelt sich durch die Erfahrung des Mangels weiter, was nur durch positive Lebensphasen nicht möglich gewesen wäre.

Außerdem, ihr Lieben, wäre euch das nicht zu langweilig gewesen? Wenn einem immer nur Gutes widerfährt, wenn das Leben so dahinplätschert, das Wasser immer gleichmäßig warm ist, der Weg nie steil, sondern immer eben, die Liebe nie heiß, dafür lau, immer dieselbe Berufstätigkeit, mit der man zwar zufrieden ist, aber nie ganz erfüllt? Keine Reibung, keine schmerzhaften Spiegelungen, wodurch ihr lernen könntet, sondern nur Positives? Wäre euch das nicht schon bei der Planung eures Lebens zu fad gewesen?

Gerade durch Reflektionen, die wehtun, lernt man sehr viel, denn diese sind es, die es euch ermöglichen, bewusste Wesen zu werden und das Gelernte zu speichern. Es ist sozusagen wie eingebrannt in euer System, um es dann wieder an jene weiterzugeben, die in ähnlichen Sackgassen stecken, wie ihr selbst es erlebt habt.

Wie ihr sicher wisst, fühlt sich eine Krisensituation oft an, als ob man gedeckelt wäre, denn man steckt in Ängsten, Sorgen, Stress, Krankheit, Schmerz oder auch so stark im Mangelbewusstsein fest, dass sich das Kronenchakra unbewusst schließt. So ist es für eure Engel nicht gerade einfach, euch zu erreichen.

Klar fließt weiter Heilung in euer Erdengefäß, doch die Engel würden euch gerne die Lösungen zuflüstern, aber auch dieses Zuflüstern kommt bei euch gedimmt an, da die Chakren bei emotionalem Stress ebenso reagieren wie das Kronenchakra: Sie verengen sich.

Was also tun beziehungsweise taten die zuständigen Engel? Sie suchten sich Lichtträger, die in eurer Nähe waren, und über sie kam entweder die Lösung, weil diese Lichtbewahrer sie an euch weitergaben, indem sie mit euch sprachen, oder aber der Strom der allumfassenden Liebe fand wieder den Weg in euer Sein, weil die Lichtbewahrer das an euch weitergaben, was ihr zu diesem Zeitpunkt von den Engeln nicht annehmen konntet.

Nun, wir wechseln von der Gegenwart in die Vergangenheit, und das hat einen Grund. Für viele, die diese Zeilen lesen, ist das tatsächlich abgehakt, für andere jedoch sind sie Gegenwart. Sie leben es gerade und sind von ihren geistigen Mentoren zu diesen Zeilen geführt worden.

Der Aufstieg trennt nie, er verbindet

Auch wenn es erst einmal nicht so aussehen mag, doch das, was du scheinbar verloren geglaubt hast, kommt wieder zu dir zurück, wenn auch oft in anderer Form oder Person.

Ein Großteil der Erdenbewohner ist mittlerweile aufgestiegen, so es ihr Wille war. Doch was ist mit denen, die noch etwas brauchen, die noch weitere Erfahrungen in der Dritten Dimension machen möchten?

Sie folgen euch nach, jedoch fordern oft jene, die noch nicht bereit sind für den lebendigen Wechsel in die Himmelreiche, euch auf, sie loszulassen.

Vielfach geht das mit einer Trennung einher. Es ist uns bewusst, dass diese Sätze nicht im Geringsten ausdrücken können, welcher Schmerz und welches Leid dahinter stecken. Denn es handelt sich bei denen, die es gilt loszulassen, oft um die Liebsten, die euch am nächsten stehen und plötzlich durch ihr Verhalten die Trennung einleiten.

Dabei bedeutet „Loslassen" eigentlich nur, aus allen Bewertungen, Erwartungen, Begrenzungen und Forderungen herauszugehen, was die jeweiligen Krisensituationen sofort entschärfen kann. Ja, kann, denn oft genügt das nicht, und so ist es wichtig, dass ihr aus dem Umfeld derjenigen herausgeschwemmt werdet.

Aus dem Energiefeld des anderen herauszugehen ist wichtig, denn so werdet ihr nicht immer wieder zurückgezogen, um immer wieder die gleichen, schon gelebten Erfahrungen mit dem Menschen, der noch lernen will, zu durchleben.

So kam oder kommt es in Familien, Partnerschaften, unter Kollegen und Freundschaften oft zum Bruch, weil es für alle Beteiligten besser ist, denn sonst wäre die Gefahr zu groß, dass es zu Schwankungen des Körperenergiefelds kommt, und das macht schlichtweg krank.

Dabei wollen wir, die geistigen Mentoren, unbedingt erwähnen: Nicht wir sind es, die euch diese heftigen Erfahrungen aufnötigen, so wird es von den Betroffenen oft empfunden, sondern ihr habt euch jede Erfahrung selbst ausgesucht.

„Das, was am meisten wehtut im Leben ist, etwas zu verlieren. Verlust, Loslassen, Trennung, etwas zu erfahren, was man nicht ändern kann, jemanden zu verlieren, wobei das Herz anfängt zu bluten." Diese Worte stammen nicht von uns, sondern von den Seelen, die ohne Körper in die Geistige Welt zurückgekommen sind.

Wenn die Seele hier angekommen ist, erkennt sie meistens sofort, dass es keinen Verlust gibt, sondern das, was sie glaubten, für immer verloren zu haben, ein Gewinn ist, ein Zusammenschluss.

Schwer zu verstehen? Wir möchten ein Beispiel nennen: Eine Frau erfährt im Leben, dass es zur Trennung kommt, ihr geliebter Partner ist für sie nicht mehr erreichbar, er hat oft sogar eine andere Partnerin und Familie.

Wieso soll das, was im Leben so schmerzhaft daherkommt, also ein Gewinn sein? Weil es dabei nur um eins geht: zu lernen, was „bedingungslose Liebe" heißt. Jemanden so in seinem Herzen zu haben, dass nichts auf der Welt diese Person aus dem Herzen löschen kann, sondern man nur den Wunsch hat, dass der geliebte Ex-Partner glücklich ist.

Festhalten bedeutet Verlust und Loslassen Gewinn! So lässt der Fluss der Zeit dir das wieder zukommen, was du voller Vertrauen freigegeben hast. Alles, was du in Liebe losgelassen hast, fließt zu dir zurück, indem du zum Beispiel Glück hast oder eine neue Liebe leben darfst, die sogar noch inniger und schöner ist als die vorherige.

Das, was sich so anfühlt, als würdest du diese geliebte Person nie wiedersehen, nie wieder mit ihr/ihm leben, mag für dieses Leben zutreffen, aber nur so lange, bis du verstanden hast, dass deine Vorstellungskraft deine Realität bestimmt. Nicht umgekehrt!

Wobei natürlich auch der freie Willen des anderen und die Seelenpläne eine Rolle spielen. Wenn eine Partnerschaft nicht bis zum Lebensende geplant war, muss es irgendwann zum Bruch kommen.

Doch in vielen Fällen sind die Lebenspläne so gestrickt, dass ihr euch eine Wahlmöglichkeit offengelassen habt. Sodass es also im irdischen Dasein zu Schicksalen kommt, die so nicht geplant waren und eigentlich einen guten Ausgang haben sollten.

Was ist hier passiert? Sicher wird das Herz vieler Leser, die sich gerade in einer ähnlichen Situation befinden, schneller schlagen. Denn das bedeutet ja Hoffnung, dass die Liebe nicht verloren ist, und in der Tat ist das sehr oft der Fall: Die Liebe ist nicht verloren, es scheint nur so.

Dein Herz hatte die ganze Zeit Recht, die Liebe ist

nie verloren, so lange du sie nicht festhältst. Je schneller du loslassen kannst, das heißt nichts anderes, als aus allen Erwartungen, Forderungen, Begrenzungen und Wertungen herauszugehen, was die Liebe betrifft. Je schneller du es schaffst (was nicht einfach ist, liest sich nur so), desto schneller kehrt die Liebe, auf welchen Wegen auch immer, zu dir zurück. Wir sagen nur eins: Vertrauen, Glauben und Loslassen!

Zeitpuffer – So kann jedes Wesen individuell eintreten in das Goldene Jerusalem

Dass es im menschlichen Dasein zu Trennungen kommt, die sehr schmerzhaft sein können, darüber haben wir schon gesprochen. Dass es erst durch diesen Schmerz möglich ist, Bewusstseinssprünge zu machen, diese Erkenntnis ist sicher auch vielen bewusst. Sich selbst finden, die Reise zum Inneren Kind, die Pilgerschaft zum Heiligen Gral – dies alles sind Stationen eurer Pilgerschaft, auf der ihr euch oft ganz alleine befindet, wenigstens kann es sich so anfühlen.

Was hat der Zeitpuffer damit zu tun? Nun, das Klären des Geistes ist unabdingbar für jeden, der aufsteigen will. Doch jeder Mensch hat sein eigenes Tempo, das bedeutet, du kannst dich in diesem Zeitvakuum aufhalten, so lange du möchtest. So seid ihr auch in diesem Leben immer wieder auf die Aufgabe des bedingungslosen Loslassens gestoßen, und ihr habt gelernt, nicht zu oft zurückzusehen, sondern eure Blickrichtung auf das Ziel auszurichten.

Andere folgen eurem Beispiel, sie folgen euch trotz diesem Vakuum, was zwischen euch entstanden ist. Oder, besser gesagt, gerade deswegen, denn ein persönlicher Kontakt ist eher schwierig, wenn sich zum Beispiel die Liebenden, Freunde, Kollegen und Familien in unterschiedlichen Lebensphasen befinden.

Was wir eigentlich damit sagen möchten ist, dass Trennungen, welcher Art auch immer, einen Segen beinhalten, denn durch diesen Schmerz öffnet sich immer eine Tür zum höheren Bewusstsein.

Was also tun, wenn man sich plötzlich wie abgeschnitten fühlt, wenn alles, was vorher sicher war, einzustürzen droht, wenn die Welle der höchsten Energie alles an die Oberfläche spült, was man eigentlich nicht wahrhaben wollte?

Zulassen, liebe Freunde! Lasst es zu und werft alles über Bord, was euch schon lange gestört hat, denn der Wandel der Zeit, der Wind des Goldenen Zeitalters, würde das sowieso tun. Es wird alles von euch weggespült, geradezu geflutet, was den weiteren Lichtwerdungsprozess behindern würde.

Das liest sich leicht, ist jedoch, wenn man es lebt, oft mit Tragik verbunden, und es kostet viel Kraft, sich nicht gegen die goldenen Fluten zu stemmen. Ja, richtig gelesen: Es kostet mehr Kraft, diejenigen ziehen zu lassen, die man lieb hat. Das Festhalten wäre durchaus einfacher und bequemer. Das ist verständlich, denn in Phasen des Lebens, in denen es um Aufbruch geht, macht oft alles Neue erst einmal Angst.

Denn durch den Puffer, der entsteht, wenn ihr die Blickrichtung nach vorne richtet, scheint es so, als würdet ihr an Sicherheit verlieren, da es in vielen Fällen um ein komplett neues Leben geht. So sehr der Boden auch unter dir schwankt, umso mehr gewinnst du an Stabilität, Selbstwert, Selbstakzeptanz und Eigenliebe. Du bist also für dich und auch für andere der Fels in der Brandung.

Ihr Lieben, sicher ist das für viele Leser Vergangenheit, für andere wiederum ist es aktuell, denn die Bewusstwerdung der Menschheit ist individuell.

Der Aufstieg der Erdenbewohner ist wie eine Pilgerreise. Während einige längst das Ziel erreicht haben, sind andere bei den ersten Stationen. Diese sind zwar später gestartet, doch die Erfahrungen derer, die schon angekommen sind, sind für die Nachzügler wie Wegbeschreibungen – sie ebnen den Weg und machen ihn leichter.

Der Tod – Nur eine scheinbare Trennung

Wir sprachen von scheinbarer Trennung und wie schmerzvoll sie sein kann. So schmerzvoll, dass durch die Trauer, diesem Hineinsinken in sich selbst, ein Tor der Gnade aufgeht, eine Tür, die den Hinterbliebenen ein höheres Bewusstsein bringt, falls sie es zulassen.

So sind der Tod und die Tatsache, dass man glaubt, sich nie wiederzusehen, eine Illusion, denn der Verstorbene streift zwar das irdische Kleid ab, doch die Seele an sich lebt ewig. Allein durch den Prozess des Aufstiegs sind Erde und Himmel wieder EINS.

Die Seele ist frei, sie kann sich in der Geistigen Welt aufhalten oder auch zu Hause, wo die Familie in Trauer ist.

An dieser Stelle wird es Zeit, mit den alten Glaubenssätzen aufzuräumen, die gerade bei Lichtarbeitern noch sehr verbreitet sind.

Es gibt längst keine Verstorbenen mehr, deren Seele hilflos ist und nicht ins Licht findet, es gibt auch keine Seelen mehr, welche die Familie, die Lieben zu Hause, so belastet, dass diese durch ihre Anwesenheit krank werden.

Wir fragen euch: Wie soll das möglich sein? Wie ihr wisst, ist Gaia längst in die Himmelreiche aufgestiegen, so ist jeder Erdenbürger, dessen Körper stirbt, in einer besseren Position, denn die Seele gleitet sofort ins Licht.

Einfach ausgedrückt ist die Sphäre, in der die Seele ankommt, jene Station, wo die Erzengel, Engel und Geistführer wohnen. Diese halten die Tür auf oder, besser gesagt, ein lichtvoller Sog geleitet jede Seele, die ankommt, sofort in das göttliche Reich. Dorthin, wo eigentlich euer wahres Zuhause ist.

Nun, zu dem Zeitpunkt, an den diese Zeilen geschrieben werden, gibt es längst keine schwarzmagischen Kräfte mehr, und alles Dunkle hat sich von der Erde verabschiedet. So muss also niemand mehr Angst davor haben. Bedenkt aber bitte, dass ihr mittlerweile selbst in der Schöpferkraft seid, umso mehr gilt, dass die Vorstellungskraft den Alltag bestimmt. Der Glaube erschafft also die Realität, es ist nicht so, dass die Realität bestimmt, wie man denkt und woran man glaubt.

Es ist also immer noch möglich, Erfahrungen zu machen, die schwer und dunkel scheinen, doch schon die Erkenntnis, dass ihr diese leicht umpolen könnt, erleichtert euer Leben immens.

Was wir sagen möchten ist, dass die Verstorbenen in der Geistigen Welt geradezu darauf warten, dass sich bei euch der Vorhang hebt, denn sie können sich erst wieder mit euch vereinen, wenn ihr daran glaubt und es wirklich wollt.

Angst, Unausgeglichenheit, Wut und negatives Denken halten die Seelen von euch fern. Sie dürfen sich nur nähern, wenn ihr den Vorhang wegzieht, denn auf der Seite derer, die ohne Körper heimgereist sind, ist vollkommenes Bewusstsein und die Sicht klar.

Sehr wichtig ist es zu wissen, dass eine Seele erst einmal in eine Art göttliches „Gewahrwerdungs-Zentrum" kommt, sobald sie in der Geistigen Welt ankommt. In diesem Zentrum bleibt sie eine Weile, und in dieser Zeit ist sie nicht für euch erreichbar, umgekehrt aber schon.

Warum? Nun, die Sehnsucht der Hinterbliebenen ist oft so stark, dass durch diesen Ruf die Seele in ihrer Entwicklung gestört werden könnte, Heimweh bekommt, denn sie hat zuerst einen wichtigen Auftrag: sich im Himmel einzugewöhnen.

Die irdische Liebe und ihre Tücken

Dazu meldet sich Maris, der die weltliche Liebe aus der Sicht eines Arkturianers schildert, was durchaus sehr klärend sein kann.

Ich bin Maris, und ich begrüße euch mit den Worten OMAR TA SATT! Es ist mir eine Ehre, wieder mit euch sprechen zu dürfen.
Ihr habt viel gelernt über die Liebe und wie man sie am Leben erhält, dass die Liebe nicht festgehalten werden will, weil man verliert, was man nicht loslässt.

Maris spricht aus, was viele Arkturianer denken:

Was seid ihr doch für wundervolle Wesen, und wie verständlich ist es, dass ihr euch so sehr nach der Erfüllung in der Partnerschaft sehnt.
Denn die größte Heilenergie auf der Erde ist die Liebe. So kann innere Heilung durch die Partnerschaft geschehen, allerdings ist das nicht immer der leichtere und risikoärmere Weg. Denn bei Verlust der Eigenakzeptanz, des Selbstwerts oder gar, wenn ihr euch vollkommen anpasst, wenn ihr euch selbst verliert im Strudel der Abhängigkeiten, weil ihr hofft, das würde dann ewig halten, kommt es zu Spiegelungen oder gar zur Abstoßreaktion des Gefährten. Das wäre bei uns Arkturianern übrigens das Gleiche, denn wie soll es anders sein, auch wir leben nach den göttlichen Gesetzen.

Ja, wir sind uns voll bewusst und können die Gefühle und Gedanken des anderen lesen, so gesehen fällt es uns natürlich leicht, in Sachen Liebe und Hingabe glücklich zu sein.

Maris möchte dir raten, dich nicht voll auf deine bessere Hälfte zu konzentrieren, denn dadurch verlierst du den Charme, der dich beim Kennenlernen so hervorgehoben hat.

So muss dich irgendwann deine bessere Hälfte daran erinnern, dass du dich wieder mehr selbst leben darfst und sogar sollst. Ein schwieriges Unterfangen, dabei diesen Punkt zu finden, der euch zwei wie ein Pendel im Gleichklang schwingen lässt. Oh ja, durchaus. Maris weiß das.

Wie erreicht man vollkommenes Glück, damit der Geliebte/die Geliebte an eurer Seite bleibt oder wieder zurückkommt?

Ganz einfach, durch eine hohe, lichtvolle Schwingung, denn wenn ihr das Bewusstsein eines Aufgestiegenen Meisters oder Erzengels habt, liebe Freunde, seid ihr unwiderstehlich, unglaublich anziehend, auch für die Liebe.
Ja, auch, denn ein hohes Bewusstsein befreit euch von allen Abhängigkeiten, es nährt euch mit Gesundheit, erfüllt euch mit Glück, es gibt euch die Fülle, die ihr braucht, und es bringt genau das in die Realität, was euer Herz aussendet, was es fühlt. Das Herz ist nicht nur ein Organ, son-

dern auch das Zentrum eurer persönlichen Macht oder, besser gesagt, das Kraftwerk des Körpers.

Macht – das Wort hat sicher nicht für alle Leser eine positive Bedeutung. Doch nichts könnte mehr verdeutlichen, denn wer mit sich und seinem Herzen im Reinen ist und auf die Intuition, das Gefühl, hört, das Pochen der Warnung hört, wenn etwas nicht stimmt, besitzt eine mächtige innere Stärke. Diese innere Größe verbindet sich dann sanft mit dem Ego, wenn dieses überhaupt noch vorhanden ist. Diese Stärke kämpft das Rest-Ego nicht nieder, es verbrüdert sich mit ihm, und so ist auch der letzte Schritt getan, um ewig glücklich zu sein!

Was haben das Ego und die innere Stärke mit der Liebe zu tun?

Das Ego stößt die Liebe weg, in bestimmten Abständen stößt das Ego immer wieder genau jene von sich, die man eigentlich so lieb hat.

Aber innere Stärke oder, besser gesagt, volles Gewahrsein, wenn man an dem Punkt angelangt ist, an dem man nicht mehr versucht, eigene Persönlichkeitsanteile zu bekämpfen. An dem man sich dessen gewahr wird, dass diese Egoanteile es zwar sind, die sich vereinsamend auswirken können, Ego jedoch in früheren Inkarnationen, möglicherweise sogar in diesem Leben, euer Überleben gesichert hat. So ist es verständlich, dass es vielen Menschen schwerfällt, das Ego loszulassen, denn in Krisensituationen nährte sich der Überlebenswille nun mal vom

Ego-Selbst. Kurz gesagt: Der Weg zur vollkommenen gelebten Liebe führt dich erst einmal zu Partnern und Stationen, die dich eins lehren: dich als vollkommen zu sehen und es zu sein.

Maris dankt, segnet euch und verabschiedet sich mit den Worten: „Die Vollkommenheit im Kleinen zieht die Vollkommenheit im Großen nach sich!

Sexualität – Ein Weg aus der spirituellen Isolation

Mit Isolation meinen wir, sich selbst zu isolieren, was oft der Fall war beziehungsweise bei vielen noch ist, denn das ist ein Schutzverhalten, um Kraftreserven zu schützen oder Verletzungen aus dem Weg zu gehen.

So ist die Sexualität durchaus eine Möglichkeit, sich an der Kraftquelle des Seins zu bedienen. Denn wenn alle Glocken läuten, um es in eurem Sprachgebrauch auszudrücken, ist der Zeitpunkt gekommen, an dem ihr für Sekundenbruchteile mit dem Höheren Selbst vollkommen EINS seid.

So ist es verständlich, dass viele Leute daraus eine Abhängigkeit, eine Sucht, gemacht haben, und andere wiederum lehnen diesen Weg der Verschmelzung vollkommen ab.

Wenn ihr einen Orgasmus erlebt, öffnet sich für kurze Zeit das Tor zum Allerliebsten, dem Engelpartner, den ihr in der Geistigen Welt zurückgelassen habt, (die oder) der euer Herz in Sekunden zum Glühen bringen kann.

So ist es durchaus verständlich, dass es Phasen gibt im Leben, in denen euch nichts wichtiger ist als die Liebe und die Vereinigung mit dem oder der Liebsten.

Aber es geht dabei eigentlich um viel mehr: Die Seele weiß es, und sie führt zum Beispiel einen Zustand der Verliebtheit herbei, wenn es Zeit ist, sich selbst zu verlieren, sich selbst zu finden, aufzuwachen und die Liebe mit allem zu leben, was dazugehört.

Stimmt, wir sprachen davon, wenn ihr einen sexuellen Höhepunkt erlebt, dass sich dann kurz die Tür zur Geistigen Welt auftut, ohne dass ihr sterben müsst.

Kleiner Tod wird diese Verschmelzung auch genannt, passend, wie wir finden, denn die Persönlichkeitsbereiche (Ego, Verstandesdenken) werden abgeschaltet, wenn ihr das Feuerwerk der Sinne erlebt.

Ihr seht, wir wechseln wieder zwischen Gegenwart und Vergangenheit, da zu dem Zeitpunkt, an dem das Buch erscheint, sicherlich ein Großteil der Menschheit aufgestiegen ist und die Sexualität einen anderen Stellenwert hat.

Erzengel Michael:

Die gelebte körperliche Liebe wird intensiver werden, sie wird allumfassender gelebt. Es können schon Blicke so sinnlich sein, dass ihr das Gefühl habt, euer System würde sich kurzschließen. Dass ihr das Gefühl habt, wenn ihr mit jemandem sprecht, der Sprachaustausch würde bei euch Wellen der Sinnlichkeit auslösen, wodurch das Empfinden entsteht, im Augenblick würde es nichts Wichtigeres geben, als der Stimme des Gesprächspartners zu lauschen. Oder wenn ihr euch berührt oder nur über das Thema Erotik sprecht, es euch schon so erfüllt, als hättet ihr tatsächlich Liebeswellen ausgetauscht.

Das Teilen der Liebeswellen ist etwas, das tatsächlich Stunden dauern kann, denn das Event an sich wird nicht mehr als etwas angesehen, das unabdingbar ist und man voller Begierde schnell erreichen muss. Ihr seid mittlerweile Genießer geworden, die in ihrer Schöpferkraft gerade-

zu schwelgen und denen es wichtiger als alles andere ist, der Liebe eures Lebens Freude zu bereiten. Das ist euch mitunter wichtiger und bringt euch mehr Spaß, als euch selbst in die erste Reihe zu stellen.

Jenen Part, den das Ego bei der Liebe gespielt hat, sollte nun, zumindest bei den meisten Menschen, endgültig erkannt und aus eurem Erdensein gebannt sein. So ist in Sachen inniger Zuneigung kein Egoschutz mehr notwendig, denn ohne Egosplitter brauchst du keine Angst mehr vor Verletzungen zu haben. Gerade sie waren in der Beziehung sehr schmerzhaft.

Und wenn du das Ego nicht mehr leben musst, weil es geheilt ist, ist der Weg zum Glücklich-Sein offen, da du überall Liebe versprühst und diese auch wieder erhalten wirst.

Wie sehr ich euch verstehe, wie sehr ich mit euch fühle, wie sehr …"

Sarinah:
„In der Sexualität der Neuen Zeit, sagte mir einmal Erzengel Michael, ist Reibung nicht mehr unbedingt nötig, denn durch den Aufstieg erleben wir eine immense Bereicherung unserer Sinne. Was mich zum Lachen brachte, denn die Engel haben ihre eigene Art und Weise, etwas auf den Punkt zu bringen."

Krankheiten – Eine Option, um Vollkommenheit zu erreichen

Erzengel Michael meldet sich zu Wort:
Wir sprachen von spiritueller Isolation, das vollkommene Ausblenden der geistigen Heimat. Das Hineingleiten in die Dualität ging stets damit einher. Denn wer sich in dieser Isolation befand, lernt das Licht, die Liebe, das Glück und die geistige Heimat zu schätzen.

Um es in anderen Worten zu sagen: Es war für euch sehr wichtig, in das Vergessen zu gehen. Denn ab einem gewissen Punkt des Hineintauchens in die Dualität, den Nebel des Vergessens, war es euch möglich, den Pfad des Aufstiegs mit Blickrichtung nach vorne zu betreten, da sich diese Tür erst auftat, als die Lernaufgaben, die vorher im Seelenvertrag standen, von euch erkannt und abgearbeitet worden waren.

Wobei es tatsächlich nicht immer leicht war, denn es waren und sind gerade die schmerzhaften Erfahrungen wichtig, denn diese konnten sich im Leben anfühlen wie ein Sprungbrett. Ein Sprungbrett, das euch geholfen hat, all das loszulassen, was euch schon lange eine Last war.

Die Erlebnisse, die ihr im Rückblick als sehr schwierig empfunden habt, sind die Erkenntnisse, die wiederum sehr wertvoll sind für die anderen, die noch vor den Herausforderungen stehen, durch die ihr längst durch seid.

So können es auch Krankheiten gewesen sein, die euch die Vollkommenheit nähergebracht oder gar erst möglich gemacht haben.

Warum? Nun, eine Krankheit oder, wie wir Engel sagen, eine Energie-Unausgeglichenheit sorgt immer dafür, dass das Körpersystem für einige Zeit so herunterfährt, dass sich eine Option der ganzheitlichen Restaurierung ergibt, denn das gelingt am besten im Ruhezustand.

Nur wer sich im Zentrum eines Schmerzes, einer Beschwerlichkeit, befunden hat, lernt das zu schätzen, was oft als zu selbstverständlich angesehen wird: den gesunden Körper.

Sarinah sagte, wir Engel hätten eine etwas eigene Art, gewisse Dinge anzusprechen. Was sie eigentlich damit sagen wollte ist, dass wir die Dinge gerne aus einer höheren Warte betrachten, denn die menschliche Sicht kennt ihr ja selbst. Die Lösungen findet ihr nie auf der Ebene, auf der die Probleme gemacht werden. Lösungen, Selbsterkenntnis, Selbstvergebung oder Heilung, ihr Lieben, findet ihr immer auf der höheren Ebene.

Krankheiten sind nicht dazu da, euch in die Knie zu zwingen, sondern um euch vollständig zu heilen. Krankheiten dienen euch als Katapult, das euch geradezu herausschießt aus dem alten Leben der Verfänglichkeiten und Abhängigkeiten.

Es war mir eine Ehre, mit euch sprechen zu dürfen. Seid gesegnet und in bedingungslose Liebe getaucht.

Erzengel Michael

Ängste lehren uns, die Herausforderungen zu bestehen

Wie schmal der Grat manchmal war und wie heftig es war, immer wieder die Ängste in die Emotion zu bringen, dabei hattet ihr gedacht, ihr wärt diesen Spuk längst los, und alle Ängste wären transformiert.

Doch immer wieder tauchte ein Splitterteil einer Furcht auf, übermächtig, oft sogar so stark, dass ihr nicht anders konntet, als diese Angst zu leben.

„Wundervoll, es hat funktioniert", sagen wir, eure geistigen Mentoren, dazu. Denn immer dann, wenn eine neue Herausforderung auftauchte, tauchten auch Splitterteile alter Sorgen und schwerer Denkmuster wieder auf. Sobald Hürden auftauchten, und als Hürde habt ihr die Angst oft empfunden, spornte es euch immens an, diese im Husarenritt zu überwinden.

Es ist wichtig, dass ihr versteht, euch selbst zu vergeben, denn es ging nie darum, die neuen Lebensabschnitte im Eiltempo zu beschreiten, sondern um Sorgfältigkeit, um Intensität. Damit alles, was euch dabei begegnete, wieder verwertbar ist für euch und andere.

Wir wünschen uns, dass ihr versteht, warum gewisse Lebensphasen so zäh verlaufen sind, geradezu im Zeitlupentempo, scheinbar, denn in Wahrheit ging es um Erfahrungen, die noch zu machen waren.

Die Erfahrungen, die ihr als schwer und eher negativ empfunden habt, waren und sind sehr kostbar, denn ihr konntet daran wachsen.

Es wäre ein Leichtes gewesen, auch für eure Engel, euch immer nur in Situationen und Aufgaben zu führen, die ein Kinderspiel für euch gewesen wären, aber, ihr Lieben, dabei hättet ihr niemals so viel lernen können.

Bewusstseinserweiterung kann man dieses Lernen auch nennen oder gar Erwachen, denn oft führten Beklemmnisse und deren Gegebenheiten in ein plötzliches Erwachen, weil ihr nach dem Sinn des Lebens suchtet.

So war das also mit der Angst, wir sprechen absichtlich in der Vergangenheit, denn das Neue Zeitalter, das nun erblüht, die erhebenden Energien, die auf die Erde fließen, machen es euch sehr viel leichter, loszulassen. Geht in die Absicht, und schon fließt der Druck aus dem Sein.

Richtig, wir sprachen davon, dass sich Lichtträger oft extra lange an Orten, in Partnerschaften, Familien, Berufen usw. aufhalten, um eben ihren Dienst zu erfüllen – den des Lichtverteilers.

Scheinbare Verzögerungen haben also nicht immer etwas mit Erfahrungen zu tun, die man im alten Leben noch machen muss, sondern auch mit dem Lichtdienst, den man im Seelenvertrag verankert hat.

Dazu kommt noch, dass, je höher die eigene Schwingung ist, gleichzeitig auch die Manifestationskräfte unermesslich ansteigen, was dazu führt, genau das zu leben, was gestern gefühlt wurde.

Die Emotion ist eine starke, ziehende Macht, wenn es darum geht, sich Dinge und Gegebenheiten heranzuziehen, die man gerne möchte, im Einklang natürlich, dass es zum Wohl aller Beteiligten ist.

Das Gefühl und wie sehr wir damit den nächsten Tag bestimmen

Emotion bestimmt den Alltag. Sicher ist euch das längst bewusst, oder ihr habt zumindest eine Ahnung, dass es so ist.

Wenn man ein Lebensziel hat und dieses so schnell wie möglich erreichen will, ist es sehr wichtig, die Aussendungen über Sprache, Gedanken und, ganz wichtig, über Emotionen beständig dorthin zu lenken, wo dieses Ziel ist.

Stell dir vor, du fährst Auto und möchtest schnell an Punkt A ankommen. Da wäre es doch nicht von Vorteil, dauernd auf die Bremse zu steigen oder gar Schlangenlinien oder Umwege zu fahren. Um an Punkt A zu gelangen, setzt du dich ins Auto und gibst Gas.

So einfach ist das Prinzip der Manifestation, zu einfach, finden wir. Denn immer, wenn etwas zu einfach ist, hat der Lichtarbeiter die Tendenz, Kompliziertheit hineinzubringen.

Müsst ihr jetzt nicht auch lächeln? Klar testen die Meisterseelen, die dereinst mit dem Auftrag der Lichtflutung auf die Erde kamen, erst einmal den schwierigeren Weg. Alles andere würde sie doch langweilen.

Das, liebe Freunde, ist ein Detail, das bei den Ratssitzungen immer für Diskussionsstoff gesorgt hat.

Denn euren geistigen Mentoren, die euch schon über viele Erdenjahrzehnte und Aufenthalt in der Geistigen Welt kannten, wurde oft schon beim Zusehen schwindelig, wenn sie euren Seelenweg betrachteten, und wenn sie dann sahen, wie ihr den irdischen Leib, das Auto eurer Seele, oft scheinbar mühsamer als nötig chauffiert habt.

Die Mentoren müssen euren freien Willen respektieren, auch wenn sie sehen, dass ihr euch das Dasein schwerer als nötig macht. Dann sind eure Erzengel an das göttliche Dekret gebunden, das da heißt: Der freie Wille der Seele ist unantastbar.

So war es oft der Fall, dass du dir etwas in deinem Leben kreiert hast, das du eigentlich so nicht wolltest. Denn Angst, Furcht, Sorge, destruktive Gefühle oder sogar Hass, um nur einige zu nennen, sind sehr mächtig und so stark, dass sie in Windeseile dazu führen, dass du genau das Gegenteil erschaffen hast, was du eigentlich wolltest.

Doch gut zu wissen, dass es keine Fehler, Zufälle und Schuld gibt im Leben und schlussendlich alle Straßen nach Rom führen.

So kam es also vor, dass die geistigen Mentoren den Atem anhielten vor Freude, als ihr plötzlich wie Phönix aus der Asche aufgestanden seid, um euer Sein dorthin zu lenken, wo euer Herz es hingeleitet hat. Das Herz, die Intuition, zeigte euch den Weg in das persönliche Glück.

Der freie Wille ist zwar unantastbar, doch immer dann, wenn du in Gefahr warst, an deinem eigenen Lebenskontrakt vorbeizuschrammen, durften deine zuständigen Schutzengel eingreifen, und sie taten das auch! Sie schützen dich oft mit einer Blitzgeschwindigkeit, dass es sogar uns Erzengeln manchmal schwindelig wird beim Zusehen.

Sarinah: „An dieser Stelle herzlichen Dank an alle Engel. Ihr seid wirklich wundervoll!"

Das Leben ist perfekt, es führt dir genau das zu, was du brauchst, um die nächste Lernerfahrung zu bewältigen

Ist dein Herz voller Trauer und Angst, wirst du genau diese Situationen leben, so lange, bis du verstanden hast und fähig bist, es umzupolen. Erst dann dürfen deine Engel mit voller Macht eingreifen.

Ist dein Herz aber voller Liebe, Vertrauen, Selbstachtung und Zuversicht, wird dein Leben genau das sein, was du im Inneren spürst.

Was wir damit ansprechen ist die enorme Zugkraft, die von deinem Herz ausgeht. Denn du wirst bemerkt haben, dass es Phasen in deinem Leben gab, in denen du scheinbar nicht aus dem Kreis der Abhängigkeiten, Sorgen, Ängste und womöglich sogar des Liebeskummers herauskamst.

Je mehr du gestrampelt und dich geklammert hast an eine Person oder den Beruf, die Familie und den Ort, an dem du dich längst nicht mehr wohlgefühlt hast, je mehr du Verständnis, Liebe und Anerkennung eingefordert hast, umso mehr hat man dir genau das entzogen, woran du dich geklammert hast.

Keine leichte Sache, denn das ging einher mit verbalen Verletzungen, die man dir zufügte, die aber auch du möglicherweise jemandem zufügtest. Darum war und ist es sehr wichtig für dich zu verstehen, dass es Lernaufgaben gibt im Leben, deren Lösung niemals ein Engel ausplaudern darf, sondern du musst daraus lernen.

Nichts ist nachhaltiger und kostbarer als die Lösungen, die man selbst gefunden hat, denn so könnt ihr wieder anderen helfen, die an der gleichen Stelle straucheln, an der ihr gestolpert seid.

Wobei es immer die eher schwierigen Aufgaben sind, die euch bis in den inneren Kern herausfordern und erschüttern. Genau durch dieses tiefe Hineingleiten in oft frustrierende Daseins-Themen ist es euch möglich, diese ein für alle Mal abzuhaken.

Dadurch müsst ihr die Erkenntnis nur einmal machen, denn so ist es euch möglich, all das im Leben umzusetzen, was ihr gelernt habt. Darum geht es, um das Umsetzen!

So ist das Leben perfekt, denn es führt euch tatsächlich immer genau zu den Personen, die ihr braucht, um zu wachsen und euch zu entwickeln.

Dabei kann es zu dramatischen Situationen kommen, zum Beispiel wenn der Partner, den man so sehr liebt, immer wieder Verletzungen austeilt, weil er euch zurückschubst, oft genau dann, wenn ihr dachtet, dass es zwischen euch so wunderbar läuft.

Warum das passiert? Nun, das hat sicher individuelle Gründe, je nachdem, welche Lernaufgaben es gibt, die noch zu bewältigen sind.

Aber oft ist es der Fall, dass ihr der Liebe Bedingungen auferlegt. Je länger ihr zusammen seid, umso mehr wird das Pflänzchen Liebe gedrückt und gezerrt.

Dabei geht es doch nur darum, die Liebe als etwas zu sehen, das frei sein will wie ein Vogel, der nur zurückkommen und landen kann, wenn deine Hand offen ist. Denn ist die Hand geballt wie eine Faust, weil du unbedingt dieses oder jenes von deinem Partner möchtest, muss er dich immer wieder verlassen.

Nur so konnte die Verbindung mit eurer Liebsten/eurem Liebsten eintreten in die Neue Zeit, wenn die Liebe bedingungslos ist, das heißt, ohne Wertung, ohne Forderung, ohne Begrenzung und ohne Erwartung an den jeweiligen Lebenspartner.

Vereinfacht gesagt: Alles, was bedingt war, musste vor dem Zykluswechsel zerbrechen, sonst wäre euer Aufstieg in Gefahr gewesen.

Wir wiederholen manche Sätze bewusst immer wieder, weil es wichtig ist, dass ihr versteht, wie ihr schwierige Situationen ins Positive umpolen könnt.

Wir sprachen von den geistigen Mentoren und warum sie euch nicht einfach anhand eures Seelenplans anleiten, das wäre doch das Einfachste und Bequemste?!

Liebe Freunde, das irdische Dasein ist dazu da, sich zu erfahren, genau darum seid ihr hier, um euch im menschlichen Körper zu erfahren, mit allen Facetten, die das Leben zu bieten hat.

Eingreifen und euch vor Gefahren warnen, das tun und taten deine Engel fast jeden Tag. Sie behandeln dich nicht als Marionette. Das dürfen sie auch gar nicht, sondern sie sehen in dir den irdischen Engel, der sich viel vorgenommen hat.

Der Erdenengel, der sich vor der Geburt von den geistigen Freunden gewünscht hat, dass sie den freien Willen wahren.

Du hast gewünscht, dass die Engel dir vertrauen und dir die Möglichkeit geben, Herausforderungen zu meistern, auch die schmerzhaften.

Du hast gewünscht, dass dir deine Engel blindes Geleit geben und dich nie verlassen, denn dass du den geistigen Freunden blind vertrauen und sie nie verlassen wirst, das, liebe Erdenseele, hast du vor deiner Geburt genau gewusst.

Der Weg in die innere klare Stärke

Damit ist nicht die äußere Stärke gemeint, die harte Schale, die manch einer sich zugelegt hat, um sich zu schützen. Obwohl dieser Schutz nur scheinbar ist, denn wer sich mit äußerer Härte umgibt, wird immer wieder auf Menschen treffen, die diese harte Schale aufknacken. Das kann durchaus schmerzvoll sein, gerade wenn es die Liebe ist, die euch dazu bringt, die Starrheit aufzugeben.

So war der Weg in die innere Stärke für viele sicherlich eine Gratwanderung, denn es ging darum, sich erst einmal selbst anzunehmen, und zwar bedingungslos.

Selbstakzeptanz, die Liebe zu sich selbst, Selbstbewusstsein, Eigenverantwortung – das alles, ihr Lieben, ist sehr wichtig. Es sind sozusagen die ersten Bausteine, denn nur so könnt ihr zur inneren Stärke finden.

Sicher gibt es auch Menschen, die gerade zu dem Zeitpunkt, an dem sie dieses Buch lesen, diese Prozesse durchmachen. Es ist uns eine Ehre, über diese Schriften mit euch zu sprechen. Der verkörperte Aufstieg an sich ist individuell, denn Gaia hat dafür das Zeitfenster geschaffen, damit so viele Individuen wie möglich aufsteigen können.

So ist ein Großteil von Gaias Bewohnern längst lebendig in den höheren Dimensionen angelangt, während andere die Nachhut bilden. Doch die Nachzügler kommen genauso sicher ans Ziel, denn durch die verschiedenen Entwicklungsstufen der Reisenden kommt es unweigerlich zu Zeitpuffern, die extra dafür geschaffen wurden, damit möglichst viele Menschen lebendig zu Licht werden können.

Jeder von euch kommt individuell voran, genauso, wie es für die Person stimmig ist. So könnt ihr haltmachen und gewisse Erfahrungen intensiv durchleben, ihr könnt aber genauso gut schnellen Schrittes voraneilen.

Wobei wir betonen möchten, dass wir die „Nachzügler" keineswegs verurteilen, und ihr solltet das bitte auch nicht tun. Bedenkt, wenn euer Gegenüber länger in einer Lebensphase verweilt, als es ihm guttut, braucht er dieses Erlebnis der Überlagerung noch.

Doch auch die, die sich nach den Himmelsstürmern auf den Weg gemacht haben, werden ankommen, denn sie benutzen den Trampelpfad derer, die wir Himmelsstürmer nannten, und sie werden geleitet von den geistigen Mentoren, die so nahe sind wie noch nie.

Ja, so nahe wie noch nie, und das ist ein unglaublicher Vorteil, denn zu der Zeit, als sich die Himmelsstürmer aufmachten, um verkörpert Einlass zu finden in die himmlischen Gefilde, war die Hilfe der Geistigen Welt zwar auch enorm, doch die Engel, Aufgestiegenen Meister und die galaktische Familie waren vor Jahrzehnten noch nicht so gut zu spüren, zu sehen und zu hören wie jetzt.

Das war für viele Lichtarbeiter der Grund, die verkörperte Seelenwanderung etwas später zu beginnen, denn sie wussten, je näher die Geistige Welt ist, umso sicherer ist der verkörperte Seelenaufstieg.

Welch wundervolle Wesen ihr doch seid, wie schön es ist, euch in der eigentlichen Heimat begrüßen zu dürfen.

Wo immer ihr euch gerade befindet, wir, die geistigen Mentoren, möchten euch sagen, dass ihr trotz aller Hindernisse, die es galt zu überwinden, nicht vom Kurs abgekommen seid, nicht ein Mal! Woher wir das wissen?

Wir wissen, wer das liest, wir wissen, wer du bist, wir erkennen dich an deinem Seelenstrahl, wir wissen von all deinen Herausforderungen, wir wissen es…

Hoffnung, Glaube und Vertrauen sind wie Flügel für dich

Eine Art Talisman sozusagen, ein Glücksbringer, der seine Wirkung auch dann nicht verliert, wenn du längst angekommen bist im Goldenen Jerusalem.

Denn je mehr du wieder zu der Persönlichkeit wirst, die du in Wahrhaftigkeit bist, desto schneller und sicherer bist du in der Lage, wahre Wunder zu bewirken.

Dazu gehört allerdings, dass du dir selbst vertraust, an dich und deine Kräfte glaubst und die Hoffnung nie verlierst, auch wenn die Wunder ein wenig länger dauern, bis sie in Erfüllung gehen.

Wie du weißt, sind zwar deine Kräfte unermesslich stark, doch den Zeitpunkt, wann deine Hilfe bei anderen ankommt, bestimmt immer der Empfänger, nie der Vermittler. Ein altes Engelgesetz, erinnerst du dich daran? Natürlich gehört dazu auch Verantwortung, nämlich dass du dir bewusst bist, dass alles, was du bewirkst, im Sinne der höchsten göttlichen Vibration ist. Doch generell sind deine Grenzen, etwas zu erschaffen, anderen zu helfen, dort, wo deine Vorstellungskraft endet.

Hört sich leicht an, ist es aber nicht, denn es genügt nicht, dass dein Verstand es begreift, es ist vielmehr wichtig, dass du es innerlich weißt, dass du es spürst und dein Herz es weiß.

Jetzt bist du gefragt wie nie, denn wir, deine geistigen Mentoren, wirken mit dir, also erinnere dich bitte an deine Flügel und entfalte sie vollkommen. Erinnere dich daran, dass deine Manifestationskräfte nie weg waren, sondern nur vergessen.

Deine göttliche Kraft ist in der Tat so groß, dass du eine gewisse Zeit deines Lebens darauf verzichtet hast. Nein, nicht aus Angst, eher aus Respekt, denn deine Seele wusste, dass es vor allem auch um Verantwortung geht. Verantwortung für alles, was du erschaffst, genauso wie ein Erzengel, der auch erst einmal in die Lehre geht, um vollständig heilen, helfen und wirken zu dürfen.

Ja, Erzengel werden nicht sofort in ihr Amt gehoben, auch sie durchlaufen einen Prozess der Erhebung, des Lernens.

Nun, man hätte bei der Überschrift auch noch die allumfassende Liebe anführen können, doch das, liebe Erdenseele, setzen wir voraus, denn dein Herz hat dich schließlich dazu gebracht, aufzusteigen, diese Zeilen zu lesen, und dein Erzengel wohnt in deinem Herzzentrum. Oder, besser gesagt, das geistige Wesen, das du in Wahrhaftigkeit bist, wohnte immer in deinem Herzen, daher bist du dir sicher längst der Wichtigkeit der bedingungslosen Liebe gewahr.

Nein, nicht ganz? Oh, dann sprechen wir doch darüber, oder, besser noch, es meldet sich Erzengel Uriel dazu:

Ich bin Erzengel Uriel, man nennt mich den Engel der Liebe, doch in Wahrheit bin ich universell und für viele Bereiche zuständig.

Es ist mir eine Freude, über die bedingungslose Liebe mit euch zu sprechen. Ihr werdet sicher bemerkt haben, in all der Zeit, in der wir in Kontakt sind, dass es ein Lieblingsthema ist für uns aus der Geistigen Welt, oder sollten wir nicht besser sagen, es ist ein Lieblingsthema von uns allen?

Denn wir weilen schließlich gemeinsam auf der Neuen Erde. Natürlich gibt es die Geistige Welt nach wie vor, doch es gibt keinen Vorhang mehr zwischen uns, die Dualität hat ausgedient, sie trennte uns jedoch nie. Der Nebel des Vergessens war nur wie ein Vorhang für euch. So ihr lange Zeit vergessen hattet, dass sich dieser Vorhang auch zur Seite schieben lässt und ihr durchblicken könnt.

Die Zauberformel heißt: bedingungslose-göttliche Liebe. Damit löst sich alles auf, was sich nach eurem Willen auflösen soll. Wut, Hass, Grenzen, Schmerz, Ärger, Krieg, Trennung, Tod, Krankheit, Siechtum und der Alterungsprozess.

Die Liste könnte beliebig weitergehen. Ich, Uriel, möchte nur, dass du verstehst, wie wichtig bedingungslose Liebe ist, dass es nicht nur darum geht, sie in der Partnerschaft umzusetzen. Obwohl die Partnerschaft meistens das erste Betätigungsfeld ist, wo du bewusst in Berührung kommst mit der Lernaufgabe der Bedingungslosigkeit. Oh ja, das war sicher oft auch schmerzhaft.

Die Chancen, eine glückliche Beziehung zu leben, stehen gut, wenn du die universelle Liebe in deinem Sein verankert hast.

Aber wem sage ich das? Klar, du bist durch tausend Feuer gegangen, und manche Zeilen werden dich erinnern, manchmal wird es sicher auch vorkommen, dass du etwas liest und es nicht sofort verstehst. Dann braucht es etwas Zeit, bis sich die gelesenen Sätze in dir verankern können. Es geht nicht sofort um das Umsetzen, sondern erst einmal darum, in die Absicht zu gehen. Im besten Fall aber weißt du sofort, dass du die Dinge, die die Engel beschrieben haben, schon lebst. Bedingungslose Liebe ist ganz leicht, sie tritt in dein Leben, sobald du dich erinnerst, wer du in Wahrhaftigkeit bist.

Wie wundervoll, welche Freude, dich zu sehen, wie du mit der Krone der goldenen Weisheit hier verweilst und diese Zeilen liest.

Wie sehr wir dich lieben, wie sehr…

*Es segnet, dankt und verabschiedet sich
Erzengel Uriel*

Wie möchte ich sein, wie denke und fühle ich über mich

So dein Körper von kohlenstoff-basiert auf kristallin umgestellt wird, bist du in Zukunft in der Lage, deinen Leib so zu verändern, wie du es möchtest.

Das heißt, du kannst an einem Tag füllig sein, den Rest des Jahres aber wieder schlank oder umgekehrt. Du kannst auch Zähne nachwachsen lassen, wenn du diese Erfahrung machen möchtest.

Es gibt viele Beispiele, die man hier anführen könnte, doch das Wichtigste ist: Dein Körper und deine Psyche werden nicht mehr krank, der Alterungsprozess des irdischen Leibes ist gestoppt.

Wer sich trotzdem noch im Zentrum einer Beschwerde befindet, sollte wissen, dass der verkörperte Weg zurück ins Licht ewig währt und diese Aufwärtsbewegung nie stoppt. Wenn also noch Energie-Unausgewogenheit im Körper vorhanden ist, und das ist nicht selten der Fall, spürt ihr das kräftiger denn je. Warum? Nun, ihr seid mittlerweile so daran gewöhnt, dass alles glatt läuft, da lässt euch schon ein kleiner Schnupfen erschaudern.

Doch diese Reinigungen fließen in Windeseile durch euer System und sind keineswegs so anstrengend wie noch vor Jahren. Deine DNA ist langsam wieder im Idealzustand, das Immunsystem arbeitet perfekt.

Wichtig ist nur, dass du verstehst, wie dieses Zusammenspiel zwischen Leib und Seele nun funktioniert.

Eigentlich hast du schon immer bestimmt, wie du sein

oder aussehen möchtest. Tatsächlich war aber in der alten Zeit eine Verzögerung zu spüren, was das Gesetz der Resonanz, der Anziehung, betraf. Das, was du gestern ausgesendet hast, hast du nicht unbedingt sofort gelebt, doch heute ist das so.

Ist dir nicht aufgefallen, dass du mit der Ausrichtung – Ich bin zu dick, möchte aber dünn sein – eigentlich immer gegen dein Gewicht gekämpft hast? So war dein Versuch des Schlank-Seins sicher mal mit Erfolg gekrönt, aber entweder hat sich das Ganze dann als Bumerang herausgestellt, oder du hast gegen jedes Gramm einen ewigen Kampf geführt.

Wir sprachen von Verzögerung und meinten das Gesetz der Resonanz, dass es vor Jahren noch Wochen gedauert hat, bis du deine Aussendung selbst gelebt hast.

Nun aber ist es so, dass die Kraft deiner Aussendung etwas ist, das dich am selben Tag noch in Berührung bringt mit dem, was du dir manifestiert hast. Das ist durchaus gut, denn so erkennst du leichter, wohin du die Gedanken, die Sprache und vor allem die Emotion leiten soll, nämlich genau dort hinein, wo das jeweilige Ziel ist.

Wenn du schlank sein möchtest, dann sage nicht: „Ich bin dick, ich will aber abnehmen", sondern: „Ich bin schon schlank", auch wenn die Realität anders aussieht. Empfinde dich mit den Augen der Zukunft, nicht mit der Vergangenheit, diese willst du ja verändern.

So folgt die Materie automatisch deiner Aussendung – du ziehst in Windeseile das in deine Realität, was und wie du sein möchtest.

Warum das nicht schon vor Jahren so gut funktioniert hat? Nun, je höher du schwingst, und erinnere dich, du bist ja aufgestiegen, desto unmittelbarer wirken auch deine göttlichen Kräfte.

Wir haben auch beobachtet, dass euch suggeriert wurde, das, was ihr an euch oder anderen verändern möchtet, diesen Jetzt-Zustand, abzulehnen. Dabei kehrt das, was ihr ablehnt, wie in einer Ewigkeits-Schlaufe immer wieder zu euch zurück, es klebt geradezu an euch. Denn die Manifestation geht hauptsächlich über die Emotion. Die Ablehnung, also die Verneinung, ist ein mächtiges Gefühl, darum sollte dir bewusst sein, dass du das, was du mit der Kraft der Verneinung speist, leben wirst. Je länger du in dieser Abneigung verweilst, umso größer ist die Gefahr, dass du genau das lebst, was du nicht wolltest.

Um noch einmal das Thema Gewicht aufzunehmen: Wir möchten betonen, dass es wichtig ist, auf den Körper zu hören. Was braucht er wirklich an Nahrung und was nicht? So ist eine gesunde Ernährung natürlich immens wichtig, denn je intensiver die goldene Energie in euch fließen darf, umso leichter und höher schwingend sollte auch die Ernährung sein. Doch mit der Zeit werdet ihr immer unabhängiger werden vom „Essen müssen", damit der Körper existieren kann.

Wir erwähnten, dass nach und nach immer mehr Menschen zu Vegetariern werden, denn alles Pflanzliche trägt die goldene, leichte Energie in sich, wogegen Fleisch eine eher feste und harte Schwingung hat.

Bedenkt bitte, dass euer Leib alles aufnimmt, was im Fleisch gespeichert ist, auch das „Todeshormon", das durch die Angst der Tiere entsteht. Die Angst vor dem Tod, die Panik und Bedrängnis, die Todesangst bei dem Transport zum Schlachthof, all das ist im Zellmaterial des Fleisches gespeichert.

Dass dies keine Auswirkungen hat auf die Verbraucher, ist eine Illusion, denn je mehr Leute Fleischesser sind, desto mehr Profit gibt es für die Mächtigen aller Wirtschaftszweige, der Nahrungsmittel- und Pharmaindustrie.

Die Pharmaindustrie profitiert indirekt von den „Fleischessern", denn diese tragen besonders häufig chronische Krankheiten in sich. Je mehr Profit, umso mehr Manipulation, wobei die tatsächliche Macht der Verbraucher selbst hat. Denn die Wirtschaft richtet sich nach den Wünschen des Verbrauchers.

Wusstest du, dass fleischlicher Genuss süchtig machen kann? Oder, besser gesagt, abhängig, denn wer sich vegetarisch ernährt, wird sicherlich nicht in Gefahr geraten, von Obst und Gemüse abhängig zu werden.

Warum? Nun, Fleisch und Wurst usw. sind oft sogar schon auf dem Frühstückstisch vorhanden, und alles, was schwere Materie in sich trägt, kann zu Übermaß führen, sodass man nicht genug davon bekommt.

Wir möchten keineswegs belehren oder gar werten, denn wir wissen nur allzu gut, wie schwierig es sein kann, aus alten Mustern auszusteigen. Unser Wunsch ist es, euch diese aufzuzeigen. Wir deuten nicht mit dem Finger auf euch, sondern auf das, was euch nicht guttut.

Ihr Lieben, Entscheidungen dürfen und werden wir niemals für euch fällen, sonst würden wir ja in den freien Willen eingreifen.

Der Aufstieg an sich endet nie

Während das Zeitschiff Erde euch weiter hineinträgt in die Phase der Rekonvaleszenz, ist es sehr wichtig, dass ihr euch nicht auf euren Lorbeeren ausruht. Damit meinen wir, dass sich der verkörperte Erhebungsprozess fortsetzen will.

Ihr habt die Schallmauer durchbrochen, indem ihr das Tor der Erhebung am 21.12.2012 durchschritten habt.

Aber was wir eigentlich sagen möchten ist, dass der Zykluswechsel zwar geschafft ist, es jedoch gilt, die energetischen Tore, die sich nun weiterhin vor euch auftun, zu durchschreiten.

Ja, der Aufstieg ist nie zu Ende, doch die Stufen des Erwachens waren ohnehin für viele die heftigste Herausforderung, und diese Stufen habt ihr längst bewältigt. Das geschieht nämlich schon, während das erste Licht eine Initialzündung bewirkt.

Erinnerst du dich, damals, als du nach dem Sinn des Lebens gesucht hast, damals, als du traurige familiäre oder berufliche Dramen erlebt hast? Da hat dein Sein das Aufstiegslicht angenommen.

Das nennen wir Initialzündung, man könnte auch sagen, der Funke des Schöpfers wurde in dir aktiviert. Alles, was wahrhaftig ist, findet seinen Weg in dein Körper-, Geist- und Seelensystem.

Wir wissen, wie steinig gerade die Zeit der Reinigung für dich war, wo alles von dir und aus deinem Leben gespült wurde, was der göttlichen Lichtströmung im Weg stand.

Liest sich dramatisch, wenn man aber darin steckt, gibt es sowieso kein Zurück mehr, nur ein Vorwärts, hören wir gerade Sarinah denken.

Ja, das ist richtig, denn das Ausruhen ist zwar wichtig und gut, doch wer das Prozedere der erhöhenden Lichtflutung durch Stillstand stoppt, schwebt in Gefahr, dass die Seele sich vom Körper lösen will, denn für die Seele ist der Erhebungsprozess unabdingbar.

Es geht also weiter, das Lernen hört nie auf, doch es hat viel mit Leichtigkeit zu tun. Erkennen, Loslassen, Umsetzen sollte mittlerweile eine Spielerei für euch sein, die ihr doch Meister seid im Erschaffen.

So ist also die göttliche Strahlung, die durch den Leib fließt, unermesslich hoch, sodass jegliches Verweigern dieser Lichtwoge auch aus Unwissenheit eins zur Folge hätte, nämlich dass der Körper langsam wieder zurück möchte in die Zeit, als er zu hundert Prozent kohlenstoffbasiert war.

Das, ihr Lieben, geht aber meistens einher mit Schmerzen oder gar Depressionen, denn ist der Erhebungsprozess einmal gestartet, bleibt nur der Weg nach vorne. Wie erwähnt, sehnt sich die Seele nach nichts mehr als nach „Hause" zu kommen. Das kann verkörpert stattfinden, aber auch durch den Tod, indem sich Körper und Seele voneinander lösen.

Die göttlichen Vibrationen erhöhen sich weiterhin, einen Stillstand gibt es nicht. Wenn ihr also den weiteren Aufstieg stoppen würdet, möchte das irdische Vehikel wieder zurück in die Zeit des Verbrennungsmotors.

Wer würde denn stehenbleiben wollen, jetzt, da die Wunder endlich in unser Leben treten, hören wir Sarinah denken.

Nun, das geschieht oft unbewusst, indem man sich wieder hineinbewegt in alte Energiesituationen, die man eigentlich längst verlassen hatte.

Wenn eine Lebensprüfung bestanden wurde, kehrt ihr oft nur aus einem Grund an den Ort des Geschehens zurück: wegen der Liebe. Die Liebe zum Partner oder auch die zur Familie, zu Freunden, Kollegen. Doch bedenkt, dass ihr ihnen nur helfen könnt, wenn ihr ein Beispiel seid, wenn ihr vorwärtsschreitet. Sie können sich nur dann am Licht aufrichten, wenn ihr selbst das Licht seid.

Manchmal war in der Vergangenheit euer Schlummer so tief, dass ihr euch völlig vergessen habt, und dieses Dahintreiben an der Seite von jenen, denen ihr doch eigentlich helfen solltet beim Erwachungsprozess, bescherte euch viel Reibung. Reibung im Sinne von Auseinandersetzung, denn die anderen mussten euch ja spiegeln, dass ihr stehengeblieben wart.

Doch plötzlich standet ihr auf und befreitet euch aus den Situationen, die euch eingelullt hatten. Dann taten es eure Mitmenschen euch nach, auch sie bewegten sich aus ihren beschwerlichen Lebensmustern heraus.

Das, ihr Lieben, macht euch zu wahren Helden, selbst wenn es so aussieht, als würde eure Seelenfamilie eine Station der Erhebung verschlafen, stehen doch diese plötzlich auf und stürmen los... Wahrlich, Helden des Lichts, wie sehr wir euch ehren, wie sehr…

Erzengel Michael erzählt, wie die Engel und die Sternenfamilie unseren Aufstieg wahrgenommen haben

Erzengel Michael meldet sich zu Wort:

ICH BIN, der ICH BIN und immer war. So sei es.
Der verkörperte Eintritt in die Himmelreiche ist etwas gänzlich Neues, denn vorher musstet ihr erst sterben, bevor eine Erhebung möglich war.
Jeder Mensch, der durch dieses Tor der Vervollkommnung geht, wird gut beschützt von einer ganzen Legion Engel, der Familie aus dem All und den geistigen Mentoren. Nicht dass es so gefährlich wäre, nein, es ist vielmehr gerade in den ersten Jahren, wenn die Lichtkörpersymptome einsetzen, sehr beschwerlich, also gibt es das Abkommen des Schutzes, das vor der Inkarnation getroffen wurde.
Manchmal, gerade als die ersten Himmelsstürmer aufstiegen, ging es bei uns zu wie bei euch, wenn eine Fußball-Live-Übertragung läuft.
Wir waren und sind begeistert, voller Stolz, und wir applaudieren euch, denn der Sieg über die Dunkelheit ist euer.
Ja, wirklich, oft war es sogar so, dass wir uns verbanden mit der Galaktischen Föderation des Lichts, das taten wir telepathisch, oder wir waren im Lichtschiff anwesend, um uns auszutauschen und herauszufinden, wie wir euch gemeinsam unterstützen könnten.

Das tun wir natürlich immer noch, wir tagen und reden, wir beraten und suchen nach Lösungen für die Lichtkinder, die das Tor der Erhebung etwas später durchschreiten.

Eure Familie aus dem All hatte von den Lords des Lichts die Befugnis erhalten, euren Aufstieg aufzuzeichnen und euch zu helfen, sollten medizinische Notfälle eintreten. Außerdem hatte die Galaktische Föderation des Lichts die Erlaubnis vom Schöpfer erhalten, dass sie einen Dritten Weltkrieg auf Erden verhindern dürfen.

Die Familie aus dem All hat oft eingegriffen, sie sind auch diejenigen, die zusammen mit den Lords des Lichts geholfen haben, dass die göttlichen Lichtanteile so verteilt wurden, dass die Menschen sie gut annehmen konnten.

Vor Jahren hättet ihr unsere Energie nicht einmal im Körper ausgehalten, ihr wärt innerlich verbrannt.

Die Anpassung des Leibes war enorm und musste oft schnell gehen, denn die schlafenden Erdenbewohner wachten auf und stürmten los, ohne auf unsere Rufe, sich Zeit zu lassen, zu hören. Was verständlich ist, denn für die Seele ist der Zyklus der Erhebung magisch anziehend und unabdingbar.

Erstaunliches gab und gibt es da zu sehen, denn es gab viele Lichtarbeiter, die sich so gut vorbereitet, sich so sehr unter Druck gesetzt hatten und trainiert waren wie Marathonläufer.

Sie informierten sich über das Hineingleiten in das Neue Zeitalter und drehten geradezu Übungsrunden, damit beim eigentlichen Aufstieg ja nichts schiefgehen würde. So brachen diese dann oft kurz vor dem eigenen Ziel erschöpft zusammen, zauderten, weinten und drehten wieder Übungsrunden.

Ihr könnt euch sicher vorstellen, wie erstaunt wir darüber waren, dass gerade jene, die sich selbst trainiert und leichtfüßig über die Wiese der Vervollkommnung gelaufen waren, kurz vor dem Ziel in sich zusammengesunken waren.

Das ist nur ein Beispiel, denn alle Himmelsstürmer machten letztendlich ihrem Namen alle Ehre.

Doch die wahren Helden sind jene, die selbst mit letzter Kraft in den heiligen Gefilden ankamen, die sogar oft unsere Hilfe ablehnten, um die Erfahrung selbst zu machen, die immer wieder hinfielen und doch wieder aufstanden. Kaum waren sie dann angekommen, gingen sie wieder los, um anderen zu helfen. Da stockt uns auch heute noch der Atem, diese Pilger hätten sich ja im Ziel ausruhen können.

„Wie langweilig", hörten wir sie oft sagen, und schon waren die Krieger des Lichts wieder unterwegs, um mit ihren Erfahrungen den Nachzüglern zu helfen. Ja, wir hielten vor Erstaunen und Bewunderung den Atem an. „Wir" sage ich und meine die Konföderation der Engel aus den Engelreichen und all jene, die Zeitzeugen waren, als Mutter Erde ihre Kinder hineintrug in die Gefilde des Himmels.

Natürlich taten und tun wir unser Möglichstes, um euch Sicherheit und Schutz auf allen euren Wegen zu gewährleisten. Obwohl, wenn ihr durch das Tor der geistigen Heimat getreten seid, wer soll euch dann noch etwas tun? Die Einzigen, vor denen man euch schützen müsste, seid ihr selbst! Es gibt keinen sichereren Ort als den Himmel auf Erden.

Erinnerst du dich noch, wie dein Herz schnell pochte, wie heiß dir innerlich war, wie viel Schweiß es dich kostete, wie deine menschlichen Handlungsorgane, dein Körper und dein Verstand oft vor Schwingung vibrierten, dass du dachtest, es würde dich förmlich nach oben ziehen?

Erinnerst du dich daran, dass du dachtest, du wärst krank, als die ersten heftigen Aufstiegssymptome einsetzten?

Erinnerst du dich an deine ersten Kontakte zu deiner planetarischen Familie, und wie du sie dann fast jede Nacht im Traum besuchtest, weil du es vor Sehnsucht nicht mehr aushieltest?

Wir sind so unendlich stolz auf dich.
Es liebt, segnet und dankt dir
Erzengel Michael.

Ich übergebe nun das Wort an Marix aus Sirius, der sicher vielen Lesern durch sein Wirken mit Sarinah bekannt ist.

(http://marix-sirius.over-blog.de/articles-blog.html)

Marix, ein alter Freund aus Sirius

Ich bin Marix aus Sirius und gehöre der Galaktischen Föderation des Lichts an. Seid gesegnet im Namen aller von der Station, für die ich hier spreche.

Es ist mir eine Ehre, auf diese Weise mit euch sprechen zu dürfen.

So nun ein Großteil der Menschheit samt Leib eingetreten ist in die Dimensionen ihres wahren Zuhauses, hat sich eine Gemeinschaft gebildet. Diese wiederum sorgt für andere oder sie teilt einfach. Das fühlt sich sicherlich für viele Leser normal an, sie haben nicht das Gefühl, im Himmel zu leben, das ist verständlich, denn der Himmel wird von euch neu erschaffen. Von euch, den Erbauern des Neuen Zeitalters.

Es ist so schön zu sehen, wie das Experiment gelungen ist, und nicht nur das: Diejenigen, die damals auf die Erde gekommen sind, um dabei zu sein, wenn sich Gaia heimwärts bewegt in die Himmelreiche, sitzen gerade hier und lesen diese Zeilen.

Marix fehlen ein wenig die Worte, um zu beschreiben, wie glorreich der Dienst der Lichtträger ist.

Der Erstkontakt ist in Arbeit. Die Familie des Blauen Planeten und die galaktische Familie werden sich begegnen, ein inniger Kontakt wird entstehen. Und der Kontakt wird so intensiv sein, dass wir jetzt schon Sehnsucht im Herzen haben.

Das Beste ist, dass die Sternenfreunde eine Technologie mitbringen werden, die uns allen Unabhängigkeit, Freiheit, Gesundheit und Fülle schenken wird.

Ja, uns allen, denn auch wir aus der Planetarischen Konföderation werden durch den kommenden Zusammenschluss mit euch immens beschenkt werden.

Mit allen Dingen, die unser Dasein so nicht mehr bereitgehalten hat, nämlich die irdischen Gefühle, die Sinne, das menschliche Gebaren... Ein wenig ist es so, als hätten wir dadurch das erhalten, was uns schon ein wenig fremd war.

Es liegt lange zurück, dass wir diesen Zyklus der Erhebung durchschritten haben, und so konnten wir uns oft nur noch erinnern, wie sich etwas anfühlt, wie es ist, sich im menschlichen Leib zu erfahren. Viele Mitglieder der Galaktischen Föderation des Lichts hatten selbst Erdenleben, so, wie viele Leser Inkarnationen auf anderen Planeten hatten.

Ja, wir haben auch einen Körper, dieser allerdings besteht fast nur aus Licht und hat Jahrtausende gebraucht, um das zu sein, was er jetzt ist.

So ist uns eure Meinung sehr wichtig. Einige Boten des Lichts sitzen im Tagesbewusstsein an unseren Tischen. Wir beraten alle gemeinsam, was durchaus sehr lustig sein kann, gerade wenn die Erzengel und Aufgestiegenen Meister auch dabei sind, denn der Humor, der dann im Raum schwebt, ist echt umwerfend.

Wenn diejenigen zusammenkommen, die sich schon seit Urzeiten kennen, was euch natürlich einschließt, sprüht die Energie im Saal oft nur so vor Liebe, Fröhlich-

keit und Überschwang. Dabei ist gerade das Wirken mit euch etwas sehr Wertvolles, denn durch die menschliche Weisheit kommt es oft zu Lösungen und Beschlüssen, die so vorher nie möglich gewesen wären.

Wenn ihr eins seid, dann sind das uralte weise Meister in einer erstaunlich jungen Hülle aus Fleisch und Blut, wobei das Wort „uralt" euch nicht abschrecken sollte. Wer stört sich schon an diesen Dingen, da es doch nun möglich ist, über Hunderte von Jahren alt zu werden? Wo doch die Verjüngungstempel jederzeit bereitstehen und für jeden zugänglich sind?

Gerne melde ich mich später noch einmal, um euch eine der Ratssitzungen zu schildern, bei der sicherlich einige von euch anwesend waren.

Wenn dabei eine Erinnerung hochkommt, umso besser, wenn nicht, auch gut. Es folgen in der Zukunft noch Tausende von Tagungen, bei denen ihr anwesend sein werdet, falls ihr das gerne möchtet.

Danke, bis gleich.
Marix aus Sirius (Sprecher des Erstkontakt-Teams der galaktischen Freunde)

Engel inkognito – Sie nutzen das Rad der Wiedergeburt

Wir sprachen immer wieder davon, dass das irdische Gefäß eure Hülle ist, die oft verschleiert, wer ihr wirklich seid. Es ist immens wichtig, dass ihr euch gewahr werdet, dass ihr selbst Erzengel, Engel, Aufgestiegene Meister, Erden-Mentoren seid.

Der himmlische Engel in euch will leben, will sich ausdrücken und wirken. Das ist jedoch erst möglich, nachdem ihr verstanden und gefühlt habt, dass ihr unermesslich mächtig seid.

Um sicher zu sein, dass der Zykluswechsel nicht im Chaos endet, hat der Schöpfer vor vielen Jahrzehnten beschlossen, dass nur noch Seelen auf die Erde reisen sollen, die schon sehr oft auf dem Blauen Planeten inkarniert waren, die aber auch das hohe planetarische Wissen in sich tragen.

Was nichts anderes heißt als: Es kamen Babys mit einer hoch entwickelten Seele aus einer spirituell weit entwickelten und mit uralter Weisheit beseelten Zivilisation. Nicht nur das, diese Kinder waren selbst in der Energie der höchsten Engel. Der Schöpfer wusste, dass die Galaktische Föderation des Lichts gemeinsam mit den Räten des Lichts eine wichtige Rolle innehat, was den Aufstieg angeht.

Mit Hilfe der hohen Technologie des Lichts wäre es den Raumbrüdern und -schwestern möglich gewesen, die Menschen von der Erde zu evakuieren, sollte das vom höchsten Rat beschlossen worden sein.

Ja, wir sprechen in der Vergangenheit, denn schon längst steht fest, dass diese Schutzmaßnahme nicht vonnöten war und es auch nie sein wird.

Nun, die Schattenspieler wehrten sich vehement, das Spielfeld zu verlassen, sie zettelten eine Unruhe nach der anderen an, versuchten sogar, den Dritten Weltkrieg anzufangen und vieles andere mehr. So wäre es also mehr als verständlich gewesen, wenn Gaia keine andere Möglichkeit mehr gesehen hätte, als alles Dunkle zum Beispiel durch ein heftiges Mega-Erdbeben einfach abzuschütteln. Doch die Mutter liebt ihre Kinder so sehr, dass sie alles ertrug, um ja keins von ihnen zu verlieren und sicherzustellen, dass jedes Lebewesen die Chance erhielt, weiterzuleben.

So erlaubte der Schöpfer den Räten des Lichts und der galaktischen Hierarchie, einzugreifen, um die Bewohner der Erde zu schützen und ihren Aufstieg zu sichern. Nochmals möchten wir gerne wiederholen, dass der Aufstieg an sich individuell ist und nie endet, denn die Erdenbürger zeichnet eins besonders aus: ihr starker Drang nach Verbesserungen.

Die Engel des Alls und der Geistigen Welt taten sich also zusammen und tagten von nun an fast stündlich. Sie griffen ein, wo es ihnen erlaubt war, und verhinderten manche Aktion unter falscher Flagge.

Denn die Dunklen hatten bis dahin schon genügend Unheil angerichtet. Sie hatten Aktionen unter falscher Flagge ausgeführt, um die Nationen zu spalten, um Mangel zu erschaffen, und sie wollten die Welt in den Krieg führen.

Das alles diente nur einem Ziel: Den Aufstieg (Zykluswechsel am 21.12.2012) von Millionen von Menschen zu verhindern – zu unterbinden, dass sie sich selbst gewahr werden.

Ab dem Zeitpunkt, an dem du dir selbst gewahr bist, sind alle Dämme gebrochen, und du bist in der Lage, heilendes Licht in deinen Körper aufzunehmen und dieses göttliche Geschenk an andere weiterzugeben.

Was nicht nur deinem Gesundheitsstatus zuträglich ist, sondern dann bist du die Fülle in allen Bereichen deines Lebens, du bist bereit, befreit zu werden von allem Mühsal und allen Gebrechen.

Es ist uns bewusst, dass unsere Worte nicht ausdrücken können, was das für dich bedeutet, doch deine Seele weiß es, sie weiß es…

Erzengel Zadkiel – Der kristalline Lichtkörper

„An manchen Tagen scheint es so, als würdet ihr mit eurem Lichtkörper Achterbahn fahren.

Denn die Kontrolle über die Gedanken ist etwas, was nicht jeden Tag leichtfällt, da der Lichtkörper ja nun den Materiekörper ersetzt und die Gedanken es sind, die den kristallinen Leib steuern. Ja, nicht nur die Gedanken, sondern alle Aussendungen steuern das Sein der neuen verkörperten Ausdrucksform.

Ihr hattet kaum Zeit, zu üben. Der letzte Teil, der euch hineinkatapultierte in das Goldene Zeitalter, ging rasend schnell. Davor hattet ihr mit Aufstiegssymptomen zu kämpfen oder alle Hände voll zu tun mit den alltäglichen Dingen, die zu erledigen waren. Dazu kam noch, dass ihr von den hereinströmenden Energien geschubst wurdet, euch euer gewahr zu werden.

So standen die Abiturienten plötzlich vor ihrer Abschlussprüfung, die verfrüht stattfand und nicht zu dem Zeitpunkt, der ihnen genannt worden war.

Doch die Meister des Seins bestanden alle, bis auf einige Ausnahmen. Diese holen aber meistens den Part des Übergangs so schnell wie möglich nach.

Dann kam es dazu, dass keine Zeit mehr blieb, um wichtige Dinge zu studieren, sondern ihr wurdet sofort ins kalte Wasser geschmissen, um es in eurem Sprachgebrauch zu sagen.

Das Wasser aber ist nicht kalt, sondern angenehm warm, und jetzt geht es darum, sich zu erinnern oder das

Herz einzuschalten, damit die geistigen Mentoren helfen können. Es geht darum, die Liebe selbst zu sein, um anderen mit diesem Gottesfunken den Weg zu zeigen, indem ihr ihnen ein Vorbild seid.

All die Dinge, all das Zauberwerk, das nun keins mehr ist, sondern Realität, will nun beherrscht werden oder, besser gesagt, ausgeführt werden.

Teleportation, Materialisierung, Dematerialisierung, Telekinese und nicht zuletzt Telepartie, um es noch einmal zu wiederholen.

Alle diese Dinge stehen nun bereit, um euch zu dienen. Nein, keine Übung mehr, denn nun heißt es: TUN! In den Dimensionen, in denen sich Gaia jetzt befindet, funktionieren die alt hergebrachten Möglichkeiten der Ausführung nicht mehr gut. Wenn ihr versucht, etwas, was ihr braucht, in alter Manie zu beschaffen, ist das sehr zeitverzögert…

Wenn ihr zum Beispiel ein altes PC-System nutzen würdet, obwohl ihr ein brandneues besitzt, würde das alte System immer langsamer werden oder gar nicht mehr funktionieren.

Wenn ihr die Möglichkeit habt, verkörpert und in Minutenschnelle zum Beispiel nach Berlin zu reisen, geht das immer schneller, als wenn ihr in alter Manier die Bahn, das Flugzeug, oder das Auto wählen würdet.

Zukunftsmusik? Nein, keineswegs, denn durch die veränderte Position der Erde und die Feinstofflichkeit eures Körpers ist unter anderem Teleportation möglich.

Sarinah denkt gerade, dass ihr immer fürchterlich übel wird, wenn sie Teleportation versucht.

Es ist Übungssache, und sicherlich gehört auch viel Vertrauen dazu.

So sind die Meister des Seins längst selbst aufgestiegen, und es ist an der Zeit, sich an all die Dinge zu erinnern, die euch in früheren Leben gegeben wurden und die ihr mit Bravour ausgeführt habt, ohne jemals darüber nachzudenken, ob und wie sie funktionieren.

Der Lichtkörper, der lange Zeit außerhalb eures Seins war, verdrängt nun nach und nach den vergänglichen Leib. Das geschieht durch die Bejahung zum Aufstieg fast automatisch, es braucht aber ein wenig Zeit, denn schließlich geht es dabei um einen Austausch der alten Verkörperung.

Ja, Austausch, das kann sich im Leben durchaus anfühlen wie ein kleiner Tod. Denn die kohlenstoff-basierte Ausdrucksform weicht der kristallinen, was nichts anderes heißt, als dass ihr auch durch die äußere Hülle zu Engel werdet. Engel, die die gleichen Ermächtigungen haben wie die in der Geistigen Welt. Erdenengel, die aber auch die gleiche Verantwortung für ihr Wirken und Handeln tragen wie die Mentoren der Geistigen Welt.

Durch diese Annäherung aber ist es uns allen möglich, zusammenzuleben, denn eure Daseinsform wird immer lichter. Unsere besteht zwar aus Licht, wird aber durch eure Anwesenheit in der Dimension des Himmels immer lebendiger, sinnlicher.

Verstehst du, was wir damit meinen? Durch deine lichtvolle Veränderung, die sich für dich durchaus anfühlen kann wie eine Neugeburt, durch diesen „Phönix aus der Asche-Effekt", ist es uns Engeln und geistigen Wesen

möglich, mit dir zu leben, sodass du uns mit allen Sinnen wahrnehmen kannst, und wir dich auch mit allen Fasern unseres Seins erleben können. Die Liebe leben und teilen, zusammen wirken.
Wie sehr wir uns auf dich freuen, wie sehr...

Es segnet und streichelt dich mit der Energie der Transformation
Erzengel Zadkiel"

Partnerschaft mit einem Wesen aus dem galaktischen Sternensystem

Das ist für viele Leser ein Teil ihres Seelenplans: eine in Liebe gelebte Beziehung mit einem Wesen aus der galaktischen Föderation des Lichts.

Dabei geht es nicht um etwas, das zufällig geschieht, denn dieser Part ist Teil der Absprache in Liebe, und zwar ist das eine ganz besondere Belohnung, für die es aber gilt, im Vorfeld Prüfungen zu bestehen und vieles loszulassen.

Das Loslassen von Ängsten, Dogmen und alten Glaubenssätzen ist dabei sehr wichtig, denn oft sind jene ein Paar, die in früheren Inkarnationen schon einmal in Liebe verbunden waren.

Nicht selten ging es im früheren Leben dramatisch zu, um es in euren Worten zu sagen. Wir meinen damit, dass diese planetarischen Bürger womöglich durch eine Planetenzerstörung – siehe Maldek (Mallona) – getötet wurden. Ja, drastische Worte, doch das erklärt, warum sich gerade Lichtarbeiter oft sperren, diesen Part im Seelenplan zu erfüllen.

Einige Lichtträger sperren sich mit Händen und Füßen, und das ist durchaus verständlich, denn ihr Unterbewusstsein hat das tragische und schmerzvolle Ende dieser großen Liebe gespeichert.

So kommt es dazu, dass sie den wichtigsten Teil ihres Lebensplans immer wieder zurückstellen.

Durchaus verständlich, wenn man bedenkt, wie wundervoll intensiv und von bedingungsloser Liebe solche Verbindungen getragen sind. Denn je tiefer die Gefühle, umso schmerzhafter war das Ende, so war es jedenfalls lange. Das ist eine der heftigsten Erdenerfahrungen: den Verlust der großen Liebe und die darauffolgende Trennung.

Auch wenn das Erlebnis der Zerstörung eines Planeten und deren Bewohner weit zurückliegt, ist es doch immer noch im System gespeichert.

So waren es also nicht immer die Liebenden selbst, die sich damals trennten. Nein, sie wurden vor langer, langer Zeit durch schreckliche äußere Gegebenheiten getrennt.

Wieder ist uns bewusst, dass unsere Worte nicht im Geringsten ausdrücken können, welche schrecklichen Erfahrungen das in früheren Inkarnationen waren, denn diese ging oft einher mit dem Verlust von all denen, die man so sehr geliebt hatte.

Sicher, werden sich nun einige Leser denken, das gab es doch auch auf der Erde, dass Menschen alles verloren, was ihnen lieb und teuer war, zum Beispiel durch den Krieg.

Genau das ist es, denn eine Seele, die so dramatische Erfahrungen hatte, meidet im Allgemeinen alles, was zu diesem Trauma führen kann. Lichtarbeiter wiederholen dieses meistens nicht noch einmal. Jedoch, wie ihr wisst, bestätigen Ausnahmen die Regel.

So kann es sein, dass die menschliche Seele förmlich die Rollen tauscht. Wenn sie in einem früheren Dasein die Rolle des Rächers hatte, ist es oft der Fall, dass dieses Wesen sich eine Lebensplanung erstellt, in der es Opfer sein kann.

Damit löste sich dann das Karma auf, wobei es zu dem Zeitpunkt, an dem dieses Buch geschrieben wird, kein Karma mehr gibt, denn der Schöpfer verfügte zum Zykluswechsel 2012, dass alles Karma erlöst werden darf.

Doch kommen wir zurück zur gelebten Liebe, die eine immerwährende Belohnung ist, denn in diesem Leben, ihr Lieben, wird der außerirdische Partner oder die Partnerin nicht durch dramatische Geschehnisse brutal von euch weggerissen werden.

Darum sprachen wir von einer gesegneten Verbindung, denn planetarische Kriege und Zerstörungen wird es nie wieder geben, nie wieder...

So obliegt es immer dem freien Willen des Menschen und des Seelenplans, was er aus der Beziehung macht. Doch wisst, der Schöpfer hat verfügt, dass alle Liebenden besonders zu schützen sind.

Oft waren es diese Lichtbewahrer, die in früheren Leben geradezu Heroisches leisteten.

Dieser Schutz gehört natürlich all denen, die in bedingungsloser Liebe verbunden sind, unter anderem Eltern und Kinder.

Was bedingungslose Liebe ist? Nun, diese erwartet, fordert, begrenzt und wertet nicht.

Wie eine Mutter, die ihr frisch geborenes Baby im Arm hält. Jede Mutter, die diese Zeilen liest, wird sich sicher an das Gefühl der EIN-Flammigkeit erinnern.

Das Gefühl, dass man etwas im Arm hält, das Teil von einem ist, aus einer Flamme, oder, wie ihr sagen würdet: aus einem Guss.

Darum wisst, wenn ihr bei diesen Zeilen fühlt, dass ihr eine/einer der Auserwählten seid und sich all das Warten gelohnt hat, denn oft seid ihr schon länger Single oder es trotz allen Bemühens längere Zeit gewesen – ihr wart also auf euch selbst konzentriert.

Die Mühe und das Warten haben sich gelohnt, denn Seelenpläne gehen immer mit voller Macht in Erfüllung, immer...

Aufgestiegen – was nun?

Marix aus Sirius meldet sich zu Wort:

So euer Alltag, das Leben an sich, nun immer mehr zu dem wird, was ihr kraft der Gedanken und Aussendungen vorher für euch programmiert habt, ist sicher Zufriedenheit eingetreten in eurem Sein. Wobei Zufriedenheit nur ein Überbegriff ist für alles, was noch möglich ist, denn schließlich seid ihr selbst sehr mächtige Wesen.

Im Grunde seid ihr nun bemächtigt, über alles zu verfügen, was ihr für euch und andere braucht. Natürlich kann das nur funktionieren, wenn es zum Wohl aller Beteiligten und eure Manifestation im Einklang mit der göttlichen Vibration ist.

Sicher liest sich das für viele wie selbstverständlich. Dann wird es wieder andere geben, die sich gerade auf dem Pfad der Erhebung befinden – für diese Leserschaft ist es sicher gewöhnungsbedürftig zu erfahren, dass sie nun an der Seite von Erzengel wirken und, sobald auch sie den Gipfel der Anhebung erreicht haben, selbst zuständig sein können für ihr Glück.

Liebe Freunde, wir ehren und applaudieren denen, die etwas später ins Ziel kommen, genauso wie den Lichtarbeitern, die vorangestürmt sind, um die Portale der Anhebung zu öffnen und zu flankieren.

Denn die Letzten werden die Ersten sein, da die Nachzügler ohnehin nicht mit diesen extremen Lichtschwankungen und Symptomen des Aufstiegs zu kämpfen haben, denn der Pfad ist geebnet und beschildert von den Lichtträgern, die voraneilten.

So war der Aufstieg an sich ein großer mächtiger Plan. Jeder Mensch hat vor der Inkarnation angegeben, welchen Part er dabei spielen möchte, und genau das habt ihr dann auch getan. Doch aus dem Spiel, das sich so leicht und flockig anfühlte, damals vor eurer Geburt, bei der Planung des Lebens, wurde dann im Leben allzu schnell Ernst.

Wenn ihr uns fragt, eure Freunde aus Sirius, dann war euer Leben von unserer Warte aus betrachtet vor 2012 ganz schön schwer, zu schwer für manche Lichtträger. Diese nahmen den schnellsten Weg zurück in das Paradies, indem sie den Tod wählten, um dahin zu gelangen, wo der Ausgangspunkt für ihre Reise auf die Erde war.

Was war passiert? Ihr Lieben, ihr seid zu schnell aufgestiegen. Wenn ein Kind in die Schule kommt, und es stellt sich heraus, dass es wundervoll begabt ist, sodass es in kürzester Zeit Abitur machen könnte, was glaubt ihr, welche Probleme für das Kind und natürlich auch für die Eltern entstehen? Stimmt, es wird schulisch bestimmt wunderbare Fortschritte machen oder sich eher langweilen in der Klasse und ungeduldig werden.

Die wirklichen Probleme aber sind menschlicher Art, nämlich die Psyche, der Körper und vor allem eins: der wachsende Druck, der entsteht, wenn ein Schüler viele Klassen überspringt. Druck von außen, aber auch, und das ist noch viel gefährlicher, Druck, den sich das Kind selbst macht. Weil es ungeduldig wird, Bestätigung haben möchte, belohnt werden möchte und Lob mit Liebe gleichsetzt.

Das, liebe Freunde, ist ein Beispiel, damit ihr versteht, warum euer Dasein in manchen Passagen des Lebens so ermüdend und schmerzhaft war, denn ihr wart ungeduldig, was verständlich ist.

Die ersten Herausforderungen waren leicht, die habt ihr geradezu im Eilschritt erledigt, doch plötzlich entstand Druck. Das Erwachen war ein Kinderspiel und voller Freude, die ersten Schritte des Gewahr-Werdens machten die meisten mit links, doch was passierte dann?

Nun, die Seele hat kein Problem damit, die Tore der Erhebung schnell zu passieren, doch euer Körper- und Verstandessystem schon.

Wobei ich hier unbedingt betonen möchte, dass die galaktischen Freunde und alle aus der Geistigen Welt, die euch begleiten, eure Ungeduld verstehen können. Schließlich seid ihr unter anderem Aufgestiegene Meister oder Erzengel im menschlichen Gewand, aus Fleisch und Blut, da ist es wohl verständlich, dass ihr lieber geflogen wärt, als zu Fuß unterwegs zu sein.

Sarinah lacht, während sie aufschreibt, was ich, Marix, ihr gerade sage, sie kann sicher nachempfinden, was ich mit „fliegen" gemeint habe.

Kein Wort könnte besser passen als das, denn wenn euch das eigene Körper- und Verstandessystem nicht ausbremste, sorgte etwas im Außen dafür, dass ihr auf den Stufen der Erhebung hingefallen, ausgerutscht oder sogar gestoppt worden seid.

So hieltest du dich womöglich viel länger in einer Partnerschaft auf, als es für dich scheinbar gut war, oder du hattest den Wunsch, dich beruflich zu verändern, und es klappte so schnell nicht, oder du legtest an Leibesfülle zu, und es war dir einige Zeit unmöglich, daran etwas zu verändern. Doch auch als dein Körper anfing, vor lauter Energie-Unausgewogenheit verrücktzuspielen, standest du trotz heftigster Bauchlandungen immer wieder auf, du gabst nie auf. Darum gratulieren wir dir zur bestandenen Lebensprüfung! Wahrlich, wir sind unendlich stolz und voller Liebe für dich.

Das alles sind nur Beispiele, die dir zeigen sollen, dass das Leben perfekt von dir selbst geplant ist, denn immer, wenn du in Gefahr warst, abzuheben und die Bodenhaftung zu verlieren, immer, wenn du in Gefahr warst, dich selbst zu überschätzen und auch von anderen zu viel zu erwarten, brachte dich etwas auf den Boden der Tatsachen zurück.

Dieses Etwas tauchte nicht zufällig auf, sondern diese Erfahrung hast du selbst gewählt, schon vor deiner Geburt, weil du die Punkte deines Seelenplans unbedingt alle abhaken wolltest, weil du zum Abitur nicht nur zugelassen werden, sondern den krönenden Abschluss im Flugrausch und im vollen Gewahrsein erleben wolltest.

Nichts ist wichtiger, als dass jene die Schärpe der Selbstmeisterung (der verkörperte Erdenengel) selbst entgegennehmen, die sich einst auf den Weg gemacht haben, um dabei zu sein, wenn wir alle nicht nur EINS sind, sondern auch zusammen leben.

Es ist mir eine große Freude, so mit euch zu plaudern. Wie wundervoll ihr doch seid. Welch prachtvolle Engel, galaktische Wesen und Aufgestiegene Meister diese Zeilen lesen, egal, wie auch immer, ob mit Flügel oder auch manchmal ohne, wir lieben euch so sehr, so sehr, dass unser Herz anfängt zu beben, so sehr…

Zeit der lebendigen Engel

Marix aus Sirius meldet sich zu Wort:

Manchmal, wenn ihr nachts schlaft, bewegt ihr euch wie in alten Zeiten auf einer Astralreise.
Macht der Gewohnheit, würden wir das nennen, denn längst ist es euch im Tagesbewusstsein, zum Beispiel in der Meditation, möglich, Freunde und die Familie aus der Geistigen Welt zu treffen.
Gaia hat euch hochgetragen in die Ebene des göttlichen Bewusstseins, sodass ihr nun fähig seid, mit den Wesen der göttlichen Dimension zu leben.
So kommt es jetzt tatsächlich vor, dass jene, die sich ohne Körper im Licht aufhalten, von euch lernen. Einfach indem sie durch euer Beispiel wieder anfangen, sich zu erinnern, wie es damals war, als sie noch einen Leib hatten.
Durch dieses Erinnern ist es den Engeln und den Bewohnern der geistigen Reiche möglich, sich einen zellulären Leib zu erschaffen, wann immer sie diesen brauchen.
Das liest sich womöglich unspektakulär, doch es ist immens wichtig, denn so ist es den Bewohnern der höheren Reiche möglich, sich mit euch zu verbinden, mit euch zu wirken. Seite an Seite, Hand in Hand.
Wir wurden im Vorfeld oft gefragt, wie es denn sein kann, dass man zum Beispiel mit einem Erzengel eine Partnerschaft leben kann?
Nun, ganz einfach, euer Vehikel, mit dem ihr auf die Erde gereist seid, wird immer feinstofflicher, immer kris-

talliner, ist aber trotzdem noch aus Fleisch und Blut. Die Wesen aus den lichtdurchfluteten Reichen drücken sich feinstofflich aus, man könnte auch sagen: kristallin. Sie besitzen jedoch im Normalfall keine Ausdrucksform, die aus Fleisch und Blut ist.

Doch diese Wesen haben die Macht, sich alles zu erschaffen, was sie brauchen, sie erschaffen es sozusagen in einer idealen Form.

Doch den Seelen aus den geistigen Reichen fehlt die Erfahrung, was die verkörperte Ausdrucksform betrifft, denn sie waren sicher auch irgendwann auf der Erde, doch die gelebten Erfahrungen verblassten nach so langer Zeit.

Ja, alles ist im Buch des Lebens gespeichert, doch je länger die letzte Inkarnation her ist, umso mehr verblasst das Gefühl, die Emotion, und umso mehr tritt die Erinnerung in den Hintergrund, was zum Beispiel die damals gelebte Sinnlichkeit angeht, was ja alles mit körperlichen Erfahrungen zu tun hat.

Genau da ist euer Schatz an gelebten sinnlichen Abenteuern, denn durch diesen Austausch ist es jenen wieder möglich, mit allen Sinnen zu leben, die sich so danach sehnten, wieder zu spüren, zu fühlen – die Sinne zu nutzen.

So lernen also jene von euch, die schon vor langer Zeit die Heimreise ins Licht angetreten haben, sie lernen nicht nur durch euch, sie leben mit allem, was dazugehört.

Wahre Meister des Seins nannten wir euch oft, und nichts könnte es besser ausdrücken als das, denn wahre Meister des Seins sind in der Lage, allein durch ihre Anwesenheit anderen zu helfen.

Sie helfen, indem sie sich vereinen, indem sie sich selbst erst einmal verbunden haben mit dem brillanten Wesen, das sie in Wahrhaftigkeit sind, und sie fügen wiederum alles zusammen, was zusammen gehört.

Es dankt und sagt: „Bis gleich",
Marix aus Sirius

Mitgefühl hilft immer, Mitleid jedoch nicht

Marix aus Sirius meldet sich zu Wort:

Es befinden sich noch viele in der Umlaufbahn des Aufstiegs, wobei es sogar für mich, Marix, schwer ist zu sagen, wie viele Menschen sich zum Zeitpunkt des Erscheinens dieser Schriften noch auf der Pilgerreise befinden. Denn zwischen dem Erscheinen und dem Schreiben liegt eine Zeitdifferenz, was die Berechnung derer, die in einem Jahr aufsteigen, schwer macht.

Doch eins ist gewiss: Gaia erreichte Ende 2012 den planetarischen Zykluswechsel, und mit ihr viele ihrer Kinder. Doch wenn wir, eure galaktischen Freunde, etwas gelernt haben, dann, dass die Schlafenden oder die Zaudernden plötzlich losstürmen können. Dass sie ihr Erwachen und ihren Läuterungsweg im Eilschritt durchlaufen, in einer Schnelligkeit, dass sogar uns oft der Atem stockt, wenn wir ihnen zusehen.

Glorreich ist das Wort dafür, glorreiche Lichtempfänger, die sich über Jahre in alten Energien aufhielten, denn ihr System war darauf eingestellt, dass sie körperlich in der Lage waren, sich an Orten und bei Mitmenschen aufzuhalten, die eher nieder schwingend waren.

Warum? Nun, darüber haben wir schon gesprochen. Ein Dienst am Licht, da die Lichtempfänger sich oft nichts anderes wünschten, als den Ort, den Partner, den Beruf und die Familie endlich zu verlassen. Sie taten es lange nicht, um Orte, Personen und auch alte berufliche Struk-

turen mit Licht zu versorgen. Ab einer gewissen ermüdenden Schwingung zieht das nicht selbstständig höhere Vibrationen an, sondern ohne die Lichtempfänger wäre das Durchströmen derer nicht möglich gewesen, die lange Zeit das goldene Licht der Schöpfung blockten. Es wäre alles beim Alten geblieben. So erreichte der goldene Strahl der Umwandlung schließlich nach und nach alles, was sich auf der Erde befand, wirklich alles!

Nun kommen wir aber endlich zum Thema:

Vielleicht habt ihr schon bemerkt, dass ihr zwar mitfühlen könnt, wenn ihr im Gespräch auf jemanden trefft, der euch sein Herz ausschüttet, jedoch ist es euch unmöglich, mitzuleiden.

Bestimmt hat sich mancher schon gefragt, ob der Aufstieg an sich gefühlskalt macht, denn es kann sich so irritierend anfühlen, dass ihr anfangen könntet, an euch zu zweifeln.

Keineswegs, liebe Freunde, mitnichten seid ihr gefühlsstarr, es ist vielmehr so, dass das Mitleiden sowieso keine Hilfe war. Weder für euch noch für andere, denn durch das Hineinknien in die Energie des Leids kommt es zu einer Energieüberlappung, jedoch nicht zu einer Veränderung oder plötzlichen Verbesserung der Situation.

Ich hoffe, ihr könnt das nachempfinden. Sicher werdet ihr genügend erlebt haben, was Lebenserfahrung des Leids und der Pein angeht – auch oft bei euch selbst.

Wie soll es anders sein, denn Leid, Schmerz, Trauer und Schock öffnen immer ein Tor zum höheren Bewusstsein. So hat sich manche Seele diese Erfahrungen für das

Leben geplant, nur um ein Ziel zu erreichen: Entweder ein plötzliches Erwachen oder ein sofortiges Eintreten in die Lebensaufgabe und die dazugehörige Klarheit.

Das nur, um zu zeigen, wie komplex deine Seelenplanung war und ist.

Damals als geistiges Wesen, als du dein Dasein plantest, warst du im Bewusstsein eines Erzengels. Du wusstest also sehr genau, was du tust, und wärst niemals das Risiko eingegangen, womöglich ein wichtiges Lebensziel nicht zu erreichen und dadurch wieder inkarnieren zu müssen.

Niemals hättest du es zugelassen, dass jemand anderes in deiner Planung des Daseins rumpfuscht (viele Lichtarbeiter rühmen sich damit, dass sie Lebenskontrakte verändern können), was ehrlich gesagt Quatsch ist, denn das hat noch nie funktioniert.

Du hast also diese wichtigen Ziele sehr gut abgesichert. Mit Warnsignalen des Körper-, Geist- und Seelensystems, mit Wahlmöglichkeiten, dass du dir sicher sein konntest, schon damals, kurz vor deiner Geburt, das Rad der Wiedergeburt nicht mehr betreten zu müssen.

Ja, viele sind freiwillig gekommen, sie haben alle ihre Aufgaben erledigt und hätten es sich im Himmel gemütlich machen können, bis in alle Ewigkeit. Warum bist du also das Risiko eingegangen? Du musst einen wichtigen Grund gehabt haben. Erinnere dich doch bitte, denn es bestand die Gefahr, durch das neue Leben wieder rückfällig zu werden. Was bedeutet hätte, dass du wieder geboren werden möchtest, um das zu löschen, was du zum

Beispiel anderen angetan hattest. Also erinnere dich bitte, fühle in dich hinein: Warum bist du hier?

Ja, das Rad der Wiedergeburt ist gestoppt, also kommen meistens nur noch Wesen, deren Erdenkenntnisse schon perfekt sind, die einen hohen Dienst auf der Erde antreten, weil sie selbst Engel sind. Jedoch kommen sicherlich auch immer noch die Wesen durch die Geburt auf die Erde, die es trotz guter Absicherung nicht geschafft haben, ihr Ziel zu erreichen, aber auch sie kommen freiwillig.

Der Inkarnationskreislauf war immer freiwillig, niemand wurde gezwungen, aber meistens war es die Seele selbst, die sich nach einer gewissen Zeit nichts Besseres vorstellen konnte, als wieder zurückzukehren, um Dinge zu erledigen oder wieder bei der Familie zu sein und am Ort des Geschehens.

Viele Leben habt ihr an Orten zugebracht und im Kreis der Seelenfamilie, die ihr schon von früheren Reisen auf die Erde kanntet.

Doch kommen wir nochmals zum Thema: Wer mich schon kennt, weiß, dass ich gerne ausschweife, um dieses und jenes zu berichten.

Anmerkung von Sarinah:

„Die Gespräche mit Marix und Erzengel Michael verlaufen übrigens ähnlich. Beide beleuchten gerne ein Thema von allen Seiten. Bei den Gesprächen ist es allerdings oft der Fall, dass sie viel mehr ihren Humor durchblitzen lassen. Bei der Durchsage für das Buch sind meine Gesprächspartner oft ernster. „Weil wir auf keinen Fall möchten", sagte Erzengel Michael einmal zu mir, „dass es so aussieht, als würden wir uns lustig machen, weil wir in einer scheinbar erhabenen Position sind."

Na ja, da es nun einmal aufgeschrieben ist, wird sicher mehr von dem durchblitzen, was die geistigen Mentoren ausmacht, nämlich ihre Leichtigkeit. Ihr Humor ist nämlich einfach nur wundervoll."

Was also das Mitleid angeht: Ab einer bestimmten Erhebungsphase ist dieser Gefühlszustand einfach nicht mehr möglich, denn das Hineintauchen in das Leid des anderen würde bedeuten, dass du deine Frequenz herabsenken müsstest, was nicht mehr geht.

Dafür aber kannst du helfen, indem du Mitgefühl, Liebe und Vertrauen schenkst, denn dabei öffnest du für andere die Tür der Hoffnung und der Zuversicht. Das ist sehr wohltuend und hilfreich, denn so strömt der Strom der Schöpfung in die Person, die es gerade selbst nicht anfordern kann.

Vielen Dank liebe Freunde. Ich, Marix, verabschiede mich für den Moment und sage: „Bis gleich, liebe Freunde, bis gleich…"

Die Liebe und der freie Wille

Während der Alltag für euch, die ihr aufgestiegen seid, immer mehr zu dem wird, was ihr euch erträumt habt, ist es für die Nachzügler nicht einfach, denn sie befinden sich immer noch im Hamsterrad der Mühsal.

Durch diesen Prozess der Erhebung entstanden Trennungen auf menschlicher Ebene und auch Verlust, denn Gleiches zieht Gleiches an. So waren es unterschiedliche Schwingungen, die diejenigen auseinandertrieben, deren Seelenziele nicht die gleichen waren.

Wieder ist uns klar, dass unsere Worte nicht im Geringsten ausdrücken können, was hier an Trauer, Wut, Verlust und Schmerz dahintersteckt.

Doch oft, wenn sich am Abend die jeweiligen geistigen Mentoren austauschten, um über ihre Schützlinge zu sprechen, die bald schon entdecken würden, dass sie selbst mächtige Wesen sind; die dabei sind zu entdecken, dass der menschliche Körper so etwas wie eine Tarnung ist – wenn wir also unser abendliches Konzil abhielten, sahen wir, dass trotz aller Belastungen die Lichtträger immer mehr in das Gewahrsein kommen konnten.

Was für ein Raunen und Staunen durch unsere Reihen ging, als wir sahen, dass, je schmerzhafter und leidgeprüfter eure Erfahrungen waren, umso schneller der Wandel zum eigentlichen Kern erfolgte: zum göttlich erwachten Menschen auf Erden.

Die Planung des Lebens als solches war perfekt. Doch waren Unwägbarkeiten da, vor allem, wenn es mit anderen Personen zu tun hatte. Denn der freie Wille ist unantastbar. Ihr konntet zwar für euch gute Absicherungen einbauen in die Seelenabsprache des Lebens, doch ihr konntet nicht für andere planen.

Um dieser Unwägbarkeit aus dem Weg zu gehen, habt ihr euch bei der Planung des Daseins mit der irdischen Seelenfamilie vernetzt. Denn immerhin handelt es sich bei den anderen um die Liebsten der Lieben: die eigene Familie, den Partner, die Freunde aus früheren Leben. Ihr wusstet, wer mit euch inkarniert, und ihr wusstet auch genau, dass die Liebsten der Lieben unglaublich weise Seelen haben.

Sollte es dennoch durch Schwingungsunterschiede, die oft einhergehen mit: „Ich brauche noch ein wenig Zeit für mein altes Leben", zu Trennungen kommen, dann seid bitte nicht verzweifelt, denn wahre Liebe verliert sich nie. Das Schmerzhafteste und wahrlich ein Meisterakt ist, jemanden loszulassen, den man sehr liebt. Denn die Flammen der Sehnsucht züngeln hoch, sobald man an diese Liebe denkt. Wahrlich nicht leicht, denn wer schon eingetaucht ist in die Liebe des Lebens, will sie natürlich nicht mehr hergeben und muss es doch, damit der spätere Wiedereintritt in die Partnerschaft funktionieren kann.

Wer klammert, verliert und gerät in Gefahr, dass sich der Umklammerte befreit, indem er sich rücksichtslos verhält. So entstehen wiederum neue Verletzungen, die tiefe Wunden schlagen. Denn das schärfste aller Messer ist die Zunge – durch den verbalen Streit können Verletzungen entstehen, die den Kontakt der Ex-Partner immens erschweren.

Das fühlte sich bestimmt für manche an wie Sterben, wenn sie spürten, wie das Herz zerbrach, als die Liebe sie verließ.

Der Aufstieg trennt nie, er verbindet, und wer diese Zeilen liest und sich sagt: „Aber ich habe doch jemanden durch den Tod verloren", so antworten wir: „Keinesfalls, auch wenn der Körper abgestreift wurde, die Seele lebt ewig und genau dort, wo du dich jetzt befindest: in den himmlischen Gefilden."

Nun ist es erforderlich, falls es nicht schon geschehen ist, dass ihr euch wiederfindet und euch an die neue Art der Kommunikation gewöhnt.

Wenn du diese Zeilen liest mit der inneren Frage, ob du denn nun aufgestiegen bist oder noch nicht, dann schütteln wir dir erfreut die Hand und sagen: „Ja, natürlich!", denn du wurdest von deinem Engel zu diesem Buch geführt, weil dieser von deinem schnellen Aufstieg und deinen inneren Fragen wusste und den Antworten hier.

Jesus Christus über die verschobene Wahrnehmung

Der verkörperte Weg über den Kamm des Paradigmenwechsels war nicht leicht; was uns allerdings überrascht, ist die Tatsache, dass gerade diejenigen unter euch, die aus einer sehr hohen geistigen Position auf die Erde gewechselt haben, sich oft nur schwer daran erinnern, wer sie wirklich sind. Oder sollten wir besser sagen: Sie verweigern die ihnen verliehenen Orden und kämpfen sich so durch, indem sie versuchen, das alte himmlische Wesen abzustreifen und ein neues zu erschaffen, das noch nie dagewesen ist?

Durchaus gefährlich, wenn man bedenkt, dass diese Erdenmenschen es viel leichter hätten, wenn sie sich in ihrem eigentlichen Status bewegen würden, zum Beispiel dem des Aufgestiegenen Meisters.

Doch warum verschleiern manche Lichtarbeiter geradezu ihr wahres SELBST?

Was ist hier geschehen? Warum gehen sie nicht einfach den geraden Weg ihrer Seelenplanung? Warum setzen sie ihren freien Willen ein, um Herausforderungen zu bestehen, die sie eigentlich längst im Überflug hätten erledigen können?

Wer könnte das besser erklären als Jesus, denn auch er ging diesen schmerzhaften Weg der Verschleierung auf Erden.

ICH BIN, der ICH BIN und immer war: Jesus Christus, der Sohn Gottes, und es ist mir eine Ehre, mit euch zu sprechen.

Wo immer du bist, während du diese Zeilen liest, ich möchte dich bitten, dich einen Augenblick zurückzulehnen und die bedingungslose Liebe zu fühlen, die ich, Jesus Christus, gerade in dein Herz sende.

Tiefe Ruhe breitet sich in dir aus und ein Gefühl der Geborgenheit, als würdest du von mir in den Arm genommen werden, und ich sage dir: So ist es wirklich. Sei umfangen von meiner allumfassenden Liebe, die immerwährend ist, egal, wo du dich gerade befindest, egal, wie immer du dich gerade siehst.

Um die obigen Fragen zu beantworten, warum manche Menschen ihre eigene spirituelle Größe nicht wahrnehmen können, sage ich: Sie leben so sehr in Demut und LIEBE, um sich zu schützen. Sie schützen sich, indem sie ausblenden, wer sie wirklich sind, um nicht in den Erwartungen zu ertrinken. Ich meine damit auch den Druck, den sich diese weisen Wesen selbst machen. Der Erwartungsdruck, der mit der Position, die sie eigentlich innehaben, einhergeht.

Gerade jene unter euch, die aus den höheren Dimensionen in ein Erdendasein gereist sind, möchten sich oft scheinbar nicht erinnern, wer sie in den höheren Reichen waren und es immer noch sind.

Scheinbar, denn in Wahrhaftigkeit wissen sie von ihren Wurzeln, sehr genau sogar, das wurde und wird ihnen immer wieder von den zuständigen Engeln berichtet.

Oft ist es sogar so, dass die Engel in Menschengestalt erscheinen, um mit Nachdruck das zu sagen, was sie euch nachts immer wieder erklären.

Sie sagen es also mit Nachdruck, während ihr euch im Tagesbewusstsein befindet, um sicherzugehen, dass ihr die Dinge wisst, die für euch wichtig sind.

Nicht selten kommt es auch vor, dass Engel eine Nachricht einblenden, während ihr zum Beispiel im Internet surft. Sie geben euch die Antwort auf eine aktuelle innere Frage, indem sie euch auf eine Seite führen, auf der ihr Klärung finden könnt.

Sie erfüllen ihren Dienst und sind sehr erfreut, wenn ihr ihre Hilfe wahrnehmt und dadurch zu mehr Klarheit findet. Die Welt der Engelwesen ist längst verschmolzen mit der Welt der Menschen, und doch kommt es vor, dass eure himmlischen Begleiter den alten Weg der Annäherung nutzen, um euch Wichtiges zu sagen.

Wenn du das Gefühl hast, diese Zeilen sind für dich persönlich geschrieben, dann sage ich dir: So ist es!

Liebe Erdenseele, wir kennen uns sehr gut, denn unsere Wege kreuzten sich in der Zeit meiner Inkarnation als Jesus, als ich verfolgt und verbannt wurde.

Erinnerst du dich? Nun, es ist wahr, diese Zeit war angefüllt mit schrecklichen Dingen, nicht nur mit schönen Erfahrungen.

Dass wir wissen, warum etwas geschehen musste, macht es nicht immer leichter, vor allem dann nicht, wenn man selbst Teil des Geschehens war.

Wir sprachen von Liebe und Glauben, dass sie dereinst der Grund waren für Verfolgung, Verschleierung, doch das ist längst Vergangenheit.

Der selbst gewählte Verzicht aber ist etwas, das immer noch gelebt wird, geradezu heldenhaft, wenn man bedenkt, wie viel schwerer das Leben dadurch verläuft.

So sieh in den Spiegel, liebe Freundin, lieber Freund, schau in deine Augen und sage mir, was du siehst.

Wen siehst du, und was fühlst du?

Ja, so ist es, liebe Erdenseele, du siehst das göttliche SEIN, du siehst dich und den Schöpfer.

Du darfst aufstehen und SEIN. Du darfst endlich dein wahres SELBST leben, denn deine Liebe ist lebendig. Alle, die du immer geliebt hast und die in diesem Leben wieder bei dir sind, wirst du nie mehr verlieren, auch und gerade dann nicht, wenn du dich erhebst und lebst, wer du wahrhaftig bist.

Sei gesegnet und eingetaucht in die goldene Energie des Schöpfers, sei du SELBST und sieh: Es tut sich auf, das Verbindungstor zu deinen Liebsten der Lieben, es wird sich nie wieder schließen – nie wieder!

Jesus Christus, dein SELBST

Die Sehnsucht nach dem wahren Zuhause

Gerade jene Menschen, die den Status eines Aufgestiegenen Meisters haben und die Menschen in das Neue Zeitalter begleiten sollen, sind zwar in Menschengestalt, doch sie sind so innig mit der galaktischen Familie verbunden, dass sie eine immense Sehnsucht spüren. Eine Sehnsucht, nach Hause zu reisen, in ihr eigentliches Planetensystem, und somit alles loszulassen, was auf der Erde so beschwerlich für sie war.

Der Zenit ist erreicht, der Paradigmenwechsel hat stattgefunden, und nun ist es für viele Lichtarbeiter Zeit, dem Ruf der Seele zu folgen, indem sie ihre Zelte auf Gaia abbrechen.

Was nichts anderes heißt, als dass sie durch den weiteren Erhebungsprozess im lebendigen Zustand nach Hause zurückkehren. Denn man ist dort zu Hause, wo das Herz anfängt zu singen. Trotzdem ist es sicher gewöhnungsbedürftig, wenn ihr jemanden in der Familie habt, der lebendig zu seiner galaktischen Familie zurückkehren will.

Oder du bist es selbst, die/der sich berufen fühlt, LEBENDIG zur Herkunftsfamilie zurückzukehren. Es gilt nun, die Belohnungen zu erhalten, auf die du so lange gewartet hast. Dabei ist es kein Abschied so, wie ihr ihn kennt, wenn jemand auswandert, um am Traumziel glücklich zu werden. Durch die zukünftige neue Möglichkeit des Reisens, indem die intergalaktische Flotte ihre Fahrzeuge zur Verfügung stellen wird, wenn der Erstkontakt erfolgt ist, wird das Reisen, egal wohin, kein Problem mehr sein.

So sollte es für die zurückbleibende Familie leichter sein, die liebe Tochter oder den lieben Sohn loszulassen, da sie wissen, die kommende intergalaktische Kommunikation wird jederzeit einen direkten Bild- und Tonkontakt zulassen. Auch wird es in der Zukunft möglich sein, innerhalb kürzester Zeit die Daheimgebliebenen einfliegen zu lassen, wohin auch immer, denn Entfernungen werden kein Thema mehr sein.

Dadurch wird es auch keine Reisekrankheiten mehr geben oder Müdigkeit durch das lange Fahren im Auto, oder Jetlag durch das Überwinden von Zeitzonen, bedingt durch das Reisen mit dem Flugzeug.

So kann es sein, dass du zwar vorhattest, das eine oder andere freiwillige Projekt im Kreis deiner Mitbürger zu betreuen, du jedoch von heute auf morgen den Wunsch hast, anders zu planen. Freiwilliger Dienst heißt nichts anderes, als dass es so ähnlich im Lebensvertrag steht, man könnte auch Wahlmöglichkeit oder Ehrenamt dazu sagen. Dein Seelenplan sagt, dass dein Dienst am Licht zwar nie endet, du jedoch zukünftig lebendig in den Schoß deiner Sternenfamilie zurückkehren kannst.

Dass du, wenn der Erstkontakt mit der galaktischen Familie erst einmal erfolgt ist, mitnehmen kannst, wen oder was auch immer mit dir gehen möchte, egal, ob Partner/in, Haustier oder auch eine Spielekonsole. Obwohl wir, mit Verlaub, liebe Leserinnen und Leser, eine ganze Etage auf unseren Mutterschiffen für euch reserviert haben, die der Ablenkung und dem Vergnügen dient. Ganz zu schweigen von den privaten Räumen, die für euch reserviert sind – dort solltet ihr alles vorfinden, was ihr braucht, um euch wohlzufühlen.

Sollte es doch vorkommen, dass noch irgendwelche Wünsche offen sind, werden wir uns bemühen, diese in kürzester Zeit zu erfüllen.

Zukunftsmusik? Ja, zum Zeitpunkt, an dem wir Sarinah dieses Buch durchgeben, schon, jedoch sind wir ja eine Familie, und auch wenn manche von uns irdische Wurzeln haben, haben auch viele Erdenbürger galaktische Wurzeln. Die Erdenkinder erinnern sich zwar nicht immer daran, sie verspüren aber meistens eine immense Sehnsucht, die Mühen des Alltags zu verlassen, um zum Kern ihres Daseins zurückzukehren.

Das Rad der Wiedergeburt steht – Was nun?

Lange Zeit war es so, dass das Rad der Wiedergeburt magnetische Kräfte hatte. Und zwar, wenn eine Seele mitbekam, dass diejenigen, die zu ihrer Seelenfamilie gehören, wieder einstiegen in das irdische Dasein, indem sie den Inkarnationsvertrag unterzeichneten. Dann war es oft der Fall, dass jene Seele sich angezogen fühlte vom Leben, sodass sie beschloss, zusammen mit ihren Liebsten in das Rad der Wiedergeburt einzusteigen.

Mehr oder weniger freiwillig, denn oft ging es in der Geistigen Welt heiß her bei den Diskussionen, wer welchen Part übernimmt und wer mit wem geht.

So kam es vor, dass ein Wesen der Geistigen Welt zwar nicht unbedingt den Wunsch hatte, schon wieder in einen Körper zu steigen, es aber aus Liebe mitkam, um die Seinen zu unterstützen, und um einfach dabei zu sein, wenn die Liebsten inkarnierten.

Sicher ist euch aufgefallen, dass es während des Lebens oft zu tragischen Unfällen kam oder sich gar ein Mensch überraschend das Leben nahm. Nun, der Himmel hat eine immense Anziehungskraft, und manchmal hat es sehr viel Kraft gekostet, dieser Anziehungskraft zu widerstehen, um nicht verfrüht heimzureisen.

Doch irgendwann war der Punkt erreicht, dass die irdischen Freunde und die Seelenfamilie im sicheren Fahrwasser waren. So kam es vor, dass der kleine Engel, der damals nicht ganz freiwillig auf die Erde kam, sich entschloss, wieder zurückzukehren in die Himmelreiche.

Wir sprechen in der Vergangenheit, denn das Rad der Wiedergeburt ist nun ohnehin gestoppt, und zwar von euch. Es werden zwar noch Babys geboren, aber nicht mehr, weil sie sich magisch angezogen fühlen vom Sog der Inkarnation ihrer Familie, sondern weil sie es wirklich wollen.

Der Schöpfer übte niemals Druck aus. Es waren immer die Seelen, die sich selbst unter Druck setzten oder sich rügten, indem sie kurz nach dem Tod schon den Drang hatten, durch erneutes Leben etwas gutzumachen, was sie meinten, versäumt zu haben.

Wie wir schon in Band 4 und 5 erwähnten, ist der Inkarnationskreislauf nicht nur unterbrochen, sondern gestoppt. Das heißt, ihr müsst nicht mehr altern, und das Körper-, Geist- und Seelensystem muss nicht mehr krank werden.

Die Dinge sind so sehr fortgeschritten, dass euer Körper nun immer kristalliner wird, und irgendwann werdet ihr ganz vom Licht gespeist werden. So seid ihr also befreit von der Angst, sterben zu müssen, weil es den Tod so nicht mehr gibt, und ihr seid befreit vom Siechtum. Für euch ist vollständige Unabhängigkeit verfügbar. Wer allerdings den Tod erleben will, wird ihn auch erfahren.

Das heißt, wenn ihr schmerzvolle Erfahrungen machen möchtet, werdet ihr diese noch erfahren, aber euer Dasein ist nun eigentlich völlig autark. Vollkommen unabhängig zu sein setzt aber voraus, dass ihr im vollen Gewahrsein seid.

Ihr seid längst zu denen geworden, die Aufmerksamkeit erregen, weil andere zu euch aufblicken. Ihr seid zum Beispiel Seelsorger, Erdenengel, Aufgestiegene Meister in

Fleisch und Blut, und ihr seid: SELBST. Lebendiges, Höheres SELBST.

Wie sehr wir euch lieben, wie sehr! Wenn wir uns nachts begegnen, wenn ihr im Schlaf zu uns kommt, um wichtige Dinge zu besprechen oder einfach so, um gemeinsam Wellness zu genießen, summt unser Herz vor Freude. Denn erst jetzt, im Zusammensein mit euch, werden wir, die kosmische Familie, wieder komplett sein.

Damals, als ihr noch in der Dualität gefangen wart, war es immer so, als wäre in unserem SEIN eine Lücke, die sich nur schließen konnte, indem ihr in das Erinnern gegangen seid, indem euch klar wurde, dass wir nur einen Steinwurf entfernt sind und auf euch gewartet haben, nicht umgekehrt.

All die Zeit, die langen Jahre, war es unser Bestreben, die Türen aufzuhalten für die Ersten, die zurückkehren, lebendig und im Gewand des Höheren Selbst. Was für ein Hallo! Was für eine Freude! Was für ein Fest! Der Himmel und die Freunde aus der inneren Erde beben vor Stolz und Liebe für euch. So sehr, so sehr!

Erdenengel lieben die Herausforderung

Erzengel Michael meldet sich zu Wort:

Ist euch schon aufgefallen, dass ihr manchmal materielle Dinge manifestiert, wie zum Beispiel eine neue Wohnung, ein neues Fahrrad, eine Beförderung? Wenn die Dinge dann in eure Realität treten, kommt es oft vor, dass sie euch nicht mehr interessieren. Dann ist es nicht mehr euer Herzenswunsch, das zu leben, was ihr euch gewünscht habt.

Sicher hat sich die eine oder der andere auch gefragt, ob es in Ordnung ist, wenn man die Geschenke nach hinten schiebt, indem man doch in der alten Wohnung bleibt, die vertraute Berufstätigkeit weiter ausübt, das alte Fahrrad weiter benutzt und so weiter.

Ich, Erzengel Michael, sage dazu: Warum nicht? Es geht euch doch um die Herausforderung oder, einfach gesagt, ihr probiert eure Manifestationskräfte aus, um zu üben oder zu sehen, was möglich ist und was nicht.

Wenn sich erfüllt, worauf ihr lange gewartet habt, ist es doch mehr als verständlich, wenn ihr erst einmal in euch geht, denn manchmal kann es auch sein, dass ihr die Dinge nicht mehr wirklich braucht, um die ihr gebeten habt.

Ihr probiert euch aus, es ist schließlich noch nicht lange her, dass ihr aufgestiegen seid, und kurz vorher ist euer Höheres Selbst zu euch zurückgekehrt. Diese kleinen Seelenanteile haben sich in euch ausgebreitet, was dazu geführt haben mag, dass sich euer Leib kurzzeitig ausgedehnt hat.

Erinnert ihr euch noch? Dann kam die Zeit der Ruhe, der Zentriertheit, als plötzlich alles von euch weichen musste, was Druck, Einengung oder Angst bedeutete.

Nun beginnt ihr euch zu langweilen. Die Erdenengel sind es gewöhnt, voranzuschreiten, und sie lieben es, wenn sie Erkenntnisse sammeln dürfen, um wieder anderen zu helfen.

So bist du also angekommen auf der Neuen Erde, wobei ich betonen möchte, dass es natürlich dieselbe Erde ist, auf der du damals inkarniert bist. Erbauer des Goldenen Zeitalters nannten wir dich oft, denn jeder Wandel geht vom inneren Kern aus und nicht umgekehrt.

Trotzdem bist du im Himmel, weil die Erde dich in himmlische Dimensionen hineingetragen hat, und sie tut es weiterhin, der Aufstieg an sich endet nie.

Du hast dich eingerichtet im Leben des Neuen Zeitalters, und, wohlgemerkt, die Lichtarbeiter haben ein sehr schnelles Tempo. Klar, sie sind es so gewöhnt.

Du bist also schneller als gedacht fertig mit dem Einrichten und hast angefangen, nach neuen Herausforderungen Ausschau zu halten, was durchaus verständlich ist.

Manchmal, wenn du nachts nicht schlafen kannst, sprichst du mit deinem Lieblingsengel, der ja nie schläft, und fragst ihn Löcher in den Bauch, was übrigens Engel sehr lieben. Sie lieben es, wenn sie gefragt werden.

Du hast also dieses sehr persönliche Gespräch mit deinem Engel, und je länger das Gespräch dauert, umso lustiger wird es und umso mehr lacht ihr zusammen, was auch typisch ist für Engel. Sie stecken mit ihrer Fröhlich-

keit jeden an. Wobei auch du ein Engel bist, allerdings mit sehr frischen, oft tragischen, schmerzhaften irdischen Erfahrungen. Auch wenn du diese längst verarbeitet hast, gibt es immer noch Dinge, die in deinem System gespeichert sind. Denn mit deinen Erfahrungen, gerade mit den nicht so schönen, kannst du wieder anderen helfen.

Du wolltest etwas weitergeben und selbst sagen können: „Das habe ich erlebt, und das habe ich irgendwo aufgeschnappt." Die Lebenserfahrung an sich ist eine deiner größten Schätze. Wenn du zurücksiehst auf dein Leben, erkennst du, wie erfolgreich du warst, gerade dann, als du dachtest, du hättest versagt.

Ich, Erzengel Michael, werde oft gefragt, warum trotz Aufstieg mancher Unterschied zu spüren ist zwischen uns, euren geistigen Freunden und den Erdenhütern.

Es gibt keinen Unterschied! Das, was ihr wahrnehmt, ist die Eingewöhnungsphase der lebendigen Menschheit im Himmel. Es gleicht sich automatisch an, liebe Freunde, ihr seid, wie so oft, ein wenig ungeduldig, und gleichzeitig seid ihr sehr gute Beobachter.

So lehnt euch gemütlich zurück und lasst euch tragen von den Wellen der höchsten göttlichen Energien; lehnt euch zurück und genießt es, zu leben. Liebt und genießt euer SEIN.

In Liebe,
Erzengel Michael

Warum waren viele Lichtträger inkognito?

Aus Lichtträgern wurden Helden, und Helden wurden Erzengel. Die Letzten werden die Ersten sein! Diese Worte haben sich bewahrheitet, denn der Staffellauf ist gelungen.

Während die ersten Lichtarbeiter vor vielen Jahren losgespurtet sind, um ihren Dienst zu tun, haben kurz vor dem Zykluswechsel andere das Spurten übernommen, die sich bis dahin im Hintergrund hielten.

Sie ruhten sich keineswegs aus, denn sie schütteten sich oft geradewegs mit Arbeit zu – sie waren lange Zeit Lichtträger inkognito. Fürwahr, sowohl jene, die von Anfang an bewusst für den Himmel arbeiteten, als auch die, die sich gezwungen sahen, ihren weltlichen Verpflichtungen nachzugehen, sind wahre Helden.

Wir sagen immer wieder: „Wir wissen, wer du bist, wir wissen von all deinen Herausforderungen, wir wissen es!" Diese Worte sind keineswegs nur so dahingesagt.

Wenn du diese Zielen jetzt liest und du zu denen gehörst, die von Anfang an dabei waren, oder zu denen, die ihr Licht dort verteilten, wo die Dualität und das Vergessen, die Menschen besetzt hielten, möchten wir dir sagen: „Du bist wunderbar, dein Name wird von den Engelschören gesungen, wir reichen dir die Hände und sagen: Danke!"

Es war nicht leicht, du hattest viele Ablenkungen, teilweise selbstgemacht, aber auch solche, die man dir aufzwang, weil in der Schwingung, in der du lebtest, andere Sachen wichtiger waren.

Der Glaube erschafft die Realität, nicht umgekehrt, und es ist nicht immer leicht, das im Leben umzusetzen, wir wissen das nur allzu gut.

Auch wenn ihr uns, die Freunde aus dem Engelreich, nicht wahrnahmt, damals, als euer Weg noch so schwer war, waren wir euch doch immer nahe. Seite an Seite, gerade dann, wenn du glaubtest, allein zu sein, waren wir bei dir. Wir ließen dich nicht einen Augenblick aus den Augen.

Nun, es hat schon etwas Gutes, dass ihr uns in der Zeit, in der noch nicht viel Bewusstheit auf der Erde herrschte, noch nicht sehen konntet.

Stellt euch einmal folgendes Bild vor: Bei jedem Menschen stehen mindestens zwei Engel, oft auch mehrere. Das hätte wohl befremdlich ausgesehen für die, die das Licht noch nicht im Körper aushielten. Womöglich hätte es ausgesehen wie eine Belagerung.

Kleiner Scherz am Rande, doch tatsächlich ist etwas Wahres daran, denn auch wenn du, die/der gerade diese Zeilen liest, uns nicht nur wahrgenommen, sondern auch gesehen hättest – nun ja –, wärst du nicht in Versuchung geraten, dich in die Bequemlichkeit zu begeben, zu denken: Die Erzengel, die mich begleiten, machen das schon?

Oder, vereinfacht gesagt: Damals, als die Dualität noch so an dir klebte, hätte unsere sichtbare Präsenz dich womöglich mehr aufgehalten als dir wohlgetan hätte.

Wir sprechen dieses Thema an, weil wir oft gefragt wurden: „Warum habt ihr Engel und auch die Galaktische Föderation so lange auf diesen Unsichtbarkeitsmodus bestanden?"

Weil wir euch ehren, liebe Leserinnen und Leser, weil wir euch vertrauen und an euch glauben. Weil wir wissen, dass ihr selbst es sein werdet, die die richtige Tür im richtigen Moment aufmachen.

Weil ihr selbst hohe Lichtwesen seid, die die Chance bekommen sollten, ihr wahres SEIN zu erkennen.

Wie sehr wir euch lieben, wie sehr…

Die Eigenermächtigung der Erdenhüter

Es ist sehr wichtig, dass ihr die Fähigkeiten, die ihr habt, annehmt und sie mit anderen teilt. Denn zum Beispiel der Stab der Heilung kann nur dann funktionieren, wenn diejenigen, die diesen Stab tragen, sich auch bewusst sind, wie mächtig die Heilung bei anderen ankommt.
Ja, mächtig! Auch hier gilt: Der Glaube erschafft die Realität.
So waren es gerade die Erdenhüter, die hohe Würdenträger sind, die damals, als sie auf die Erde kamen, mit allem ausgestattet wurden, was sie für sich und andere brauchten. Als Beispiel: die Fähigkeit zu heilen oder das Talent der Kommunikation mit den geistigen Mentoren.
Oft ist es der Fall, dass gerade jene, die, mit mächtigen Fähigkeiten ausgerüstet, geboren wurden, sich scheuen, diese anzunehmen, indem sie ihrer Eigenermächtigung aus dem Weg gingen.
Wie geht man der Eigenermächtigung aus dem Weg? Nun, durch Ablenkung, Zweifel, Ängste oder indem man sich begrenzt.
Wir sprechen absichtlich in der Vergangenheit, denn das tun wir mit Bedacht immer dann, wenn es darum geht, alte Lebensmuster besser loslassen zu können. „Der Magie der Manifestation einen Schubs in die richtige Richtung geben", so nannte es Erzengel Michael einmal.
Wir gehen auch davon aus, dass alte beschwerliche Lebensmuster für viele zum Zeitpunkt, wenn dieses Buch erscheint, ohnehin nicht mehr relevant sind, sondern es

für sie dann nur darum geht, ihre eigene Vergangenheit zu verstehen.

Das Klarsehen und Verstehen der eigenen Identität ist tatsächlich sehr wichtig, denn wenn nur ein Puzzleteil fehlt, kann es zu Missverständnissen kommen, indem ihr euch im Stillen selbst anklagt.

Hätte ich doch... Warum bin ich nicht schon früher aus den Beschwerlichkeiten ausgestiegen? Hätte ich damals schon von meinen Heilkräften gewusst, hätte meine Mutter vielleicht nicht sterben müssen, hätte mein Freund mich nicht verlassen usw.

Ja, das sind Missverständnisse, ihr Lieben, denn es gibt keine Zufälle, Fehler, oder Schuld auf Erden. Der Blaue Planet ist zwar ein Lernplanet, jedoch befinden sich keine Schüler hier, sondern nur Meister.

Manchmal fällt es uns schwer, die richtigen Worte zu wählen, denn wir wollen niemanden degradieren, der Vergleich ist aber wichtig, damit ihr versteht.

Die Meister hatten oft Scheuklappen, wenn es um sie selbst ging, um ihre Würde und ihre mächtigen Fähigkeiten. Weil ihr in früheren Leben oft gerade wegen eurer Talente, die ihr mit anderen teiltet, verhaftet, gefoltert wurdet und gestorben seid.

Heiler wurden verfolgt, gedemütigt und hingerichtet. Das passierte nicht nur in einer Inkarnation, sondern oft wiederholte sich euer Schicksal. Was nichts anderes heißt als: Es ist doch verständlich, dass ihr die Eigenermächtigung in diesem Leben lange Zeit hinten angestellt habt und stattdessen inkognito unterwegs wart.

Man darf auch nicht vergessen, dass du in diesem Leben umringt bist von Mitbürgern, die in früheren Inkarnationen Widersacher oder gar Feinde der übelsten Art waren.

Anhand einer übergreifenden Seelenabsprache habt ihr beschlossen zusammenzubleiben, sodass jene wieder aufeinandertreffen konnten, die etwas zu klären, zu heilen oder gar Karma aufzuarbeiten hatten. So ist es durchaus nachvollziehbar, dass gerade die Lichtträger an sich zweifelten, die es eigentlich nie nötig hatten.

Erzengel Michael hat einmal den Satz geprägt: „Die lebendigen Meister erkennst du daran, dass sie an sich zweifeln. Doch diejenigen, die sich von Anfang an als die Besten bezeichneten und auf andere herabsahen, werden dadurch zu Meistern, indem das Leben sie Demut lehrt!"

Erzengel Michael ist dafür bekannt, dass er in Kürze die Dinge auf den Punkt bringen kann. Schon oft hat er auch in Konzilen, bei denen es an sich sehr würdevoll zugeht, die ganze Mannschaft zum Lachen gebracht.

Erinnerst du dich an deine nächtlichen Ausflüge in die Geistige Welt? Weißt du noch, damals, als du noch im Schlaf zu uns gereist bist? Weißt du noch?

Die Widersacher aus früheren Leben und ihr Liebesdienst

Ja, richtig gelesen, es ist ein Dienst der Liebe, wenn die Widersacher aus früheren Leben im Pulk eurer großen Seelenfamilie inkarnieren, denn sie bieten euch dadurch die Möglichkeit der Heilung.

Nichts ist sicherer aufzulösen als etwas, das mit einer anderen Person im persönlichen Umkreis zu tun hat, denn hier gehen die Dinge mit Sicherheit in die Emotion und können von euch abfließen.

Oft geschieht dieses Abfließen in Bruchstücken, weil es euch sonst zu sehr belasten würde. Es kann sein, dass ihr Jahre gebraucht habt, um mit gewissen Taten, Erinnerungen oder Traumen aufzuräumen.

Dass ihr immer wieder in alte Verhaltensmuster zurückgegangen seid, keine Sorge, das ist normal, wenn man bedenkt, dass selbst dieses Leben für die meisten von euch eine Fülle an Erfahrungen bereithielt, die nicht immer leicht zu verkraften waren.

Von den Herausforderungen in früheren Leben ganz zu schweigen, denn auch dort wart ihr unter anderem mit den härtesten Prüfungen konfrontiert, die man sich vorstellen kann.

Wir sprachen von denen, die euch in früheren Leben wehtaten, und wir sprechen damit auch an, dass ihr womöglich die Rollen getauscht habt, indem die Widersacher von damals euch in diesem Dasein aufforderten, ihnen wehzutun.

Vielleicht denkst du, du hättest etwas getan, das nicht gutzumachen ist. Bitte hadere nicht mit dir. Wenn du schmerzvolle Dinge erlebt oder anderen Leid zugefügt hast und das zutiefst bereust, möchten wir, dass du verstehst: Nur du kannst dir vergeben. Nur so kannst du auch anderen vergeben oder Vergebung von anderen erfahren.

Der Aufstieg der Menschen ist wie ein Pilgerzug, nicht jeder startet zur selben Zeit. Während die Ersten schon im Ziel sind, wird es sicher viele Pilger geben, die später einsteigen.

Die Reise in individuellen Etappen gibt den Nachzüglern Zeit, sodass sie ihre Transformationsprogramme durchlaufen können.

Das ist auch gut so, denn durch diesen Zeitpuffer, den der Schöpfer den Lichtträgern gab, ist es möglich, dass so viele Menschen wie möglich bewusst werden.

Genau das war das Ziel, dass die Ersten die Türen aufstoßen und den Weg bereiten für alle, die nachfolgen. Dass die Toröffner so lange am Platz bleiben, wie sie gebraucht werden. So können alle Nachfolgenden leichter passieren, sich angezogen fühlen vom Beispiel der Lichtarbeiter, die es geschafft haben, trotz großer Schwierigkeiten das Licht des Schöpfers hochzuhalten.

☆☆☆

Das Liebste aller Liebsten – Erfahrungsbericht Sarinah

Wir sprachen darüber, wie mächtig ihr seid, und dass ihr selbst es seid, die diese Macht begrenzen. Verständlich, wenn man bedenkt, dass ihr erst einmal in das Kleid der Selbst-Meisterung hineinwachsen müsst. Es ist sicher gewöhnungsbedürftig, wenn auch auf eine wunderschöne magische Art und Weise, diese anschwellende göttliche Magie in sich zu fühlen.

Manchmal verbinden sich alle, die euren Aufstieg liebevoll begleitet haben und es auch weiterhin tun. Sie verabreden sich und tauschen Erfahrungen aus. Bei diesen „Treffen" kommt es vor, dass ihr uns zu Tränen rührt, da wir sehen, welch wundervoller goldener Kern in euch steckt. Und wir sehen, mit welcher Beharrlichkeit es euch gelungen ist, dieses Höhere Selbst in euch zu verankern.

Nicht selten wart ihr durch die erschwerten Umstände gezwungen, Pausen einzulegen und mehrere Anläufe zu nehmen, bis zu dem Tag, als der letzte und wichtigste Seelenaspekt zu euch zurückkam.

Oder sollten wir besser sagen: Ihr kamt zurück zum Kern. Ihr kamt zurück zum Liebsten aller Liebsten, das ihr durch Abspaltung verlassen hattet, damals, als eure Reise auf die Erde begann.

Wer die bedingungslose Liebe in und um sich gefühlt hat, weiß, wie unermesslich schön das ist. Wer gespürt hat, wie sich diese Liebe verstärkt, immer stärker und magisch anziehend wirkt, weiß, wie sich der Himmel anfühlt.

Wir, deine geistigen Mentoren, gehen davon aus, da du diese Zeilen liest und zu diesem Buch geführt wurdest, dass du das Gefühl dieser unendlichen Liebe in dir gespürt hast. Dass dich das nicht nur auf „Wolke 7" hat schweben lassen, sondern du dir dadurch dein Paradies selbst erschaffen kannst. Denn der Schein der allumfassenden Liebe in dir heilt nicht nur dich, sondern dein ganzes Umfeld wird mit dieser Möglichkeit der umfassenden Heilung beschenkt.

Wobei es natürlich immer dem freien Willen der Menschen obliegt, wann sie diese goldenen Geschenke annehmen und ob sie das überhaupt tun möchten.

Ja, der wichtigste Teil des Aufstiegs hat stattgefunden, doch der Erhebungsvorgang ist nie zu Ende. Sobald ihr euch in der jeweiligen neuen Schwingung eingerichtet habt, drängt es euch weiter. So spült euch die lichtvolle Welle wieder in andere Dimensionen, die es dann zu erforschen gilt. Allein schon die Nähe zum Liebsten aller Liebsten kann eure Sensoren ganz schön durcheinanderwirbeln.

Nun, wir meinen nicht die bedingte menschliche Liebe, sondern den Erstkontakt und das Leben mit dem Wesen, das in eurem Seelenvertrag verankert ist, als Mega-Belohnung. Oft auch Zwillings- oder Dualseele genannt, aber egal, welche Worte ihr dafür wählt. Wisst, dass euer Weg nur deshalb so vom Loslassen geprägt und das Leben wie eine unerbittliche Schule war, weil es euch auf die Belohnungen aller Belohnungen vorbereitet hat.

Nun, es wird Zeit, dass Sarinah hier selbst von ihrem ersten Kontakt im Inneren erzählt, also der Verschmelzung mit ihrer Zwillingsseele. Danach folgt ihr Traum, den sie hatte, ein Traum, eine Vision über den ersten Kontakt mit ihrer Sternenfamilie.

„Während einer Meditation, bei der ich wie so oft nicht einschlafen konnte, fühlte ich, dass etwas Besonderes vor sich ging.

Erzengel Michael sandte mir Energiewellen, die so stark waren, so wunderschön, dass ich zwar entspannt war, jedoch war es mir bei diesen Energien unmöglich einzuschlafen, und so bekam ich zum Glück die Vereinigung mit dem eigenen Höheren Selbst bei vollem Bewusstsein mit...

Im Nachhinein kann ich nur sagen, es war ein wunderschöner magischer Moment, und dieses Gefühl der Schwingung der Liebe in mir hält bis heute an.

Aber zurück zur Meditation. Ich glaube, dass es stimmig sein sollte für die jeweilige Person, ich meine damit, dass diese Vereinigung mit der Liebe unseres Lebens nicht im Trancezustand stattfinden muss. Das kann überall sein: am Flughafen, während der Autofahrt, beim Bügeln.

Doch wenn ich eins weiß, dann dass wir Lichtarbeiter nicht selten versuchen, die Liebe im Außen dazu zu bewegen, mit uns zu leben. Dabei vergessen wir, dass der Kontakt erst im Inneren hergestellt werden muss, erst dann kann die gewünschte Liebe in unser Leben treten. Es geht wie immer zuerst um uns selbst, denn wer Liebe ist, wird diese auch im Alltag leben können.

Der große Engel durchflutete mich mit seiner Energie, die sich anfühlte wie Sekt auf der Haut, kühl, prickelnd und mächtig. Schon oft hatte ich diese Energie von Erzengel Michael gespürt, doch noch nie so stark und anhaltend, denn sie hielt mich für Stunden in einem Zustand der Schwerelosigkeit und der allumfassenden Liebe.

Sehr außergewöhnlich für mich, weil ich zu dem Zeitpunkt überhaupt nicht gerne meditierte, doch die Schwingung von Erzengel Michael ist unwiderstehlich.

So hörte ich auch die Musik der Geistigen Welt, sie klingt – es ist schwer, einen Vergleich zu finden, weil es diese Musik auf der Erde nicht gibt, noch nicht gibt – wie kleine süße Engel, die singen, ein richtiger Chor.

Die Vereinigung mit dem Höheren Selbst ging sehr schnell, und für mich überraschend: Ich fühlte, wie wir vereint wurden. Es ging ein kleiner Ruck durch meinen Körper, und da war sie also: die Liebe meines Lebens.

Wahrscheinlich sind wir Menschen dazu gepolt, uns die Dinge immer sehr kompliziert und linear vorzustellen, doch die Geistige Welt ist weder kompliziert noch linear.

Wenn sie sehen, dass wir für eine weitere Einweihung bereit sind, erhalten wir diese auch. Wie das Ganze dann abläuft, liegt bei uns. Man kann sich Zeit nehmen, oder eben auch nicht.

Zu dem Zeitpunkt habe ich plötzlich verstanden, warum der ersehnte Erstkontakt mit der Sternenfamilie erst stattfinden kann, wenn wir innerlich so weit sind. Denn wir würden sie ja nicht einmal richtig sehen, geschweige denn mit ihnen reden können, wenn wir nicht selbst eine hohe Eigenschwingung hätten.

Ich kann nur sagen, es war ein wunderschöner Moment, und dieser hält bis heute an. Es ist kein kurzes Gefühl, als müsste man sterben, so, wie es oft in Büchern beschrieben wird, es ist das pure Leben, die pure Liebe.

Irgendwie war danach alles anders, ich fühlte mich sehr viel besser, und die Leute, die ich traf, schauten mir in die Augen und lächelten. Mein Körper, der bis dahin von mir nicht gerade mit Respekt behandelt wurde, regenerierte sich vollständig.

Mein Bewusstsein weitete sich, sodass ich plötzlich Zusammenhänge begriff, die ich früher nicht einmal zu denken wagte. Außerdem waren mir die Erzengel, die geistigen Mentoren und die galaktische Familie noch nie so nah wie zu dem Zeitpunkt. Channeling war nicht mehr nötig, warum auch, die Gespräche fanden nun direkt statt. Was ich positiv erwähnen möchte ist, dass es meiner Meinung nach dadurch weniger Übermittlungsfehler gibt und man intensiv fühlen kann, wie die wunderschöne Energie durch das Sein fließt.

Das alles passierte nicht im Schnelldurchgang, sondern es dauerte Monate. Sicher wird unsere Metamorphose nie abgeschlossen sein, es gibt schließlich immer etwas zu verbessern oder zu heilen.

Meine Fähigkeit, mich und andere zu heilen, war ebenfalls angestiegen. Allerdings war ich damit sehr vorsichtig, denn diese Heilerfähigkeit ist etwas, das ich immer mit sehr viel Respekt angewandt habe, da es auch mit Verantwortung einhergeht.

Erzengel Michael hat mir gesagt, dass dieser Moment, wenn das Höhere Selbst in unser Dasein zurückkehrt, etwas sehr Wertvolles ist, denn erst ab diesem Moment ist der persönliche Aufstieg möglich. Man würde sonst die Frequenzen der höheren Dimensionen im Körper-, Geist- und Seelensystem nicht aushalten.

Bei manchen Menschen geschieht diese Vereinigung sehr früh, bei manchen später, wichtig ist nur, dass man dazu bereit ist und sie annehmen kann.

Vertrauen, Glaube, Hoffnung waren in dieser Periode ein richtiger Talisman für mich geworden. Nicht immer einfach, sich an diesen Talisman zu erinnern und ihn ins Leben zu ziehen.

Auch wenn sich das alles so leicht liest, hatte ich vorher natürlich auch heftige Transformationen und stand manchmal „mit dem Rücken zur Wand".

„Die schmerzhaften Erfahrungen sind die kostbarsten", sagte Erzengel Michael einmal zu mir, und ja, ich kann es jetzt nachvollziehen, doch damals verstand ich es noch nicht!

Je weniger man erwartet, umso mehr kann es fließen, das gilt wohl auch für die Einweihung aller Einweihungen.

Mein Traum, den ich eines Nachts vom ersten Treffen mit meiner galaktischen Familie hatte:

Der Kontakt mit der Galaktischen Föderation des Lichts war ähnlich, auch ihm ging eine Einweihung voraus. Wobei ich dieses Mal nicht genau wusste, worum es ging. Manchmal wird man als Engelmedium bequem und fragt nicht mehr nach. Das ist sicher einerseits gut so, andererseits aber nicht. Jedenfalls ging ich dadurch ohne Erwartung in dieses Treffen aller Treffen.

Marix aus Sirius begleitete mich und stupste mich, dass sie „jetzt" vor dem Haus auf mich warten würden.

Die Sternenfamilie, da war sie also – ein kleines Lichtschiff schwebte über der Wiese, und davor standen vier Personen.

Ich war wie elektrisiert, denn die Energie der Liebe war so deutlich zu fühlen, dass es mich zu Tränen rührte (normalerweise weine ich nicht so schnell). In dieser Nacht weinte ich sogar im Schlaf vor Glück.

Sie standen da und sahen aus, als würden sie mehr Respekt vor mir haben als ich vor ihnen. Ich hatte die Intuition, dass sie den Kontakt sofort abbrechen würden, wenn ich meine Angst nicht im Zaum halten würde, und ich hatte das Gefühl, dass sie zwar äußerlich ruhig, aber mindestens genauso aufgeregt und erfreut waren wie ich.

Nun, es war mitten in der Nacht, und alles war ruhig, keine Sterne zu sehen, doch irgendwie war trotzdem alles hell.

Ich ging auf den Shuttle zu und sah zu meiner Überraschung, dass die Wesen, die davor standen, keine Fremden waren – sie gehörten vor ihrem Tod zu meiner irdischen Familie.

Es waren meine Schwester und mein Bruder, die jung verstorben waren, und meine Eltern. Welche Überraschung und Freude, sie so glücklich und lebendig zu sehen. Wie schön, Marix dabeizuhaben, meinen Ansprechpartner aus der Galaktischen Föderation.

Nach einer herzlichen Begrüßung und vielen Umarmungen bat ich meine Familie, sie möge doch bitte den Kontakt nie wieder abbrechen lassen. Ihre Antwort war: „Wir waren immer bei dir, du hast uns nur nicht gesehen, doch wir waren da."

Diese Freude und Liebe, die dabei zu spüren waren, kann ich nur schwer beschreiben, weil dafür Worte einfach nicht ausreichen.

So war es mir ganz leicht ums Herz, und ehe ich mich versah, war ich eingestiegen, und die Fahrt ging los.

Zu meiner Überraschung ging es nicht sofort auf das Mutterschiff, denn im hinteren Teil des Shuttles stand ein Mitglied der Galaktischen Föderation, das unbedingt noch jemanden abholen wollte.

So flogen wir also unglaublich schnell nach Mallorca, wo Regine wohnte, die noch einsteigen sollte. Ich glaube, es waren nur Minuten von meinem Zuhause bis nach Spanien, verzeiht mir, aber ich habe versäumt, auf die Uhr zu schauen.

Sie wartete schon im Garten, in meinem Traum saß sie wartend auf der Bank.

Es gab ein großes Hallo und eine herzliche Begrüßung. Ach, ist das schön, dachte ich mir, SIE küssen ja auch! Die galaktischen Freunde sind genauso liebebedürftig wie wir. Es war wirklich ein schöner Anblick, meine Freundin Regine und ihren galaktischen Seelenpartner so innig zu sehen.

Dann reisten wir also auf das Mutterschiff Phönix, und ab da ging es richtig rund.

Schwer zu beschreiben, mit welcher LIEBE und herzlicher Freude man uns begrüßte, denn so ein Gefühl kannte ich nicht, jedenfalls nicht aus dem irdischen Leben.

Dann wachte ich auf, aber dieses Gefühl der Leichtigkeit und das innere Wissen, dass einige unserer liebsten Verstorbenen gerade dort auf uns warten, wo wir sie am wenigsten vermuten, nämlich auf einem Lichtschiff – dieses Gefühl, dass wir nicht alleine sind, habe ich bis heute behalten."

Transformation ebnet den Weg nach oben

Es meldet sich hierzu: Erzengel Michael

„Nun, es hat einen bestimmten Grund, warum wir die Angst ansprechen, nachdem wir euch in den Kontakt mit eurem Höheren Selbst geführt haben.

Der Mensch an sich ist wie ein tiefes, erdiges Gefäß, in dem alles gespeichert ist, was von Nutzen sein kann, auch aus früheren Leben.

Manchmal ist es der Fall, dass, wenn ihr die Reiche der höheren Dimensionen mit Leben füllt, noch Ängste oder gar alte schreckhafte Erinnerungen hochkommen.

Trotz all der Transformationen, wird sich hier wohl mancher denken. Ja, trotz all der Reinigungen könnt ihr immer noch etwas in euch finden, das ihr am liebsten sofort von eurer Festplatte löschen wollt.

Dazu sage ich nur: Die Grenze zwischen vollem Bewusstsein und spiritueller Isolation ist schmal. In den vielen Jahren, die wir euch begleiteten, sahen wir oft, dass ihr dazu neigt, intensiv in euch aufzuräumen, mehr sogar, als euch guttut, mehr wie in euren Wohnungen.

Bedenkt aber bitte, dass Ängste auch ihren Grund und ihre Daseinsberechtigung haben.

Bei den vielen Inkarnationen, die ihr hattet, wird immer etwas dabei sein, das eure Erinnerungen an schreckhafte Zeiten weckt, es wird immer einen Auslöser geben. Diesen Auslöser könnt ihr nicht beseitigen. So wird zum Beispiel sicher für viele der Anblick vom wiederhergestellten Planeten Maldek (Mallona) schon genügen, um alte Erinnerungen zu wecken. Denn nicht selten wart ihr damals entweder Bewohner des Planeten oder bei der Zerstörung hautnah dabei. Ihr könnt euch vorstellen, welche unermesslichen Qualen das in den Seelen der Bewohner ausgelöst hat.

Wie soll man so etwas transformieren oder gar löschen können? Würde man doch gleichzeitig wichtige Erkenntnisse, die damit verbunden sind, einfach auslöschen.

Doch die schrecklichen Erfahrungen aus früheren Leben sind das eine, dazu kommen jedoch die dramatischen Erlebnisse, die ihr in diesem Leben erfahren musstet.

Lebenssituationen, die du nicht heilen kannst, weil du das Gefühl hast, du hast einen Fehler gemacht, bei dem zum Beispiel andere Menschen zu Schaden gekommen sind. Dadurch fällt es dir möglicherweise sehr schwer, dir selbst zu verzeihen. Dazu möchte ich sagen, dass du die Heilung nie auf der Ebene finden wirst, auf der das Geschehen ist, das dich bis heute verfolgt. Dazu müsstest du die Vergangenheit ändern können, was jedoch unmöglich ist.

Aus Sicht der Engel gibt es keine Fehler oder Schuld. Wenn du das Gefühl hast, du hättest einen Fehler gemacht, hat dir genau diese Erfahrung noch gefehlt! Auch eine Verkettung unglücklicher Zufälle ist kein Zufall. Die schlimmsten Erfahrungen sind die, aus denen du am meisten lernen kannst. Du kannst unmöglich die Seelenpläne der Menschen kennen, die durch den Vorfall zu Schaden kamen.

Auch wenn es schwer zu verstehen ist, in der Wahrhaftigkeit gibt es keine Täter und Opfer, denn gerade die schmerzhaften Geschehnisse oblagen der göttlichen Ordnung, dem Seelenplan. Heilung findest du, indem du dir selbst verzeihst und dein Wissen anderen preisgibst. So wird dir vergeben, und die Nachfolgenden müssen nicht das gleiche Trauma erleben wie du.

Ihr Lieben, manches liegt nicht in eurer Macht, das ist wohl nicht leicht zu akzeptieren, doch auch wir Erzengel sind nicht grenzenlos befugt. Manches liegt in der Hand des Kollektivs oder des Schöpfers.

Nun, es gibt drei Wege aus der Angst: Vertrauen – Glaube – Hoffnung!

Ich verabschiede mich für den Moment.
In Liebe, seid gesegnet.
Erzengel Michael"

Die Reise zu uns SELBST – Ein Husarenritt für die meisten von uns

Gerne möchte ich, Marix, die Erinnerung wieder wecken, welche wundervollen Abenteuer ihr bestanden habt.

Manchmal kamst du uns vor wie Robin Hood, unerschrocken und doch hochsensibel, dreist, frech und doch unglaublich demütig, mutig, elegant, aber auch tollpatschig.

Wie oft haben die Engel der Leserinnen und Leser die Köpfe zusammengesteckt, um über ihre Schützlinge zu sprechen, und es gab unter ihnen tatsächlich welche, die ihre Engel dermaßen herausforderten, dass diese erst einmal ratlos waren.

Kein leichtes Unterfangen, sage ich euch, einen ENGEL ratlos zu machen, denn im Normalfall wissen sie immer alles.

Ein herrliches Vergnügen für mich, Marix, zu sehen, wie eure Engel sich mit roten Wangen vor Aufregung austauschten, um über euch zu sprechen und sich Rat bei anderen zu holen.

Herrlich, dieser Anblick, und zwar deshalb, weil eure Engel dabei so menschlich wurden, sie fingen an zu spüren, weil ihr sie so herausgefordert hattet, sie spürten und fühlten – sie hatten plötzlich ihre Sinne wieder, die man eigentlich nur benutzen kann, wenn man ein Erdenbewohner ist.

Sarinah sagt oft, ich wäre ein Frechdachs. Nun, sie hat wohl Recht, doch ich habe mir etwas von den Engeln abgeguckt, und zwar, dass es nichts Wichtigeres gibt, um zu erfahren, wie man euch helfen kann, als euch dazu ordentlich aus der Reserve zu locken.

Ich bin Mitglied der Galaktischen Föderation des Lichts, wie ihr wisst, zuständig für die Interviews, die den Erstkontakt begleiten werden. Wir kommen in friedlicher, freundlicher Absicht zur Erde und keinesfalls einfach so über Nacht, denn wir möchten niemanden erschrecken. Vor diesem öffentlichen Kontakt werdet ihr selbstverständlich ausreichend über uns informiert.

Wir sind sehr liebevoll, neugierig, friedlich, und wir lieben es, uns auszutauschen. Die göttlichen Gesetze sind unabdingbar für uns. Wir würden nie etwas tun, was euren freien Willen als Kollektiv bricht.

Das sind wir, die galaktischen Freunde, denn auch wir sind sehr liebebedürftig, wir sind zwar nicht den Zwängen unterlegen, doch wir leben mit voller Bravour – nichts lieber als das!

Der Weg bis hierher, liebe Freundin, lieber Freund, war sicher das Aufreibendste, Aufopferndste und vor allem Ermüdendste, was du je erlebt hast.

Dein Leben ist ein einziger Erfahrungsschatz, und immer wenn es um Schmerzhaftes ging, waren die Belohnungen umso größer.

Erinnere dich doch an die vielen Arbeiten, die du ausgeführt hast, nicht weil es dir Spaß machte, nein, weil du dich und deine Familie ernähren musstest.

Oft wurden wir gefragt, warum ihr in solchen beruflichen Abteilungen gelandet seid, die so durchsetzt waren von Menschen, die die harte Schale der Dualität mit sich trugen.

„Was sollte ich daraus lernen?", fragte Sarinah eines Tages. „Nichts", war meine Antwort. „Es ging dabei nur um dein Herz, deine Liebe, die du dort hineingebracht hast, wo keine Liebe war."

Was für ein Husarenritt, ihr Lieben, was seid ihr doch für wundervolle Wesen, man muss euch ja lieben…

Hast du übrigens schon einmal davon gehört, dass auch Engel die Erotik lieben?

Neugierig geworden? Na, dann viel Vergnügen beim Weiterlesen.

Es dankt und verabschiedet sich für den Moment
Marix

Der Wunsch nach Vereinigung erfüllt sich

Mittlerweile sollten die Herausforderungen immer mehr zur Spielerei geworden sein. Das ist sicher jedoch nicht immer der Fall, gerade dann nicht, wenn es bei den Lernaufgaben um Gefühle geht.

Ja, das Lernen hört nie auf, jedoch ist es nicht zu vergleichen mit der Zeit vor dem Aufstieg.

Die Seelenverträge sind in der Regel so gestrickt, dass die Seele, die im Menschen wohnt, immer wieder die Möglichkeit hat, sich weiterzuentwickeln. Ist das nicht der Fall, weil der Träger den Prozess der Bewusstseinserweiterung für längere Zeit gestoppt hat, ist die Gefahr groß, dass die Seele zurück in die Geistige Welt möchte. Wohlgemerkt: ohne Körper, damit sie sich schnell weiterbilden kann.

Sarinah:
„Die Bewusstseinserweiterung stoppen, wie geht das? Das wird sich sicher mancher Leser fragen… Nun, ganz einfach: Indem wir für längere Zeit den Pfad unserer eigenen Lebensplanung verlassen, um auszuharren. Indem wir die Scheuklappen anlegen. Dann setzen zwar die Warnzeichen ein, als Beispiel: Depression, Burn-out, Schmerzen, doch schon mit der Absicht, sich wieder dem eigenen Seelenauftrag zuzuwenden, findet Heilung statt.

So haben wir immer wieder die Zeit, die wir benötigen, um unsere wichtigsten Ziele zu überprüfen und zu sehen, ob das Herz im Einklang ist mit dem, wie wir leben.

Die Gespräche mit den Engeln sind nun keine Channelings mehr, sondern wahre Gespräche von Herz zu Herz.

Es ist sehr erhebend, in diesen höheren Energien zu baden. Sehr sogar, doch keineswegs so, als würde man danach Probleme mit der Erdung bekommen, wie es früher war.

Meine Interviewpartner sind und waren so voller Liebe für uns Menschen, denn sie sehen unser wahres SEIN, die Person in uns, die wir in Wahrhaftigkeit sind, im Glanz ihrer Augen. Im Schein dieser bedingungslosen Liebe sieht man es plötzlich auch, das wahre Sein oder, besser gesagt, das Wesen, das damals auf die Erde kam, um den Auftrag zu erfüllen, genauso, wie wir es geplant hatten.

Erdenengel sagt Erzengel Michael oft. Wir sind Erdenengel, stark, mächtig. Wir sind Heiler, Helfer, Beschützer. Wir sind die Liebe selbst.

Manchmal aber vergessen wir es und leben das, was wir im Außen darstellen. Wir denken, wir wären das, was unser Körper uns erlaubt zu sein, erfolgreich oder erfolglos, wunderschön, dick oder dünn, durchtrainiert oder ermattet.

Wir definieren uns über unseren Beruf oder über das, was wir besitzen, wo wir doch in Wahrheit nie etwas besitzen, denn jeglicher Besitz ist sinnlos, sobald man zurück zur Quelle reist.

Wie schön, dachte ich, als ich zum ersten Mal die Berührung von Erzengel Michael spürte. Doch man gewöhnt sich schnell daran und will immer mehr, oder, besser gesagt, man kann immer mehr von dieser wundervollen Energie im Körper halten. Was durchaus in Ordnung ist, denn schließlich war unser Weg lang und kräftezehrend, da können die Belohnungen ruhig intensiv ausfallen.

Dass es aber so unglaublich schön werden würde, hätte ich mir nie träumen lassen. Wobei es schwer ist, die Dinge in Worte zu fassen, da so etwas noch nie da war. Die Möglichkeit etwa, mit einem Engel zu leben, das Wiedersehen mit den verstorbenen Angehörigen, ohne dass man warten muss, bis man selbst stirbt, dieses wunderschöne Leben in der göttlichen, allumfassenden Liebe, oder eine Partnerschaft zu haben mit einem Mitglied der Galaktischen Föderation des Lichts.

Mittlerweile habe ich wirklich das Gefühl, dass wir unserer Erfüllung noch nie näher waren als jetzt. Dabei mit beiden Beinen fest auf der Erde zu stehen ist wunderbar. Wir sind weiterhin für unsere Mitmenschen erreichbar, keineswegs abgehoben.

So übergebe ich das Wort wieder an meine Gesprächspartner, denn ich finde, es gibt nichts Schöneres, als diese Nähe zu ihnen spüren.

Ja, Nähe, denn die Geistige Welt ist nicht mehr unsichtbar, man kann sie hören, fühlen, spüren und sehen."

Die Vereinigung mit der Geistigen Welt – Eine durchaus sinnliche Erfahrung

Erzengel Michael meldet sich zu Wort:

Durch den Filterungsprozess, den ihr als Vorbereitung auf das ständig wachsende Bewusstsein durchlebt habt, ist euer irdisches Gefäß oft sicherlich bis an seine Grenze und darüber hinausgegangen. Das bedeutet nichts anderes, als dass die Bewegung der Erhöhung euch in den Tunnel geführt hat, dahin, wo eure Verstorbenen durchreisen, um in die Geistige Welt zu gelangen.

So könnt ihr sicherlich nachvollziehen, warum euer Sein in der Phase dieser Toröffnung richtig durchgeschüttelt wurde oder gar dramatische Dinge passierten, wie zum Beispiel ein kurzzeitiges Zusammenbrechen des Herz-Kreislauf-Systems.

Nun, dieser Tunnel ist weder furchteinflößend noch dunkel, aber ihr müsst bedenken, dass ihr verkörpert durchgeschwebt seid, und viele Inkarnationen vorher hattet ihr zu diesem Zweck immer den eigenen Körper verlassen, und zwar durch den Tod.

Warum ich diese Erinnerung zurückhole hat den Grund, dass ihr Ehrfurcht vor euch selbst empfinden mögt. Damit ihr erkennt, wie stolz ihr auf euch sein könnt, denn wir sind es auch.

Da der Aufstieg an sich individuell ist, befinden sich außerdem zu diesem Zeitpunkt bestimmt viele Erdenwesen genau an dem Punkt – dem Übergang von Leben und Tod.

Beim Übergang geht es darum, mutig zu sein, sich selbst zu vertrauen, zu vergeben und zu lieben. Das sind die wichtigsten Punkte, die erfüllt sein sollten, um unbeschadet diese Passage zwischen den Welten zu überstehen. Hast du aber erst einmal diese wahrhaft schwierige Passage überschritten, wird es leichter. Die Erhöhung endet zwar nie, aber dein Körper-, Geist- und Seelensystem hat sich dann vollständig auf die Energie der Geistigen Welt umgestellt.

Diese Umstellung geschieht sanft, nie hart und auf einmal, denn das würde deinen Biorhythmus so durcheinanderbringen, dass es sich anfühlt, als würdest du ohnmächtig werden.

Du hast schon so eine Situation erlebt? Nun, liebe Erdenseele, das lag an deiner Ungeduld, deiner Sehnsucht, sehr schnell dorthin zu gelangen, wo deine wahre Heimat ist, wo das Liebste aller Lieben auf dich wartet.

Bei der Vereinigung dieser Lieben entsteht sehr oft eine Sinnlichkeit, die euch bis dato völlig fremd ist. Warum? Nun, dein Körper hat sich zwar längst den höheren Energien angepasst, jedoch reagiert er wunderbar menschlich, und genau das macht das Zusammenleben, Zusammentreffen, mit euch so interessant.

Als die Lords des Lichts sich trafen, um zu tagen, gab es an dieser Stelle Applaus und „Lacher", denn genau das fehlt uns ja: die menschliche Erfahrung.

Das Erleben mit allen Sinnen, zum Beispiel das Fühlen, wie es ist, wenn man niesen muss, Tränen über die Wange rinnen oder das Erleben von Kälte und Hitze. Wie fühlt sich Übelkeit an oder die Emotion der gelebten, verkörperten Liebe?

Durch diese Erlebnisse, die ihr mit uns teilt, fangen auch wir wieder an zu leben, nicht nur als feinstoffliche Wesen, sondern es ist uns durch das Teilen der Sinne möglich, weiterhin auf der Welle der göttlichen Dimension zu schweben und doch zu leben, uns mit euch zu vereinen, mit euch zu lieben, zu leben, zu wirken.

Schwer vorzustellen? Um es mit den Worten von Erzengel Uriel zu sagen, der damals im Konzil dazu sagte: „Dass Engel ihre Sinne spüren, leben können, muss man praktizieren, um es zu verstehen. Man sollte es ausfüllen und auskosten und es dann in Ratssitzungen an andere weitergeben. Schließlich war so etwas noch nie da, das Lebendigwerden der Geistigen Welt. Es war zwar angekündigt, aber keiner wusste genau, wann die Menschen uns dafür die Hände entgegenstrecken würden."

Sicher gibt es einige Leserinnen und Leser, die bei diesen Sätzen spüren, wie ihr Herz anfängt zu beben, da sie die Sinnlichkeit und Liebe mit einem Wesen aus der Geistigen Welt geteilt und erlebt haben.

Sicher gibt es auch Menschen, die diese Belohnung aller Belohnungen noch vor sich haben.

Wir möchten dazu nur sagen: Höre bitte auf dein Herz, nicht auf den Verstand, der dich womöglich schon oft fehlgeleitet hat. Bedenke bitte, dass es für dich keine Grenzen gibt, außer du begrenzt dich selbst.

Du bist ein wunderschöner, mächtiger, manchmal auch stolzer irdischer Engel. Was sollte dich daran hin-

dern, deinen Traum zu leben, der im Plan deines Lebens fest verankert ist?

Du bist unermesslich geliebt und gesegnet, und unsere Sehnsucht nach der Verschmelzung mit dir war genauso stark wie deine Sehnsucht nach der Vereinigung mit dem Liebsten aller Lieben. Sodass wir sogar manchmal zurücktreten mussten, um dich nicht in Gefahr zu bringen, denn oft war deine Sehnsucht so stark, dass du am liebsten den kürzesten Weg genommen hättest, um durch das Verlassen des Körpers ganz schnell zu uns zu gelangen. Indem man sich dem Tod hingibt, geschieht die sofortige, allumfassende Heilung und Verbindung mit der bedingungslosen Liebe.

Die Erzengel Uriel und Michael sprechen über die Liebe

Über die Liebe ist viel geschrieben worden, und doch gibt es immer wieder etwas zu berichten, denn durch die sich ständig erhöhende goldene Frequenz gibt es in Sachen Liebe keine Begrenzung mehr, außer ihr begrenzt euch selbst.

Erzengel Michael und ich, Erzengel Uriel, sprachen kürzlich in einem Konzil darüber, bei dem einige Erden-Mentoren (Lichtarbeiter), die Lords des Lichts und das Erstkontakt-Team der Galaktischen Föderation des Lichts anwesend waren.

Wir sprachen über die Partnerschaften der Neuen Zeit, zum Beispiel die Verbindung zweier Wesen aus unterschiedlichen Heimatplaneten.

Wie das geht? Nun, hast du nicht auch manchmal das Gefühl, dein Partner wäre von einem anderen Stern? Hast du schon einmal daran gedacht, dass die Erde nicht in jeder Inkarnation deine Heimat war?

Dass diese Vereinigungen längst praktiziert werden, macht uns glücklich, denn ihr dürft nicht vergessen, ihr seid Vorbilder für andere, die es euch dann gleichtun oder, besser gesagt, die sich erst trauen, wenn sie sehen, dass es bei euch funktioniert.

Welch ein Wort – Funktion – es passt wohl am wenigsten für das Zusammenleben mit einem Wesen aus den höheren Reichen. Doch das Wort hat seine Berechtigung, denn vergesst nicht, dass ihr womöglich völlig un-

terschiedliche Erfahrungswerte gesammelt habt als zum Beispiel ein Mitglied der galaktischen Freunde.

Ja, wir sind eine Familie, doch euer Weg war in den letzten Jahrzehnten um vieles steiler und beschwerlicher als unserer. Deshalb ist eure Reaktion auf andere Lebensweisen oft erst einmal die eines Beobachters.

Verständlich, wenn man bedenkt, dass wir in der Vergangenheit nicht gerade oft miteinander kommuniziert haben, außer ihr wart in der Lage, unsere Frequenz zu empfangen.

Gerade meldet sich mein Freund, Erzengel Michael, aus dem Hintergrund. Er meint, ich würde wieder einmal ein wenig um den heißen Brei herumreden, was übrigens Erzengel sehr gerne tun – sie holen weit aus, wenn es darum geht, etwas zu erklären.

So übergebe ich das Wort erst einmal an meinen Freund. Es ist nichts Ungewöhnliches, denn wir halten unsere Ansprachen auch oft in Gruppen oder wenigstens zu zweit, indem wir uns die Bälle bei der Rede gegenseitig zuspielen. Das macht sehr viel mehr Spaß, und es ist eine gute Übung, denn hierbei muss man dem Gegenüber immer sehr genau zuhören.

Vielen Dank, Erzengel Uriel. Es spricht Erzengel Michael:

Die Erde ist fürwahr ein Erfahrungsplanet sondergleichen, nicht nur für euch, sondern auch für die Wesen aus den geistigen Reichen, denn durch die Toröffnung, die am

21.12.2012 stattgefunden hat, ist es uns möglich, mit euch zu leben. Oder, besser gesagt, die Erde hat euch in die Dimension des Himmels getragen, was uns möglich macht, den Weg der Liebe mit euch gemeinsam zu gehen.

Lange Rede, kurzer Sinn: Wenn wir davon sprechen, dass wir uns in Liebe mit euch verbinden, sprechen wir auch über die sinnliche Verbindung – die Erotik der Neuen Zeit, wenn ihr so wollt.

Bedenkt, dass wir Engel und auch unsere Freunde aus der galaktischen Fraktion sehr viel feinstofflicher sind, als ihr es zu dem Zeitpunkt seid.

Das bedeutet, wir leben auch die sinnliche Vereinigung anders, intensiver, mit sehr viel mehr Feingefühl, ohne euch nahetreten zu wollen. Wir leben die Sinnlichkeit vollkommen ohne Reibung.

Was die Möglichkeiten der verkörperten Vereinigung sehr spannend für uns macht ist das Erleben der Sinne, denn durch euch ist es uns möglich, Dinge zu erleben, die wir sonst nicht in Betracht gezogen hätten. Wir werden also menschlicher, und ihr werdet engelhafter.

Um es mit einfachen Worten zu sagen: Euer Aufstieg ist nicht nur für euch ein Gewinn, sondern auch für uns, einschließlich der Freunde aus dem All und den Cousins aus der inneren Erde.

Wie genau die Verbindung in Liebe mit einem Wesen aus der inneren Erde, der Sternenfamilie oder mit unsereins, den Engeln, sein könnte, darüber werden wir später gemeinsam mit Sarinah sprechen. Denn sicher seid ihr sehr interessiert an der menschlichen Sicht auf diese Dinge.

Ein wenig Geduld bitte, liebe Leserinnen und Leser. Seid gesegnet.

In Liebe,
Erzengel Michael und Erzengel Uriel.

Viele Wege, ein Ziel

Der Aufstieg der Erde und der verkörperte Aufstieg der Menschheit sind untrennbar miteinander verbunden. Schließlich trägt euch die Erde immer weiter hinein in höhere, feinstofflichere Dimensionen, was dem irdischen Gewand gerade in den ersten Stufen der Erhöhung Höchstleistung abverlangt hat.

Je höher euer Leib aber schwingt, umso leichter und vor allem sanfter werdet ihr diese Metamorphose vom kohlenstoff-basierten bis hin zum vollständig kristallinen, feinstofflichen Körper wahrnehmen.

Wobei es individuell ist, wie ihr die Umwandlung wahrnehmt, denn ihr könnt zwar die Zustimmung über die Seelenebene zum Aufstieg gegeben haben, es ist euch aber jederzeit erlaubt, in die vom universalen Rat dafür eingerichteten Pufferzonen oder, besser gesagt, Ruhezonen einzutreten. Um auszuruhen, Kraft zu tanken oder einfach nur, um euch ein wenig tragen zu lassen.

Die Ruhezone ist zu vergleichen mit dem eigenen inneren, heiligen Raum, in dem ihr dann geschützt und doch voll im Leben integriert seid.

Diese Pufferzone oder auch Ruhezone ist für das Kollektiv. Ihr seid darin nicht allein, sondern befindet euch in bester Gesellschaft, denn die Frequenzen derer, denen ihr in diesem Raum begegnet, sind den eigenen Energien nicht nur ähnlich, nein, sie sind vollkommen im Einklang mit eurer Schwingung, was das Leben an sich dann sofort sehr viel leichter macht, verständlich, denn nichts ist schöner, als mit Gleichgesinnten seine Zeit zu verbringen.

Gleichgesinnte, die sofort verstehen, wenn ihr eure Ruhe haben möchtet. Dann ziehen sie sich zurück. Wenn ihr reden möchtet, sind sie da, dazu ist kein „Sich-erklären-Müssen" notwendig, denn die Kommunikation funktioniert über die Telepathie. Wundervoll.

Liebe Erdenseele, wenn du das Gefühl hast, noch nicht so weit zu sein, wichtige Ziele deines Seelenplans noch nicht erreicht zu haben, dann sei bitte unbesorgt. Es ist für alles genügend Zeit, oder, um es mit den Worten von Erzengel Michael zu sagen: „Es ist alles gut!"

So kann es sein, dass du dich gerade so fühlst, als wärst du noch nicht so klar wie andere, oder du empfindest dich als zu langsam, was den spirituellen Weg angeht.

Der Aufstieg an sich ist individuell, und wer sich jetzt gerade auf dem Weg befindet, während andere längst die Tore aufhalten, der ist nicht langsamer oder weniger klar, sondern schlau.

Denn die Ersten, die um den 21.12.2012 aufgestiegen sind, diese Lichtträger sind teilweise bis an ihre Grenzen und darüber hinaus gegangen. Wohingegen der kollektive Ruheraum es euch erlaubt, die verkörperte Seelenwanderung zu genießen und von den ausgetreten Pfaden der anderen zu profitieren, oder ihr macht euch einfach nur die Erfahrungen der anderen zunutze. Es ist alles gut, denn Lichtarbeit hat viele Gesichter.

Ist das nicht wunderbar? Genauso sollte es sein, dafür sind Lichtarbeiter da, sie vereinfachen für andere den Weg und bleiben oft freiwillig in alten Lebenssituationen, um zu helfen, ihr Licht zu verteilen oder ihr Umfeld dazu zu bewegen, das Christuslicht anzunehmen.

Wir sprachen weiter oben davon, dass die Zeit vor dem Aufstieg für manche Menschen sehr schwierig war, und das sind nicht unsere Empfindungen, sondern die Erfahrungen der Lichtträger, die sehr früh in das Erwachen gingen.

Je mehr Licht auf die Erde und ihre Kinder strahlt, desto leichter wird das Leben, desto mehr kommt das zum Tragen, was euer Auftrag war und ist: das Teilen der bedingungslosen Liebe mit anderen, das Verteilen des Christuslichts auf euer Umfeld. Bedenkt aber bitte, dass diese göttliche Schwingung sich auf euer Sein auswirken kann wie ein Schleudergang. Erst einmal muss alles Alte raus, und dann kann Heilung geschehen!

Auch wenn ihr euch womöglich auf unterschiedlichen Stationen befindet, wisst, dass ihr alle ein Ziel habt. Nämlich das Erreichen eures Seelenziels und das lebendige Eintauchen in die Geistige Welt, dort, wo diejenigen auf euch warten, die ihr dachtet, durch den Tod für immer verloren zu haben.

Wo immer du bist, und wie immer du empfindest, während du diese Zeilen liest, sei dir sicher, dass auch du, und gerade du, zu denen gehörst, die wir Reisende des Lichts nennen. Weil die Liebe in dir wohnt. Du hast so oft schon anderen geholfen, obwohl du dich selbst zeitweise so kraftlos empfunden hast, dass du dich gefragt hast, was dir die Kraft gab, immer und immer wieder aufzustehen.

Wir verstehen dich, wir fühlen mit dir, wir lieben dich. Wir lieben dich so sehr, dass unsere Sehnsucht, dich endlich lebendig in die Arme zu schließen, dein heiliges Herz berührt hat, so sehr, dass du angefangen hast zu zittern, dass du angefangen hast zu frieren, dass dein Herz mit einem schnelleren Rhythmus reagiert hat.

Warum der Aufstieg immenses Kälteempfinden im Körper auslösen kann

Der Prozess der Erhöhung war erst einmal nur im Inneren zu spüren. Manch einer fühlte nichts, andere wiederum fühlten eine enorme Liebe in sich glühen. Wer allerdings nach dem Zykluswechsel auf Beweise im Außen gewartet hat, zum Beispiel, dass sich die politischen, wirtschaftlichen und die Probleme im Gesundheitswesen sofort lösen, der wurde bitter enttäuscht.

Viele Lichtträger hatten große Erwartungen. Sie dachten, dass sich noch vorhandene persönliche, berufliche, partnerschaftliche, finanzielle und Probleme im Umfeld durch den Aufstieg wie von Zauberhand sofort lösen würden.

Dem war sicher nicht so. Wie denn auch? Eine hohe Eigenschwingung und das Glühen der immerwährenden bedingungslosen Liebe im heiligen Herzen macht zwar vieles leichter, aber es löst nicht automatisch auf.

Dafür wird euer Einverständnis gebraucht oder vielmehr, die Dinge müssen erst an die Oberfläche gespült werden, in euer Leben, in die Emotion. Ihr müsst nicht einmal erkennen, sondern einfach nur in die Absicht gehen, dass alles, was ihr lebt und euch noch belastet, gehen und sich langsam lösen darf.

Glaube, Vertrauen, Liebe, Hoffnung – sehr wichtig in dieser Zeit! Ohne das, ihr Lieben, ist es unmöglich, euch in den höheren Dimensionen einzurichten, einzuleben.

Manchmal reagiert euer Körpersystem auf die Vibrationen der Geistigen Welt mit Kälte. Mit einer Kälte, die von innen kommt, nicht von außen; ein Frieren, das euch fast handlungsunfähig macht und oft gerade dann in euch aufsteigt, wenn es am unpassendsten ist.

Keine Sorge, dieser Zustand ist durchaus normal, denn ihr werdet immer feinstofflicher, was auch bedeutet, dass eure Körpertemperatur ein wenig absinkt, sich der unseren angleicht.

Mitglieder der Galaktischen Konföderation haben eine etwas niedrigere Körpertemperatur. Wir sind jedoch mit einem System ausgestattet, das uns erlaubt, uns ohne Probleme den jeweiligen Gegebenheiten anzupassen.

Das ist aber nicht der alleinige Grund für euer Frieren. Erinnert ihr euch noch an die Hitze im Körper, an das viele Schwitzen kurz vor der Erhöhung?

Es wurde all das aus dem Körper-, Geist- und Seelenprogramm gebrannt, was euch nicht dienlich war und euch womöglich abgehalten hätte, aufzusteigen.

Ja, es hat sich viel getan, euer System ist unserem nun sehr ähnlich, doch sobald sich die Qualität der göttlichen Energie wieder erhöht, was ja ein immerwährender Prozess ist, fängt eurer Kern wieder an, Kälte zu empfinden.

Ein gutes Zeichen! Dieses Empfinden des innerlichen Frostes bedeutet, dass ihr weiter aufsteigt, immer mehr in eure Kraft und Macht kommt und dabei seid, die Energie eurer galaktischen Familie in euch aufzunehmen, damit sich vereinen kann, was immer schon zusammengehörte.

Da ihr die Dinge im persönlichen kleinen Kreis angeschubst habt, kann dies nun auch im großen Außen passieren.

Hier sind wir wieder beim Thema der liebevollen Verbindung mit einem Wesen aus der galaktischen Heimat oder einem geistigen Mentor, dem Wesen, das euch über viele Inkarnationen begleitet hat.

Oft waren wir Engel persönlich anwesend, weil wir zusammen mit dir in das Leben gereist sind. Manchmal aber waren wir einfach nur das Sicherheitsnetz – die Erzengel, die Schutzengel, diejenigen in der Geistigen Welt, die die Verankerung für dich gebildet haben. Die dein Sicherungsseil waren und sind, damit du deine Seelenziele erreichst und dir nichts passiert, was du nicht selbst gewählt hast. Damit die Vereinigung aller Vereinigungen im LEBEN stattfinden kann.

Die Geistige Welt ist voller Sinnlichkeit – Wer hätte das gedacht?

Wir sprachen davon, dass es zu Körperumstellungen kommt und ihr Dinge empfindet die ihr in dieser Intensität so noch nie gefühlt habt.

Das kann das Gefühl der inneren Kälte sein, die sich nach außen ausdehnt, oder die Empfindung, als würdet ihr plötzlich abheben und schwerelos sein. Aber auch ein Gefühl einer neuen Sinnlichkeit kann entstehen, was nicht auf eine Person bezogen sein muss, doch diese universelle Sinnlichkeit kann so stark sein, dass sie euch Tag für Tag begleitet.

Was sicher etwas verwirrend ist, bringt ihr doch Erotik meistens in Verbindung mit einer Person. Kein Wunder, denn die Energie der bedingungslosen Liebe ist mittlerweile so stark und fest in eurem Herzen verankert, dass ihr Liebe mit Sinnlichkeit verbindet, weil es augenscheinlich zusammengehört.

Oh nein, es ist keine Fehlleitung, wenn ihr so empfindet. Diese göttliche Frequenz transformiert zwar erst einmal alles aus eurem Sein, was euch belastet, diese Vibration ist aber auch sehr belebend.

Sarinah ist gerade der Meinung, dass wir ein wenig um den heißen Brei herumschleichen.

Um auf den Punkt zu bringen, was wir eigentlich damit sagen möchten:

Auch in der Geistigen Welt wird SINN-LICH-SEIN geliebt, gelebt.

So spürt ihr also immer mehr – genau wie wir –, da ihr eintaucht in die Welt des Himmels, der galaktischen Familie, und auch in das Reich der inneren Erde.

Das Anheben der eigenen Schwingung und der des Kollektivs hat all die scheinbare Trennung aufgelöst, scheinbar, denn in Wahrheit waren wir niemals getrennt, und unserer Sein war immer mit eurem verbunden, immer!

Nun verliert sich dieses Dogma der Unantastbarkeit, das Dogma, das die Religion über uns gestülpt hat, um euch fernzuhalten und euch zu suggerieren, dass es unmöglich ist, die Geistige Welt zu fühlen und mit lebendigen Augen zu sehen. Dass nur jene uns sehen, empfinden und EINS mit uns sein können, die durch den Tod zu uns kommen, das, ihr Lieben, war nie die Wahrheit!

Man hat uns Engel auch immer als etwas dargestellt, das unantastbar ist, weit weg und über alles erhaben.

Ihr Lieben, das ist keinesfalls so! Wir sind durchaus nicht unantastbar, im Gegenteil, wir lieben es, wenn ihr herausfindet, wie ihr uns aus der Reserve kitzeln könnt. Wir sind auch nicht weit weg, sondern ganz nah, wir sind auch nicht über alles erhaben, dies keineswegs, denn uns war und ist es immer wichtig, dass wir uns mit den Menschen auf einer Ebene befinden.

Anmerkung von Sarinah:

„Einen Engel aus der Reserve locken geht ganz leicht, nämlich über das Lachen. Engel lieben unser Lachen und fühlen sich von allem magisch angezogen, was ihr SEIN bereichern kann."

So lernen wir durch euch, und ihr lernt durch uns, auch für uns Engel hört es nie auf, Kenntnisse zu erwerben.

Durch euch fangen wir wieder an, das Leben mit allen Sinnen zu erleben, durch euch ist es den Wesen der Geistigen Welt, den galaktischen Freunden und den Cousins aus der inneren Erde möglich, ihre Feinstofflichkeit so einzustellen, dass es sich lebendiger anfühlt als je zuvor.

Klar, dass es für manche Leser gewöhnungsbedürftig ist, diese Dinge anzunehmen, für andere wiederum wird es sehr faszinierend sein, wenn sie in diesem Buch lesen, was sie innerlich schon wussten und womöglich selbst schon erlebt haben.

Erlebt im Traum, in der Meditation oder im Wachzustand, dass die Welt der geistigen Wesen keinesfalls ohne Interesse ist für das SINN-LICH-SEIN, sondern dass wir nichts mehr lieben als die Vereinigung mit denen, die einst durch die Geburt zur Erde reisten, um genau dort zu sein, wo sie jetzt sind.

Die Vereinigung, was heißt das? Nun, das bedeutet nichts anderes, als dass sich unsere Energien vereinen, es nicht mehr heißt ihr und wir, sondern dass WIR eins sind.

Die Betonung liegt auf WIR, denn ihr seid durch das Portal der Erhebung geschritten, und auch ihr müsst niemals mehr den Platz an unserer Seite verlassen.

Niemals, nicht durch den Tod, ganz bestimmt nicht, und auch nicht, wenn ihr weiter lebendig aufsteigt.

Die Christusliebe kann sich anfühlen wie Wellen, manchmal so unermesslich stark, dass diese Liebe den

Alltag übertönt, doch niemals wird es so sein wie früher. Ein vollkommener Verlust dieser Schwingung, ein Absinken ist nicht möglich.

Das ist sicher eine immense Erleichterung, da das beständige Sich-tragen-Lassen auf den Wellen der Liebe uns allen erlaubt, die wichtigsten Dinge miteinander zu TEILEN. Zusammen zu leben, zu lieben, zu wirken und alles miteinander zu teilen.

Das Herz – Die Verbindung zur himmlischen Sphäre

Das Herz ist tatsächlich die Eingangspforte zur Geistigen Welt, nicht der Verstand oder gar theoretisches Wissen. Denn alles Wissen über die Vollkommenheit ist sowieso in euch gespeichert.

Der Besuch von spirituellen Seminaren kann zwar hilfreich sein, jedoch wird das vermittelte Wissen erst von Nutzen sein, wenn ihr es fühlen könnt, es also im Inneren in positive Resonanz geht.

So kann es passieren, dass du während einer spirituellen Fortbildung merkst, dass du dem Kursleiter oder der Leiterin voraus bist. Das ist durchaus verständlich, denn oft genügen schon einige Worte oder die entsprechenden Energien, und schon beginnt sich dein innerer, magischer Wissenspool zu öffnen.

Wenn du also schon erlebt hast, dass ein Bewusstseinskurs, auf den du dich gefreut hast, angefangen hat, dich zu langweilen, nimm es bitte als Erfahrung an, denn es hat auf keinen Fall mit alten Egoanteilen zu tun.

Das Herz ist aber nicht nur das Tor zu höheren Dimensionen, sondern auch die Öffnung zu denen, die lange Zeit unsichtbar waren für euch. Dennoch waren und sind sie immer für euch da, die verstorbenen Seelen, diejenigen, von denen ihr durch den Tod Abschied nehmen musstet, sowie die geistigen Mentoren, Erzengel, Engel, Aufgestiegenen Meister, die galaktische Familie und die Cousins aus der inneren Erde.

Alle diese wundervollen lichtvollen Wesen werden durch euren Bewusstwerdungsprozess immer mehr sichtbar. Erst spürt ihr sie womöglich nur, dann könnt ihr mit ihnen kommunizieren, oder ihr hört einfach nur die Geräusche, die sie machen, und dann seht ihr sie.

Wobei es wichtig ist, nochmals zu erwähnen, dass deine Manifestationskräfte unermesslich hoch und deine Grenzen dort sind, wo deine Vorstellungskraft endet und nicht umgekehrt.

Es stimmt also nicht, dass ihr tatenlos abwarten müsst, bis euer Leben sich ändert, bis der Alltag nicht mehr so ermüdend ist. Ihr habt es selbst in der Hand und müsst NICHT auf Geschehnisse warten, die im Außen passieren, damit ihr es dann leichter habt.

Warum abwarten, heißt die Devise. Warum abwarten, bis ein Politiker Wohlstandsgesetze unterzeichnet, wo ihr doch selbst in der Lage seid, die Dinge, die ihr benötigt, in euer Leben zu ziehen? Das funktioniert natürlich nur, wenn es zum Wohl aller Beteiligten ist und ihr jeden Zweifel an euch selbst loslasst.

Nicht einfach, hören wir Sarinah denken, und wahrlich ist es ein Meisterstück, wenn ihr es schafft, eure Flügel der Manifestation voll auszufahren.

Oft wird gesagt: Aber ich brauche positive Resonanz, damit ich an meine Stärke, mein Wirken glauben und vertrauen kann. Doch bedenkt, dass diese Resonanz erst eintreffen kann, wenn ihr aufgehört habt, an euch zu zweifeln.

Wobei Erzengel Michael in einem Konzil den Satz geprägt hat, als er sagte: „Diejenigen, die sich eher als klein sehen, sind in Wahrheit die Großen, und die, die sich von Anfang an anderen überlegen sehen, über andere hinwegsehen, sind in Wahrheit ganz klein."

Mittlerweile ist unsere Welt fest verankert mit Gaia, was nichts anderes heißt als: Was immer euch jetzt noch plagt, worüber ihr euch Sorgen macht oder was ihr euch wünscht, es liegt an euch, wann etwas passiert und wie schnell Heilung geschieht.

Der verkörperte Weg zurück ins Licht ist der wichtigste Punkt in deinem Lebensvertrag, denn damals bei der Planung wusstest du sehr genau, dass alles, was beschwerlich ist, in die Heilung geht, sobald du die Tür der Erhebung passiert hast.

Außer du ziehst dir abgelegte und längst gelernte Erlebnisse immer wieder in dein Sein, weil du es schwierig findest, loszulassen. Gerade in der Liebe ist das nicht leicht. Denn Loslassen heißt nichts anderes, als ohne Erwartung, Forderung, Begrenzung und Wertung zu sein, was die Person betrifft, die ihr liebt, oder die Situation, die ihr als schwer empfindet.

Die bedingungslose Liebe ist fest verankert im Herzen und will gelebt, erfahren werden, und, vor allem: Diese Liebe öffnet euch alle Türen, auch die, die lange Zeit für euch verschlossen waren.

Erzengel Michael: Du bist deine Seele, und dein Körper ist wie ein Vehikel, das deiner Seele erlaubt, auf der Erde zu sein

Der Weg der inneren Einkehr ist ein Pfad, den jeder Mensch gegangen ist oder noch vor sich hat.

Auf dieser Reise wird man zum Pilger, und man lernt, all das loszulassen, was zu schwer ist oder zu sehr ablenkt. Außerdem ist diese Pilgerreise unabdingbar, wenn man zu sich selbst finden will.

Natürlich ist dazu keine Wallfahrt nötig, das ist nur ein Vergleich, um euch zu sagen, dass auf gewissen Stufen des Lebens Situationen eintreten, die euch dazu veranlassen, Personen, alte Muster, Ängste, Süchte, Begrenzungen loszulassen.

So kommt es durchaus zur inneren Wandlung, entweder bewusst, indem ihr das alte Kleid der Dualität und des selbst auferlegten Mangels loslasst, oder eben durch erlebtes Elend. Wobei es immer darum geht, sich von den Dingen zu verabschieden, die euch mehr schaden als nutzen.

Der erfolgreiche Einzug in die ersten Etappen der Pilgerreise ist eine immerwährende Aufwärtsbewegung. Es werden euch zwar weitere Lernaufgaben nicht erspart bleiben, doch je mehr ihr mit den jeweilig neusten Lichtwellen schwingt, umso leichter wird es euch fallen, die Aufgaben des Seelenvertrags abzuhaken.

Wir sprechen immer wieder vom Aufstieg, der für viele sicherlich wie eine bestandene Prüfung erlebt wurde. Am Tag nach der Prüfung aber war alles wie immer.

Wie kann es auch anders sein, denn die Dinge vollziehen sich immer von innen nach außen, nicht umgekehrt.

Sicherlich gibt es zum Zeitpunkt des Erscheinens dieser Schriften noch Menschen, die den wichtigen Part der persönlichen Bewusstwerdung noch vor sich haben.

Was seid ihr doch für wundervolle Wesen, habt ihr doch euer Licht so lange wie möglich denen gespendet, die es dringend brauchten, die jedoch das hohe Licht der Engel nicht annehmen konnten.

So bewegt sich jeder Mensch genauso, wie er es in der Blaupause des Lebens verankert hat, und wer tatsächlich zu weit von dieser Blaupause abweicht, wird durch Warnzeichen wie Krankheiten oder auch schmerzhaften Verlust daran erinnert. So erhält man die Chance, umzukehren, Einkehr zu halten, um sich zu besinnen, wo die wirklichen Herzenswünsche und Ziele liegen.

Das Vorbeischrammen an der eigenen Seelenabsprache ist also so gut wie unmöglich. Wer allerdings doch einen Kurs einschlägt, der so nicht vorbestimmt war, erhält auch die Chance der Bewusstwerdung durch das Abstreifen des Körpers. Denn der Tod ist nichts anderes als das Verlassen des Körpers. Die Seele an sich lebt ewig. Sobald die Seele frei ist, erinnert sie sich an all die himmlischen Vereinbarungen, und schon geschieht ein Bewusstseinswandel.

Das, was also im Leben nicht erreicht werden konnte, zum Beispiel Erkenntnisse, Milde, Frieden, Demut oder auch Ruhe und Zeit für sich, erfolgt dann sofort nach dem Tod. Wobei wir betonen möchten, dass es auch Verstorbene gibt, die aus Liebe ins Jenseits gingen und nicht, weil sie nicht konform gingen mit ihrem Lebensvertrag. Sie gingen, um Angehörige nicht zu belasten oder um ihren Lieben zu Hause durch ihren Tod besonderen Segen zu bringen.

Wie ihr wisst, ist es durch den Tod möglich, den einen Körper loszulassen und in einem anderen Leib wiederzukehren.

In der Neuen Zeit ist ein Hinwerfen des Leibes, nur weil er alt, verbraucht oder krank ist, nicht mehr nötig, weil alles Beschwerliche sich regeneriert und alle Krankheiten geheilt werden können. Außer der Glaube, der Zweifel, der Mangel an Vertrauen in die eigene Schöpferkraft veranlasst euch dazu, weiterhin an den alten schmerzhaften Erfahrungen festzuhalten.

Denn du bist unermesslich mächtig, du bist in der Selbstermächtigung, was nichts anderes heißt als: Lebe dein wahres SEIN, nicht das alte ICH. Dein wahres SEIN hat nichts zu tun mit deinem Vermögen, deinem Status, dem äußeren Erscheinungsbild und dem Bild, das du im Spiegel siehst.

Dein wahres SEIN ist deine Seele, das, was du in Wahrhaftigkeit bist und im Himmel immer warst. Der Engel, der inkarniert ist, um sich zu erinnern und dann die anderen zu erinnern, wer sie wahrhaftig sind.

Die Augen sind der Spiegel der Seele. Schau dir in die Augen, und du siehst dich, dein wahres SELBST, schau anderen in die Augen, und du siehst ihr wahres SELBST.

So sei es. In Liebe, sei gesegnet.
Erzengel Michael

Erzengel Michael: Je mehr göttliches Licht dein Körper halten und an andere verteilen kann, umso leichter wirst du

Die Vibration der bedingungslosen göttlichen Liebe hat tatsächlich damit zu tun, wie deine äußere Hülle aussieht.

Je höher dein irdisches Sein schwingt, umso mehr gehst du fast automatisch in den Idealzustand. Was den menschlichen Organismus betrifft: Das System startet erst einmal neu, das heißt, der Zustand deiner äußeren Hülle kann sich erst einmal verdichten.

Doch wenn der Punkt erreicht ist, an dem ein Neustart möglich ist, ist es, als wären plötzlich alle Schalter umgelegt, und ohne Mühe kannst du dann zum Beispiel Essgewohnheiten loslassen, die dir nicht guttun.

Das ist kein Versprechen, denn dein freier Wille ist unantastbar. Wenn du also noch die Erfahrung des alten Körperzustands haben möchtest, wirst du sicherlich Mühe haben, das irdische Vehikel so zu verändern, wie du es möchtest. Der Glaube erschafft die Realität!

Mein Rat dazu ist, immer mit allen Fasern des SEINS in die Richtung zu sehen, in der deine Ziele sind. Mit den Engeln an einem Strang zu ziehen, falls ihr sie gebeten habt, euch zum Beispiel beim Abnehmen, beim Gesundwerden, beim Jünger-Aussehen oder etwa beim Zunehmen zu helfen, ist wichtiger, als ihr denkt. Denn je bewusster ihr werdet, umso mehr sehen wir euch als unsereiner an.

Willkommen im Club, ihr Lieben! (Erzengel Michael lacht.) *Nun, der Aufstieg hat euch nicht nur Geschenke* gebracht, sondern ihr habt auch die Verantwortung für diese Präsente.

Du bist nun also in der Lage, deinen Körperzustand so zu verändern, wie du es haben möchtest. Dabei sind dir keine Grenzen gesetzt, es sei denn, du begrenzt dich selbst.

Natürlich müssen alle deine Manifestationen im Einklang mit dem höchsten Licht deines Seelenvertrags sein.

Wenn ihr also anders aussehen möchtet, werdet ihr genau diese Veränderung erfahren – kraft eurer Macht, seid ihr in der Lage dazu, und das höchste Licht, das in euch einfließt, ermöglicht es euch. Allerdings solltet ihr dafür in der Lage sein, alte Muster oder Süchte loszulassen – das nennen wir in die Absicht gehen. Die Tat muss also folgen, denn die goldenen Energien helfen zwar enorm, doch sie bringen erst einmal alles zum Vorschein, was nicht gut ist für euch.

Sarinah vergleicht es gerade mit einem Waschgang in der Waschmaschine: Erst wirst du vorgereinigt, dann gekocht. Dann fließt jeder Dreck raus, der verhindern würde, dass du weiter aufsteigen kannst, und erst dann kommt der Segen, das Weichspülprogramm. Das ist drastisch ausgedrückt, doch so ist der Weg zum verkörperten Lichtsein bestimmt gut nachvollziehbar.

Das höchste Licht ist wie ein immens starker Energieverstärker in diesem Sein. Bist du erst einmal in der Macht eines Erzengels, kannst du dir die Dinge manifestieren, die du brauchst.

Wir sprachen vorher vom Abnehmen, da sehr viele Lichtarbeiter während der Zeit ihres Lichtkörperprozesses an Leibesfülle zugenommen haben. Was übrigens ein normaler Prozess war, denn wie hättet ihr die Leitung zur Quelle sonst halten können und es dabei noch geschafft, die Energie der Quelle an andere zu verteilen? Gleichzeitig habt ihr ja auch noch euren Alltag weitergelebt.

Wahrlich ein Kraftakt, ihr Lieben, Chapeau, der Applaus der Geistigen Welt gehört ganz euch.

Doch kommen wir zurück zum Thema. Es kann also sein, dass du aufwachst, und es ist, als wäre plötzlich alles ganz leicht. So, als wären plötzlich die Schalter umgelegt, die du vorher unter Schweiß und Tränen versucht hast, umzustellen. Wie enttäuschend muss es für dich gewesen sein zu sehen, dass die Regler immer wieder in den alten Zustand zurückgingen.

Indem du es nicht geschafft hast, gewisse Dinge loszulassen, von denen du genau wusstest, dass sie dich begrenzen und dir schaden. Plötzlich fällt es dir also leichter, lichtvoller zu handeln, Süchte, Ängste und alte Muster abzulegen. Bedenke aber bitte, dass all das als Erkenntnis gespeichert ist, und diese ist unermesslich wichtig!

So treten langsam und sanft, aber beständig, die Veränderungen in dein Leben, und du wirst auch äußerlich zu dem Wesen, das du im Inneren längst bist: ein wunderschöner, strahlender Engel. Wichtig ist dabei nur, dass du dich auch so verhältst wie ein Engel, denn ein himmlisches Wesen horcht ganz genau in sich hinein, erst dann fallen die Entscheidungen.

Ihr werdet zwar immer unabhängiger vom „Essen-Müssen, um Energie zu haben", doch so lange euer System nicht ganz umgestellt ist, braucht ihr selbstverständlich noch Nahrung, sonst würde der Prozess der verkörperten Lichtwerdung stoppen.

So kam es während eurer Pilgerreise manchmal zu Irritationen, die dazu führten, dass ihr plötzlich Allergien oder Unverträglichkeiten entwickelt habt.

Bedenkt, dass all das dazu diente, den Stoffwechsel so einzustellen, dass die gewünschten lichtvollen Veränderungen im Organismus zum späteren Zeitpunkt stattfinden konnten. Laktose-Intoleranz oder auch Gluten-Intoleranz, um nur einige Beispiele zu nennen, sind also dazu da, damit ihr genau diese Lebensmittel meiden könnt, die den Kristallisierungsprozess stören könnten, damit ihr ungestört zu dem/der werden könnt, der/die ihr sein möchtet. Wenn ihr es also geschafft habt, eure Ernährung so umzustellen, dass euer Organismus nicht von Unverträglichkeiten belastet wird, umso besser, denn so werdet ihr äußerlich zu dem/der werden, der/die ihr innerlich längst seid.

Manche Sätze wiederholen wir mit Absicht immer wieder, denn diese Informationen sind wichtig. Wahre Worte erschaffen Hall. Deine Seele weiß, warum, sie weiß es…

Es gibt keine Zufälle, Fehler oder Schuld, liebe Freunde, es ist alles gut. Wie sehr ich euch liebe, wie sehr…

Zeitenwandel geht immer einher mit Zellwandel

Immer wieder sprechen wir von dem menschlichen Handlungsorgan, dem Körper, der euch getragen, gestoppt, geschmerzt hat, wenn ihr euch nicht um eure wahren Aufgaben des Seelenkontakts gekümmert habt.

Sicher gab es Zeiten, in denen du dachtest, du würdest es nicht schaffen, weil die Warnsignale des Körpers heftig waren, oder du wurdest vom eigenen Leib in die Knie gezwungen, indem du zum Beispiel phasenweise nicht arbeiten konntest.

Kein leichtes Unterfangen, diese Zellumwandlung, bis hin zum vollständig kristallinen Organismus, der nicht mehr kohlenstoff-basiert ist; der Organismus, der kein Altern mehr kennt, keinen Verfall, keine Krankheiten und der vollständig vom Licht ernährt wird.

Geduld, liebe Freunde, das ist ein Meilenstein, der nicht auf einmal erreicht werden kann. Je jünger ihr seid, desto schneller wird die Metamorphose vor sich gehen können, und wenn ihr etwas älter seid, braucht ihr dafür eben etwas mehr Geduld. Da euer Aufstieg an sich nie endet, werdet ihr auch immer wieder Phasen der Zellreinigung und der Metamorphose haben. Wobei alle diese Umstellungen individuell ablaufen – der eine hat mehr im System gespeichert, was raus muss, der andere weniger.

Die Kinder und Jugendlichen sind es, die die Schritte der verkörperten Lichtwerdung im Vorübergehen und spielend erleben, denn sie wurden schon mit den kristallinen Genen geboren.

Diese Entwicklungen in euch geschehen automatisiert, wer sich allerdings regelmäßig Zeit nimmt, um in sich zu gehen, egal, welchen Weg er dafür wählt, ist klar im Vorteil.

Um Erzengel Uriel zu zitieren, auf die Frage eines Lichtarbeiters antwortend: „Warum ist Meditation so wichtig? Man könnte schließlich vieles einfach im Schlaf erledigen?" Darauf antwortete Erzengel Uriel: „Du kannst entweder davon träumen, die beste Schokolade deines Lebens zu essen, oder du nimmst diese Erfahrung mit all deinen Sinnen wahr, weil dein ganzes Sein vor Freude vibriert, wenn du wahrhaftig spürst, wie die süße Freude dich erfüllt. Was ist dir lieber? Möchtest du nur träumen, oder möchtest du die Freuden aller Freuden intensiv erleben?"

Sicherlich hat sich die Meditation sehr verändert, denn ihr taucht viel leichter in den Zustand des vollkommenen Loslassens. Für viele Menschen ist es allerdings schwer, stillzuhalten, sie kommen am besten zu sich selbst durch Bewegung, Schwimmen, Spazierengehen oder Yoga, um nur einige Beispiele zu nennen. Warum nicht? Wichtig ist nur, dass die Absicht besteht, Kontakt zur eigenen Seele zu haben.

Da euer Körper-, Geist- und Seelensystem sehr viel höher schwingt als früher, nehmt ihr natürlich auch die Geistige Welt intensiver wahr. Wobei wir nochmals erwähnen möchten, dass es nie eine Trennung gab zwischen Himmel und Erde. Die Trennung, die ihr womöglich gedacht habt zu spüren, war und ist eine Illusion.

Doch kommen wir zurück zum Thema, der Metamorphose der Lichtträger, zum galaktischen Menschen oder auch Erdenengel, wenn ihr so wollt.

In einem Gespräch mit Erzengel Uriel beschrieb Sarinah ihre Erfahrungen darüber wie folgt:

„Anfangs war der Lichtkörperprozess oft schmerzhaft und ermüdend, dann nach einer unerträglich langen Zeit – mir kam es vor, als wären es Jahre gewesen – traten die Symptome der ganzheitlichen Reinigung, bei der man sich oft gefühlt hat wie in einem Schleudersitz, in den Hintergrund. Plötzlich war alles leicht.

Die Symptome des beständigen Aufstiegs sind leicht, denn die Umwandlung in ein lichtvolles, verkörpertes SEIN geschieht ab dem Zeitpunkt fast schwebend, eine wahre Freude, weil man dabei nicht mehr leidet, sondern allenfalls beobachtet. Man kann sich also im Vertrauen, dass alles gut ist, zurücklehnen und genießen, sofern man die Zeit dazu hat. Der Zustand der göttlichen Liebe, die in mir wohnt, ist wunderschön, vor allem dann, wenn andere Menschen darauf reagieren. Sie lächeln, sind freundlich, voller Liebe, freuen sich und lachen viel.

Das empfundene Glück ist noch viel intensiver, wenn es den Mitmenschen auch gut geht, wenn man spürt, wie ihre Seele sich entfaltet und den Körper voll ausfüllt.

Auch das Leben an sich wird leichter, weil alles, was vorher beschwerlich war, entweder nicht mehr vorhanden oder im Begriff ist, sich zu wandeln, ohne dass man sich dabei abmühen muss wie früher. Man gewöhnt sich allerdings schnell an diese bedingungslose Liebe, die im Herzen wohnt und nach außen leuchtet, an diesen Zustand des Schwebens.

Immer wenn wieder eine Wellenbewegung kommt, bei der man sich nicht so euphorisch fühlt, wird einem wieder bewusst, welches Geschenk der Aufstieg ist, denn da fühlt man den Unterschied. Nicht den Unterschied zwischen Hoch und Tief, wie es früher war, sondern ich fühle mich wundervoll normal. Das ist mein Empfinden der Wellenbewegung der hereinkommenden Heilfrequenzen und Christusenergien. Sicherlich gibt es Leser, die das anders sehen oder erlebt haben, genauso soll es ja sein, da der Prozess der Erhöhung individuell abläuft.

Am besten finde ich die Tatsache, dass wir andere Menschen automatisch mit heilen, wenn wir selbst bewusst werden.

Ich habe mir darum abgewöhnt, zu urteilen, warum sich manche das Leben so schwer machen, denn ich kann schließlich nicht wissen, welche Wahlmöglichkeiten die jeweilige Person hatte.

„Gerade die, die es schwer hatten, sind die Gewinner des beständigen Aufstiegs, denn ihr Erfahrungsschatz ist unermesslich hoch", sagte Erzengel Michael in einem Gespräch einmal zu mir.""

Nun, sicher sind die Erlebnisse, die ihr gesammelt habt, individuell, gerade was den Zeitpunkt betrifft, wann das Leben das eines Engels wird.

Doch wo immer du auch bist, während du diese Zeilen liest, wie hart auch dein Leben gewesen sein mag, sei dir sicher, dass du unermesslich geliebt wirst, weil du den scheinbar harten Weg gewählt hast und nicht den bequemen, leichten Pfad.

Sei liebevoll umarmt von deinen Engeln aus der geistigen Heimat, sei gesegnet und geküsst, liebe Erdenseele.

Wie erreiche ich es, dass mein Leben leichter wird und sich meine Wünsche endlich erfüllen?

Wir sprachen davon, dass eine hohe Eigenschwingung im Körper-, Geist- und Seelensystem das allerwichtigste ist. Denn umso mehr göttliche Energie über eure Chakren einfließen darf, desto einfacher und leichter wird das Leben, desto schneller erfüllen sich die Wünsche und desto stärker sind auch eure Manifestationskräfte.

Doch wie erreicht man eine hohe Vibration im Leben, und, vor allem, wie hält man sie aufrecht?

Sicherlich geht vieles automatisch, denn die Erde trägt euch in die himmlischen Dimensionen. Doch es ist wichtig zu wissen, dass ihr selbst viel dazu beitragen könnt, dass diese Anpassung an das sich ständig erhöhende Christuslicht reibungslos funktioniert, ohne zu bremsen und euch wieder zu fühlen, als wärt ihr in der alten Zeit, im alten Leben.

Erzengel Chamuel hat in einer Ratssitzung einen wunderschönen Vergleich dazu gebracht. Er sagte: „Ein Adler, der sich in die Lüfte begibt, um zu jagen, um seine Umgebung zu erkunden, oder einfach nur, weil er es liebt, sich bei dem Streckenflug von der Thermik in den höheren Lagen tragen zu lassen. Ein Adler weiß genau, dass, je höher er fliegt, umso sicherer ist er in der Luft.

Je höher er fliegt, umso weniger Kraft muss er aufwenden, um mit dem Wind zu gleiten. Wenn er erst einmal in der Luft ist, erreichen ihn eventuelle Störungen wie Straßenlärm oder Menschen, die seinen Lebensraum einschränken, nicht mehr.

Um jedoch dieses schwerelose Gleiten herzustellen, ist es wichtig, dass der Adler voll im Vertrauen zu sich selbst ist. Dass er keine Zweifel, Ängste hat, was seine Flügel, die ihn tragen, angeht, und dass er sich nie selbst begrenzt, indem er sagt: „Nein, das kann ich nicht."

Im übertragenen Sinne bedeutet es, dass du vollständig mit dir im Reinen sein solltest, um hohe göttliche Vibration überhaupt empfangen zu können.

Alle Ängste, Erwartungen an die eigene Leistung und Begrenzungen sollten also vorher transformiert sein. Wenn nicht, können deine Chakren nur so viel Licht aufnehmen, wie du im Körper halten kannst.

Deine Flügel sind das Vertrauen, die bedingungslose Liebe, der Glaube und das immerwährende Wissen, dass es gut ist.

Das hört sich einfach an, ist es aber keineswegs, denn wie immer ist es so, dass du den anderen ein Beispiel bist, beziehungsweise deiner energetischen Leistung folgen viele Mitmenschen. Dabei ist es nicht wichtig, ob du die Menschen kennst, die deiner Energiespur, deinem guten Beispiel, folgen, denn der Ruf deines Energielevels ist weit über die Grenzen hinaus zu spüren und zu hören.

Oft ist es sogar so, dass Lichtarbeiter auf den engsten Kreis, in dem sie sich gerade bewegen, eher befremdend wirken, sie also auf einige eher wirken wie ein rotes Tuch.

Sicher ist euch schon aufgefallen, dass es manchmal so erscheint, als würden einige Menschen euch geradezu meiden, in der Firma etwa, im Familien- oder im Freundeskreis.

Verständlich, denn es wird immer wieder Menschen in eurem Umfeld geben, die euer Licht zwar annehmen, es aber nicht jeden Tag aushalten können.

So kommt es nicht mehr zu Energieüberlappungen wie früher, weil die Christusliebe einen immensen Schutzkreis um euch bildet, sodass ihr zwar mächtig anziehend auf andere wirkt, jedoch nur so lange, wie man euren Level der göttlichen Schwingung mithalten kann.

Wer sich also von euch fernhält, braucht nur ein wenig Zeit, um sich selbst wieder aufzurichten. Das Aufrichten geschieht nicht mehr am Kraftfeld der Lichtarbeiter, sondern über den göttlichen Strahl.

Der göttliche Strahl ist seit dem 21.12.2012 individuell abrufbar, das heißt, jeder, der möchte, kann diese Energie annehmen, denn das Christuslicht fließt genauso in den Körper, wie es der Träger aushalten kann. Sei es nun in etwas gedimmter Form, sanft und in Wellenbewegungen, oder eben stark und mächtig.

Könnt ihr euch erinnern, wie mühevoll Lichtarbeit früher war, wie ermüdend es war, den eigenen Lichtpegel zu halten? Könnt ihr euch erinnern, wie anstrengend früher Spiegelungen waren? Wenn wir von früher sprechen, sprechen wir einen Zeitrahmen von nur einigen Jahren an.

Wir, eure geistigen Mentoren, sind mächtig stolz auf euch, liebe Freunde, mächtig stolz, und wir finden, ihr habt allen Grund, mit erhobenem Kopf durch das Leben zu gehen. Was seid ihr doch für wundervolle Wesen. Wie schön ist es, euch nun endlich in die Arme nehmen zu können, wie schön…

Vision Sarinah: Meine Vereinigung mit dem galaktischen Seelenpartner

Eine lange Phase der Sehnsucht liegt hinter uns, denn auch wir, eure galaktische Familie, haben Herzklopfen vor Freude, wenn wir an euch denken. So schließt sich der Kreis, denn wir sind in der Tat keine Fremden.

In unserem Kreis befinden sich Seelen, die sehr schnell wieder einen Lichtkörper angenommen haben, und es sind Seelen, die ihr gut kennt.

Es sind eure lieben Verstorbenen, die sich in der Geistigen Welt für das Engeldasein interessiert haben, dann aber beschlossen haben, dass ihnen das nicht genügt.

Vor allem denjenigen, die auf Erden immer viel gearbeitet, die alles für Freunde und Familie gegeben und viel Verantwortung im Leben getragen haben. Gerade jene sind es, die nach ihrem Verlassen des irdischen Körpers durch den Tod den Wunsch hegen, euch mehr denn je zu helfen, mehr Einfluss zu haben, universell wirken zu dürfen. Gerade diese Verstorbenen sind es, denen das Engeldasein zu langweilig ist (Verzeihung, liebe Engel, wir möchten euch nicht zu nahetreten), sie beschließen, beides zu sein, Engel und Mitglied der Galaktischen Föderation des Lichts.

Wenn die Menschen von Aliens sprechen oder gar von einer Bedrohung aus dem All, ist ihnen nicht bewusst, dass sie damit jene beleidigen und verletzen, die ihnen im Leben die Liebsten waren. Denn die Seele lebt ewig, und die offenen Tore für den kommenden Erstkontakt haben gezeigt, dass die Möglichkeit besteht, dass die eigene Familie auf der Gangway steht, um euch zu begrüßen.

Sicher, das ist auch abhängig vom freien Willen des Menschen, denn wer von der Galaktischen Föderation des Lichts nichts wissen will, wird uns auch nicht sehen.

Dann kann es sein, dass sich Parallelwelten auftun, indem ein Teil der Menschen längst mit uns in Kontakt steht oder uns zumindest regelmäßig sieht, es aber auch Menschen gibt, an denen diese Begegnungen spurlos vorübergehen, weil sie uns nicht begegnen wollen.

Es ist gut so, wie es ist, und nun wird es Zeit, dass Sarinah aus menschlicher Sicht berichtet, wie sie sich die Vereinigung mit der Liebesflamme ihres Lebens vorstellen kann.

„Es ist (noch) eine Vision, in der ich die Situationen so gut wie möglich mit Leben fülle. Ich schreibe diesen Traum extra realistisch, denn wie immer bin ich in der Hoffnung, dass meine Manifestationskräfte das Geschriebene bald Wirklichkeit werden lassen.

Ich spürte schon lange, dass ich nicht alleine war und gerade dann, wenn ich zur Ruhe kam und keine Ablenkung durch Arbeit, Telefon, Fernsehen usw. stattfand, eine unsichtbare Hand mich berührte. Das mag sich nun gruselig lesen, doch es war auf keinen Fall angsteinflößend.

Anfangs dachte ich noch, es wäre Erzengel Michael, mit dem ich in engem Kontakt stehe, der mich berührt, doch irgendwann fühlte ich, dass es ein galaktisches Wesen war, das mir so viel Liebe entgegenbrachte und es auch noch tut, dass dieses Wesen sogar das eigene Dasein aufs Spiel setzte, um mich zu berühren. Denn meine Schwingung war anfangs sicher nicht zu vergleichen mit der Frequenz des galaktischen Freundes oder mit der, die ich jetzt halten kann.

Das ist sicher nicht übertrieben, denn wir wissen ja aus eigener Erfahrung, wie es sich anfühlte, wenn wir mit Menschen in Kontakt kamen, die ein dichteres Energiefeld hatten.

Eine niedrige Energiedichte kann für Engel wie auch für die galaktischen Freunde sehr unangenehm sein. Denn es bedeutet, dass sich Engel oder eben das galaktische Mitglied in regelmäßige Reinigungs- und Aufladesitzungen auf die zuständige Station ihres Mutterschiffs begeben müssen.

Ja, das ist Vergangenheit, denn unsere Schwingung passt sich dem Gegenüber an wie ein Chamäleon der Umwelt. Diese Anpassung geschieht gerade dann schnell, wenn die Gesprächspartner eine hohe Frequenz haben. Dann scheint unser Körper alles geradezu aufzusaugen, was mit diesem göttlichen Licht zu tun hat.

Erst spürte ich, dass der Seelenpartner mich berührte, dann hörte ich ihn und nahm Kontakt auf. Das ging sehr einfach, denn es war kein Channeling nötig, die Begegnungen erfolgten über die Sinne.

So überlegte ich einige Zeit, wie ich es erreichen könnte, diesen unsichtbaren Engel in mein Leben zu ziehen, sichtbar zu machen, mit ihm zu leben, zu wirken.

Ich wählte dazu, was die Engel und auch die galaktischen Freunde so sehr lieben: die Sinne, Visionen und die bedingungslose Liebe.

Dann fand statt, was man individuellen Erstkontakt oder auch Vereinigung mit der Überseele nennt.

Erst war da nur das Gefühl, dass ER da war, seine Berührung, seine Stimme, dann kam auch schon das Sehen, indem ein Nebel, den ich oft im Zimmer schweben sah, sich verdichtete, also personifizierte, bis ich IHN ganz genau sah.

Von da an waren alle Tore offen, und mein Leben begann wirklich aufregend zu werden. Ich fühlte mich wie auf einer Achterbahn, ohne das Bedürfnis zu haben, auszusteigen.

Vertrauen, Glaube, Hoffnung sind und waren unermesslich wichtig in dieser Zeit.

Oft werden wir kurz vor dem Kontakt aller Kontakte fast gezwungen, uns an Orten und auch mit Aufgaben aufzuhalten, wo unser Licht wirklich dringend gebraucht wird. Denn jeder, der unser Licht aushält, wird es auch aufnehmen, und sei es nur im Vorübergehen oder durch einen Blickkontakt.

Hört sich wie Reinigung an? Nun ja, das ist es auch, und wie…

Vor der Vereinigung mit der Love-Flamme des Lebens tritt eine immense Frequenzerhöhung in euer Dasein, so stark, dass es dir schwerfallen mag, den Pegel der bedingungslosen Liebe in dir zu halten, zu leben oder gar zu verstehen.

Wichtig ist es mir noch zu erwähnen, dass man den Kontakt zu einem galaktischen Seelenpartner oder auch einem aus der Geistigen Welt erst im Inneren herstellen muss, dann erst funktioniert es auch im Alltag, im Außen.

Um diese Verbindung im Inneren zu leben, habe ich die Sinne gewählt, denn wenn ich eins sicher weiß, dann, dass die galaktischen Freunde und die Engel nichts interessanter finden als das intensive Leben mit allen Fasern des Seins."

Die Kleinen sind nicht auf der Erde, um von den Großen zu lernen, sondern umgekehrt

Dabei ist es nicht die Liebe, die wehtut, sondern das Loslassen.

Eltern werden wissen, wovon wir hier sprechen. Denn ab dem ersten Schritt des Kindes ist klar, dass der Spross sich Schritt für Schritt von den Eltern entfernt, um ein eigenes Leben zu leben, sobald die Reife dafür da ist – um frei zu sein, selbst entscheiden zu können, sobald der junge Mensch sich erwachsen genug dafür fühlt.

Doch warum sind wir so in Sorge, dass wir unsere Lieben nicht beschützen können oder sie gar verlieren? Warum fällt es uns so schwer, aus dieser Sorge herauszugehen, das Vertrauen zu haben, dass alles gut ist, auch wenn es erst einmal nicht so aussieht?

Erzengel Jophiel hat in einem Gespräch dazu Folgendes gesagt:

Die Kinder kommen auf die Welt, um ihr Umfeld etwas zu lehren. Erwachsene sind der Meinung, dass der Nachwuchs etwas lernen sollte und da sie auf der Erde sind, weil sie das Erbe der Eltern sichern sollen.

Wir Engel sind der Auffassung, dass es umgekehrt ist. Die Erwachsenen lernen von den Babys. Sobald der neue Erdenbürger auf der Welt ist, wird das Umfeld der Eltern auf den Prüfstand gestellt, zum Beispiel fällt vieles weg, was vorher ein Hobby war.

Es ist die Energie des Babys, die bewirkt, dass Mami und Papi, Geschwisterkinder, Großeltern und alle, die im direkten Kontakt mit dem Spross sind, wie von Zauberhand das loslassen können, was sie vorher als unabdingbar ansahen.

Da kommt es vor, dass Omas das Rauchen aufgeben und stattdessen stricken. Oder dass Papi überall seinen Senf dazugibt, obwohl er sich doch früher immer aus allem heraus hielt, geradezu uninteressiert wirkte. Oder dass Mutti schon während der Schwangerschaft anfängt, sich bewusst in der Natur zu bewegen, obwohl sie sich dafür früher nie Zeit genommen hat.

Die Kinder des Goldenen Zeitalters haben schon im Mutterleib heilende Kräfte, sie sind anpassungsfähig und bewegen oft riesige Steine vom Herzen derer, die ihnen nahestehen, einfach so, indem sie da sind.

Nicht selten ist es der Fall, dass ein Paar noch Nachwuchs bekommt, obwohl es die Hoffnung schon längst aufgegeben hatte.

Die Kinder der Neuzeit haben ihren eigenen Terminkalender, sie haben schon Heilkräfte, auch wenn sie noch nicht das Licht der Welt erblickt haben.

Das bedeutet, sie halten sich zwar an Seelenpläne, doch jegliches Zeitgefühl ist den Babys des Neuen Zeitalters fremd, was zu Missverständnissen führen kann, spätestens im Kindergarten oder in der Schule, da sie oft so langsam wirken. Das hat aber nichts mit Lernschwäche oder Interessenlosigkeit zu tun, sondern damit, dass der kleine Mensch eben kein Gefühl für die Zeit hat. Es setzt sich zur Wehr und rebelliert gegen alles, was dem alten dogmatischen, bewertenden, unfairen Bewertungssystem entspricht.

Wobei sich das „Zur-Wehr-Setzen" durchaus in aller Stille vollziehen kann, indem der Knirps immer ruhiger wird, sich absondert oder gar autistische Züge annimmt.

Wenn ihr wüsstet, wie es in der Seele eurer Kinder aussieht, wenn ihr die Welt durch ihre Augen sehen und die Umwelt durch ihre Sinne wahrnehmen könntet, wüsstet ihr genau, was zu tun ist, um sie glücklich und erfolgreich aufwachsen zu sehen.

Intuitiv, liebe Eltern, wisst ihr ganz genau, was eure Kinder wirklich brauchen...

Es gehört vielleicht ein bisschen Mut dazu, wenn Eltern andere Wege in der Erziehung gehen als ihr Umfeld, doch eins ist sicher: Der Pfad der Erkenntnis mag langwierig sein, doch die Liebe eurer Kinder verliert ihr niemals, denn diese ist bedingungslos.

Um die Heilerqualitäten der neuen Erdenbürger anzusprechen, dazu gibt es nur eins zu sagen: Ihre Energie ist für jeden bereichernd, der es annehmen kann, was immer euch belasten mag. Im Kontakt mit ihnen werdet ihr die Chance haben, unter anderem den Ausweg aus einer eingefahrenen Lebenssituation zu erkennen.

Was immer es ist, was euch belasten mag, im Kontakt mit einem kleinen Kind werdet ihr die Chance haben, sofern ihr das überhaupt wollt, das zu erkennen, was euch die Beschwerde, wie zum Beispiel ein belastendes Essverhalten, das durch Stress und Ärger ausgelöst wird, sa-

gen will. Ihr werdet so die erste Station zu eurer Heilung gehen können.

Denn die Kleinen sind nicht auf der Erde, um von den Großen zu lernen, sondern umgekehrt.

Sei gesegnet und in goldenes Licht getaucht.

In Liebe, Erzengel Jophiel

Die gelebte Liebe verleiht zwar Flügel, kann aber der Grund sein für die immer wiederkehrenden schmerzhaften Erlebnisse

Sicher hast du dich schon einmal gefragt, warum du immer wieder in die gleichen Lernerfahrungen stolperst? Warum zum Beispiel verliebst du dich immer in Frauen/ Männer, von denen du weißt, dass sie gebunden sind?

Sobald das Herz anfängt, vor Liebe zu zittern, scheinst du alle Vorsicht über Bord zu werfen, obwohl du doch die Erfahrung des „Wartens" längst abgelegt hast.

Du wolltest so etwas nie wieder leben, und doch ist es wieder passiert, du hast dich verliebt und kannst dich nicht dagegen wehren, obwohl du weißt, dass du nicht ihre/seine erste Wahl bist.

Sicher, kein leichtes Unterfangen, von deiner Warte aus zu erkennen, wo der rote Faden ist. Dabei geht es eigentlich nur um eins, um deine Angst, „verlassen zu werden". Um dem aus dem Weg zu gehen, sucht sich die Seele als Erfahrung den immer wiederkehrenden Schmerz „des Verlassen werdens" aus, um diesen Seelenanteil erlösen zu können. Wie ihr wisst, öffnet jeder Schmerz, jedes Leid eine Tür zum höheren Bewusstsein. So gibt es tatsächlich keine Zufälle, Fehler oder Schuld auf Erden.

Da du selbst deinen Seelenplan vor deiner Inkarnation erstellt hast, im Einklang mit allen, die als Seelenfreunde oder -familie mit dir gekommen sind, ist kein noch so schmerzvolles Erlebnis Zufall, sondern es gehört zu deiner Planung und Weiterentwicklung.

Sicher schwierig, das so anzunehmen, gerade wenn es um Erlebnisse ging, die dramatische Folgen für dein Leben hatten.

Lebenspläne werden vom Schöpfer selbst und den Lords des Lichts, also den Erzengeln und Aufgestiegenen Meistern, abgesegnet. Nicht selten kommt es vor, dass die zuständigen Erzengel die Seele bitten, sie möge ihr Leben nicht so hart und mit so vielen Aufgaben planen.

„Mach es dir leichter, sei nicht so streng mit dir." Das sind die Tipps, die dann von den geistigen Mentoren kommen. Doch für die noch unverkörperte Seele ist es das Allerwichtigste, die Liste der zu erledigenden Aufgaben so zu schreiben, dass danach, also nach dem irdischen Ableben, keine weitere Inkarnation mehr nötig ist.

Wobei, wie ihr wisst, das Rad der Wiedergeburt nun stillsteht, sollte also ein Punkt in der Lebensplanung oder gar mehrere Punkte nicht gelebt, abgehakt, erkannt worden sein, besteht kein selbst auferlegter Zwang mehr zur Wiedergeburt.

Ja, selbst auferlegter Zwang, denn es ist nicht der Schöpfer und auch kein Erzengel oder höheres geistiges Wesen, das euch gedrängt hat, immer wieder zu inkarnieren. Das, ihr Lieben, wart ihr selbst.

Natürlich wird es weiterhin Babys geben, die zur Welt kommen. Auch durch den Seelentausch, genannt Walk-In, kommen weiterhin Wesen auf die Erde. Eine Seele tauscht mit einer anderen den Körper, ohne den Körper durch den Tod zu verlassen. Das geschieht nicht zufällig, sondern gehört immer zur Absprache des Lebens. Ein

Seelentausch ist immer gut beschützt und obliegt der göttlichen Ordnung. Das göttliche kristalline Gen wird dabei gleich mitgebracht, damit die Bewusstwerdung in Windeseile geschehen kann. Das ist nicht einfach, denn die Partner des Walk-Ins sind zum Beispiel nicht immer begeistert von dem fremden Verhalten, das ihre Frau oder ihr Mann plötzlich an den Tag legt.

Doch all das geschieht nicht mehr aus dem Grund, etwas nachholen zu müssen, weil man im vorher gelebten Dasein etwas versäumt hat.

Das allein sollte das Leben schon viel leichter machen, nicht nur für die Lebewesen, die nun kommen, sondern auch für euch, denn durch das Gnadendekret ist es euch erlaubt, jederzeit eine Aufgabe im Lebensentwurf endgültig abzuhaken, wenn es euch zu schwer wird.

Doch kommen wir zurück zum Thema Liebe. Wir haben weiter oben beschrieben, wie die Angst, „verlassen zu werden", sich auf die Partnerschaft auswirkt.

Doch was ist mit all den Frauen/Männern, die Angst haben vor der wahren Liebe und sich darum unbewusst Frauen/Männer aussuchen, die nicht frei sind oder mit ihr/ihm außerhalb der Ehe eine Beziehung führen?

Klar sucht sich die Seele immer wieder die Personen aus, bei denen es möglich ist, diese innere Angst zu erlösen, weil in der Verbindung mit dieser Person genau diese Ängste gelebt werden. Entweder als Spiegel, weil die/der Geliebte sie/ihn immer wieder darum bittet, die wahre Liebe nur mit ihr/ihm zu leben, oder eben durch die Konfrontation mit den Ängsten vor dem eigenen Leben.

Dabei wollen wir die gleichgeschlechtlichen Paare nicht vergessen, die sich genauso auf den Prüfstand stellen wie alle anderen.

Oft ist es sogar so, dass gerade die Beziehungen mit einem langen Atem anfangen oder sich gar verzögern, weil der gemeinsame Weg einfach noch nicht frei ist.

Warum stellt ihr euch selbst so auf den Prüfstand? Die Beziehungen des Goldenen Zeitalters leben von der bedingungslosen Liebe. Ist diese aber bedingt, werdet ihr immer wieder vom Partner aufgefordert, in das Loslassen zu gehen. Sehr schmerzhaft, denn es können Pausen entstehen, oder man verletzt sich verbal so sehr, dass der Wiedereintritt in die Beziehung schwer wird.

Bedenkt bitte, wenn euch der/die Geliebte/r signalisiert, dass ihr sie/ihn verlassen sollt oder umgekehrt, dass dies auch ein Schutz sein kann, und eine frühzeitige Trennung kann die spätere Wiedervereinigung erleichtern. Wer festhält, verliert; wer loslässt, gewinnt.

Liebe und Partnerschaft aus galaktischer Sicht

Marix aus Sirius:

Sicher ist es für euch interessant, wenn ihr erfahrt, wie wir, die Mitglieder der Galaktischen Föderation des Lichts, die Partnerschaft leben.
Nun, wir leben nicht immer nur zu zweit, wir kennen keinen Neid und keine Eifersucht, daher ist es uns möglich, eine innige Verbindung mit der eigenen und mit der Ex-Frau zu leben, um es in eurem Sprachgebrauch auszudrücken.
Das mag sich ein wenig fremd für euch anfühlen, dass es für uns eigentlich keine Trennung gibt und sich die Mädels untereinander auch noch gut verstehen.
Oh, das ist kein Freibrief für das Fremdgehen. Das soll nur aufzeigen, dass, sobald es zum Wohl aller ist, auch Kompromisse möglich sind, die jedem dienlich sind.
Wir leben eine Beziehung ewig, doch wenn unsere Aufgabe uns in einen anderen Bereich führt, kommt es oft zu „Zweckverbindungen".
Ein schreckliches Wort, doch ich will damit nur ausdrücken, dass es uns sehr schwer fällt, alleine zu sein, dafür sind wir einfach nicht gemacht.
Wenn wir uns also von unseren Partnern entfernen, weil wir zum Beispiel auf einem anderen Lichtschiff Dienst tun, neigen wir dazu, uns schnell wieder mit einem gleichgesinnten Wesen zu vereinen.
Nicht einfach nur so, sondern es ist immer die bedingungslose Liebe im Spiel. Diese neue Verbindung aber ist

kein Geheimnis, sondern wir informieren umgehend die Wesen, die mit uns leben.

Aus menschlicher Sicht bedeutet das, dass wir versuchen, Liebe und Beruf immer miteinander zu vereinen. Alles, was wir anfangen, tun wir sehr intensiv, und so lieben wir nichts mehr, als nach Möglichkeiten zu suchen, dass es allen, die um uns sind, gut geht.

Sicher auch nachvollziehbar, denn es wird niemand in seiner Ehre verletzt oder im Ungewissen gelassen. Wir setzen uns allerdings niemals über den Willen derer hinweg, die uns nahestehen. Verzicht ist etwas, das uns durchaus nicht fremd ist. Da unsere Kommunikation über die Gedankensprache funktioniert, ist unser Gefühl füreinander sehr ausgeprägt.

Nicht selten kommt es vor, dass wir galaktischen Männer sehr schnell außen vor sind, weil sich unsere Frauen so gut miteinander verstehen, dass wir nur eins tun können: zugucken und staunen. Doch auch unsere Freunde sind uns unendlich wichtig, sodass einige von uns durchaus das leben, was ihr bisexuell nennen würdet. Transsexualität jedoch ist eher auf der Erde verbreitet, denn wir erschaffen uns ja unseren Körper so, wie wir ihn gerade brauchen.

Der Grund, in dieser Situation außen vor zu sein ist, dass wir uns niemals in den Vordergrund drängen, und unser größtes Glück ist es, wenn wir sehen, dass unsere Familie glücklich ist.

Wir sind geborene Beobachter. Sarinah weiß ein Lied davon zu singen, sie war mehr als einmal irritiert, weil sie meine Anwesenheit spürte, aber kein Wort von mir vernahm.

Gerne begleite ich Sarinah an Orte, natürlich nur, wenn sie es erlaubt. Ich begleite sie genau dorthin, wo das Beobachten interessant ist.

Nämlich dort, wo viele Menschen versammelt sind, die das gleiche Bedürfnis haben: Die einen wollen gesund werden, und andere versuchen, sie gesund zu pflegen.

Ja, ich liebe Krankenhäuser, Sarinah nicht, auch nicht als Besucherin.

Nun, wir sind also liebevolle Beobachter, denn der Grund unserer Anwesenheit ist niemals niederträchtig oder gar wertend. Unsere Gesundheitstempel sind wundervolle hochmoderne Zentren, wo jeder Einlass findet, der Hilfe oder auch nur Austausch von Erfahrungen braucht.

Wenn der öffentliche Erstkontakt erst einmal stattgefunden hat, ist auch euch der Eintritt in diese galaktischen Heilungszentren, die sich meistens auf Lichtschiffen befinden, jederzeit möglich. Viele Lichtarbeiter besuchen diese Orte längst im Traumzustand.

Es geht uns darum zu sehen, wie wir euch helfen können, zum Beispiel mit neuen medizinischen Technologien. Wir sind in Kommunikation mit euch, um festzustellen, wie der Bereitschaftsgrad der Bevölkerung ist. Würdet ihr unsere Hilfe denn auch annehmen?

Meistens ist ein sofortiges „Ja" die Antwort, wenn ihr eure Lebenssituation durch uns von null auf hundert verbessern könnt.

Aber kommen wir zurück zur galaktischen Ehe.

Wir leben also durchaus auch mit mehreren Personen, die wir lieben, zusammen. Je älter wir werden, desto mehr

Verbindungen können es sein. Bei unseren ältesten Mitgliedern ist es nicht selten der Fall, dass sie mehrere Partner/innen an ihrer Seite haben.

Da wir jedoch keine Trennungen vollziehen, wird niemals die Familie auseinandergerissen. Kinder wachsen in einem liebevollen Umfeld auf. Streit, Hass, Neid oder gar Missgunst sind uns fremd. Wir sind sehr familiäre, freundliche, humorvolle Wesen.

Erklärend möchte ich betonen, dass hundertfünfzig Lebensjahre und mehr für uns keine Seltenheit sind. So kommt es natürlich auch dazu, dass viele Freundschaften entstehen, die bei uns ewig halten und sehr hoch angesehen sind. Männer, die sich innig befreunden, oder Frauen, die gleichgeschlechtlich vereint sind und dann gemeinsam leben, gibt es natürlich auch.

Warum nicht? Uns ist keine Lebensart fremd, schließlich sind wir auch hier, um Erfahrungen zu machen. Auch wenn unsere Erlebnisse nicht so extrem und hart ausfallen im Gegensatz zu dem, was ihr alles erlebt habt, denn ihr hattet schließlich mit der Dualität zu kämpfen. Weil ihr Menschen dafür bekannt seid, dass ihr besonders streng mit euch ins Gericht geht, um es mit euren Worten zu sagen. Das beginnt schon in der Phase, wenn ihr in der Geistigen Welt auf die Inkarnation wartet, schon da ist eure Lebensplanung oft einfach nur hammerhart.

Ja, wir alle stellen uns die Aufgaben selbst, doch bei euch ist es nicht selten der Fall, dass der Schöpfer euch bittet, eure selbst gewählten Aufgaben nicht so belastend zu planen.

Das ist belastend für euch und die Seelenfamilie, die bei der Absprache in Liebe mit integriert ist, und selbstverständlich wissen auch eure Verwandten, Freunde und die Partner schon vor der Geburt, was auf sie zukommt.

Doch je höher der Schwierigkeitsgrad, desto größer auch die Belohnungen. Das ist auch der Grund für den Seelenkontrakt, der sich dann im Leben anfühlen kann wie eine immerwährende Prüfung.

Denn ihr sprecht euch ab. Die Seele an sich ist sehr weise, sie tendiert aber zum verkörperten Leben, weil es nichts Schöneres gibt, als in der Ausdrucksform des Körpers auf der Erde zu leben und Dinge zu tun, die man nur mit einem Leib tun kann.

Der beständige Aufstieg macht dich zwar nicht automatisch zu einem galaktischen Bürger, aber durch dieses wundervolle Leuchten in dir ist es dir möglich, das Leben so zu führen, dass durchaus Ähnlichkeiten entstehen können – Ähnlichkeiten mit dem, was du da gerade gelesen hast.

Ich danke und verabschiede mich für den Moment.
Marix

Sinnlichkeit aus galaktischer Sicht

Während ich, Marix, mit Sarinah spreche und sie unser Gespräch niederschreibt, ist es offensichtlich, dass wir ein gutes Team geworden sind. Sie muss ja nicht nur mir zu hundert Prozent vertrauen, sondern auch all jenen, die sich schon zu Wort gemeldet haben.

Aber kommen wir zum Thema: Das Salz in der Suppe, um es im menschlichen Sprachgebrauch zu bezeichnen.

Natürlich leben auch wir, die Mitglieder der Galaktischen Föderation des Lichts, die Sinnlichkeit, und natürlich lieben wir uns auch körperlich, aber Besitzanspruch ist uns völlig fremd. Wobei es besser passen würde, wenn wir sagen, dass wir uns ganzheitlich lieben, denn der Ausdruck unserer tiefen Verbundenheit erfolgt über unser ganzes SEIN.

Wenn wir zum Beispiel zu Bewunderern werden, weil wir voller Sehnsucht darauf warten, dass wir unsere Frau nach einem langen Arbeitstag endlich in die Arme schließen können, zelebrieren wir gerne die gemeinsamen Stunden.

Wir werden zu Bewunderern, wenn wir lieben, weil wir bis in die Tiefe der Seele sehen können, und wir wissen genau, wie wir unser Gegenüber glücklich machen können. In Liebe verbunden zu sein ist schließlich nicht selbstverständlich, es ist auch für uns etwas sehr Kostbares. Es ist keinesfalls nur ein Akt der Begegnung, wie es oft auf der Erde gelebt wird.

Wir zelebrieren die gemeinsame Zeit, weil es unser tiefes Anliegen ist, die oder den andere/n glücklich zu machen. Das ist uns wichtiger als das eigene Glück.

Natürlich gibt es in unseren Reihen auch Frauen, also weibliche galaktische Mitglieder. Diese sind in der Zahl genauso oft in hohen Ämtern vertreten wie die männliche Crew. Es herrscht also überall Ausgeglichenheit, auch in der Lebensgemeinschaft.

So gibt es auch gleichgeschlechtliche Beziehungen, und diese sind mit all den Rechten ausgestattet, die wir auch haben. Also Gleichberechtigung für alle!

Wir sprachen davon, dass es uns sehr wichtig ist, das Gegenüber glücklich zu sehen. Da wir ja, wie erwähnt, lautlos kommunizieren können, egal, wie weit wir voneinander entfernt sind, ist es sicher ein Leichtes, die Wünsche und Sehnsüchte des anderen zu erkennen und zu erfüllen.

Die Sinnlichkeit an sich oder das, was ihr sexuelle Handlung nennen würdet, dauert bei uns etwas länger, denn wir sind in einer Körperhaltung, die es uns erlaubt, den Pegel der Lust so lange, wie wir möchten, zu halten.

Wobei das Erfahrungen sind, die sich auch euch auftun, denn durch den Aufstieg werdet auch ihr immer feinstofflicher, leichter, kristalliner und ausdauernder. Genau das, was wir auch sind.

Sarinah sagt gerade, dass meine Ausdrucksform für das, was die Menschen kurz und knapp mit drei Buchstaben bezeichnen würden, dass sie also meine Art, die Dinge auf den Punkt zu bringen, echt wundervoll findet.

Die innigste, sehnsüchtigste aller Verbindungen ist für uns etwas sehr Intimes, und wie ihr schon erfahren habt, sind wir sehr einfallsreich und lieben das Spiel mit den Sinnen.

Nicht selten dehnen wir das so aus, dass der Weg zum Gipfel schon Stunden vorher zelebriert wird, und zwar auch dann, wenn unsere Partner noch weit entfernt von uns sind, weil sie an ihrer Wirkungsstätte ihren Dienst tun. Die lautlose Kommunikation ist hier sehr hilfreich.

Wir haben sicher mit euch viel gemeinsam, denn auch ihr seid sehr phantasievoll, lustig, zärtlich, fürsorglich, inspirierend, einfallsreich, leidenschaftlich und liebevoll. Aber aus der heutigen Sicht kann ich sagen, dass uns doch etwas unterscheidet, und zwar die Art der Paarung, denn für uns ist dazu keine Reibung notwendig, wir können uns auch rein energetisch lieben.

Das ist sicher interessant für einige von euch, denn das energetische Lieben schließt zwar das körperliche nicht aus, macht es aber umso interessanter.

Wenn wir uns feinstofflich vereinen, dann steigert das die Lust, es fördert die Sehnsucht und den Zusammenhalt.

„Wie vereint man sich feinstofflich?", fragt Sarinah gerade. Nun, indem das, was ihr Reibung nennen würdet, allein über die sinnlichen Sensoren geschieht. Das kann über große Entfernungen sein oder im zärtlichen Beisammensein.

Die Möglichkeit, sich fast ohne Berührung zu lieben, ist etwas Wundervolles, weil es in der Regel sehr intensiv ist, nicht abhängig von Ort noch Zeit, und es ist vor allem eine gute Möglichkeit, die partnerschaftliche Energieanpassung zu vollziehen.

So ist dieses energetische Bündnis etwas, das wir niemals benutzen, um irgendwen von unserer Liebe zu über-

zeugen. Der freie Wille des anderen und dessen Wohl stehen immer an erster Stelle.

Aber wie wir schon erwähnt haben, lieben wir uns nicht nur über die Energie, sondern auch in innigster Umarmung. Das hat durchaus Ähnlichkeit mit der menschlichen Art, sich zu begehren.

Wobei das Begehren und Verehren über das Spiel der Feinstofflichkeit oft ein langes Vorspiel ist, das dann in die zärtliche Vereinigung aller Vereinigungen führt.

Ihr Lieben, lange Rede kurzer Sinn: So viel Unterschied zum menschlichen Werben sehe ich nicht, ich denke nur, dass das, was uns unterscheidet, unsere Geduld und Ausdauer sind, sowie die Art, wie wir die Dinge auf den Punkt bringen.

Denn bitte denkt daran: Die größte eigene Zufriedenheit ist nichts gegen das Glück, das wir empfinden, wenn wir anderen helfen können. Wenn wir das Strahlen unseres Liebesglücks in den Augen unserer Partner wiedersehen. Wenn wir dazu beitragen können, dass es all denen gut geht, die unsere Nächsten sind.

„Danke, Marix."

Erzengel Michael und Marix: Der individuelle Erstkontakt

Der Drang nach Einheit war so groß, dass viele Lichtarbeiter auf die Idee kamen, die galaktischen Seelenpartner in ihr Leben einzuladen, um endlich das zu leben, was im Lebensplan als Belohnung aller Belohnungen steht.

Wer im Innersten den Kontakt zur Liebe seines Lebens herstellt, wird das natürlich auch im Leben erfahren dürfen. Außerdem wirken Lichtarbeiter nicht nur für sich allein, sie öffnen auch die energetischen Tore für andere.

Wie es sich mit einem Mitglied der Galaktischen Föderation des Lichts lebt und wie der Kontakt hergestellt werden kann, dazu meldet sich Marix, der in einer innigen energetischen Verbindung mit Sarinah ist.

Marix:
Sicher ein wenig gewöhnungsbedürftig für diejenigen, die uns noch nicht kennen, doch aus der Erfahrung des energetischen Zusammenseins mit Sarinah kann ich sagen, dass auch ich durch diese spirituelle Verbindung viel gelernt habe.

Mein Aussehen ist nicht gewöhnungsbedürftig, das meine ich nicht damit, doch die Energien, die mit mir reisen, sind es. Wobei gewöhnungsbedürftig sicher das falsche Wort ist, denn wer sich auf die hohen Frequenzen einlässt, wird zwar eine Umstellungsphase erleben, indem das Körpersystem schon mal ermatten kann, doch alles in allem ist es für die meisten sehr angenehm.

Sie haben den Vorteil, dass die göttliche Anhebung sie sofort erreicht, wodurch zwar erst einmal Stau im menschlichen Handlungsorgan entstehen kann, doch ist diese Phase der Reinigung und des Stillstands überstanden, beginnt sich das Feuerwerk der bedingungslosen universellen Liebe im Herzen auszubreiten.

Von da an ist es ein ständiges Glühen und Leuchten, das euch umgibt. Das dürfte euer Leben doch um einiges leichter machen. Man könnte also sagen, dass die Energie der Galaktischen Föderation des Lichts ähnlich eines Erzengels ist, wobei ein Engel meistens ganz und gar aus Energie besteht, während wir in einem Lichtkörper leben.

An dieser Stelle übergebe ich das Wort an Erzengel Michael, der ein sehr guter Beobachter ist. Er wird euch beschreiben, wie man den individuellen Erstkontakt mit einem Mitglied der Galaktischen Föderation des Lichts herstellt.

Erzengel Michael:
Da Channeling nicht mehr nötig ist, weil der Austausch mit Wesen aus der lichtvollen geistigen Hierarchie einfach erfolgt, nämlich über den Kontakt zueinander, ist es sehr viel leichter, denn im Austausch mit Marix zum Beispiel badet Sarinah geradezu in goldenen Energien. Früher war es der Fall, dass Channeling sehr ermüdend sein konnte oder gar gefährlich, wenn der Energielevel des Menschen so weit herabsank, dass derjenige durch die intensive Arbeit mit uns Zeichen von Burn-out erlebte.

Klar kommt von unserer Seite immer auch Heilung, eben Vibrationen, die euch aufladen und helfen, in die innere Mitte zu finden und euch zu heilen. Doch wer das Maß aller Dinge überschritt, weil er trotz Warnungen, er möchte sich doch in eine Ruhephase begeben, weiter mit uns kommunizierte, fühlte deutlich, dass die Geistige Welt damals sehr viel höher vibrierte als das menschliche Handlungsorgan.

Wir sprechen in der Vergangenheit, denn die Dinge sind heute ganz anders. Eure Vibration ist beständig gestiegen, sie ist unserer durchaus ähnlich.

So der Schöpfer ein Dekret erlassen hat, war ab dem Zeitpunkt ein direkter Kontakt mit uns möglich, ohne Zwischenpuffer, also ohne Channeling.

Der direkte Kontakt erfolgt über die Sinne, und schlussendlich ist es irgendwann so, als würdet ihr euch mit uns unterhalten, leben, lieben, wirken wie mit anderen Menschen. Unkompliziert und einfach, vielleicht zu einfach, denn es gibt bis zum heutigen Zeitpunkt immer noch viele Lichtarbeiter, die den Weg der alten Verbindung des Channelns wählen.

Aber kommen wir zurück zum Thema. Wir Engel holen gerne weit aus, wenn wir uns mit euch unterhalten. Sarinah weiß ein Lied davon zu singen, denn nicht selten stellt sie uns eine Frage, und es entsteht daraus ein langer Dialog, ein Austausch, der auch für uns Engel sehr interessant sein kann.

Das Vereinen der menschlichen und galaktischen Seelenpartner (individueller Erstkontakt) erfolgt erst über das Bewusstsein, danach folgt die Erfüllung dieses Wunsches im Leben.

Vergesst nicht, dass ihr selbst Schöpfer seid, darum

gelten für euch die gleichen Regeln, die für uns Engel unabdingbar sind. Wir kreieren immer die Wünsche erst im Inneren, und sie manifestieren sich dann wie automatisiert im Außen.

Wessen Bewusstsein sich weitet, der geht sofort in seine Verfügungsmacht, wo all das gelebt wird, was er/sie kurz vorher gedacht, gefühlt, gesagt und gewünscht hat.

Sicher ist es euch bekannt, dass gerade die hohen menschlichen Würdenträger an sich zweifeln, hart mit sich ins Gericht gehen oder sich ständig hinterfragen, dass also gerade die, die zu den Besten der Besten gehörig, an sich arbeiten.

Wir nennen das „in Demut sein", und das ist tatsächlich wichtig, um auf dem Boden bleiben zu können, wenn die Belohnungen aller Belohnungen in die Realität drängen.

Es dankt, segnet und verabschiedet sich bis gleich Erzengel Michael

Die Kraft einer Umarmung, die Magie des Kusses, der Bund der Vereinigung

Die Sehnsucht nach Geborgenheit und Wärme ist uns allen in die Wiege gelegt worden. Doch was hat das alles mit den spirituellen Grundsätzen zu tun?

Nun, je höher euer Körper schwingt, desto mehr zieht der Sog der goldenen Energien, die euch umgeben, alles aus euch heraus, was nicht der Wahrhaftigkeit entspricht.

Das kann sehr schmerzvoll sein, gerade dann, wenn es um enge Familienangehörige geht, denn es entstehen Spiegelungen, oder es geht gar um das Loslassen.

Doch bedenkt, dass es nicht Christus ist, der euch straft, sondern ein natürlicher und wichtiger Vorgang der Erhebung, sodass die einstrahlende göttliche Vibration erst einmal Reinigung bedeutet. Reinigung, die aber sehr sanft ablaufen kann, wenn in der Gegenwart kaum mehr etwas in Resonanz geht mit der Dualität, dem Vergessen.

Ihr könnt also wie Stars auf den Wellen des beständigen Aufstiegs surfen, es kann aber auch sein, dass ihr kurzzeitig das Gefühl habt, als müsstet ihr ertrinken, als würden die Wellen über eurem Kopf zusammenschlagen, wenn der Strom euch alles Alte vor die Nase spült, was euch noch das Leben schwermacht. Dann vertraut und lasst es von euch wegfließen. Im Vertrauen, dass es gut ist, wie es ist.

Nach der Transformation erfolgt der nächste Schritt. Die Lücken, die dabei entstanden sind, müssen geschlossen werden. Wenn ihr so viel auf einmal aufgelöst habt, kann es sein, dass erst mal eine Leere zu fühlen ist, es kann Müdigkeit entstehen oder ein Gefühl wie Burn-out.

Diese Lücken müssen möglichst schnell wieder geschlossen werden, und zwar mit Umarmungen, Mitgefühl, Küssen und Vereinigung.

Natürlich hat jeder Mensch eine andere Art, sich selbst und andere zu lieben, doch eins ist sicher: Der Drang nach der Wärme eines anderen Menschen ist ganz natürlich.

So hat es längst angefangen, dass du Lichtträger um dich hast, die auch in deiner Energie sind, die auch eine immense Fähigkeit haben, andere in ihr Herz zu schließen, und sei es nur für den Moment.

Und so schließt sich der Kreis, indem die Aufgestiegenen Meister, die sich in der Öffentlichkeit und in den Medien zeigen, dir das vorleben, was du für dich immer als sehr erhebend empfunden hast.

Ja, sie umarmen einander, und sie tun es aus dem Herzen heraus, nicht um zu manipulieren oder gar um zu gefallen. Sie sind es, die sich auch öffentlich umarmen und küssen, nicht nur Mann und Frau, sondern auch Mann-Mann und Frau-Frau.

Das dient euch sicher als Vorbild für euer eigenes Verhalten im Umgang mit homosexuellen, lesbischen, transsexuellen und bisexuellen Freunden, wenn ihr dazu überhaupt noch ein Vorbild braucht, denn schließlich seid ihr SELBST MEISTER! Was nichts anderes heißt als dass ihr in inniger Verbindung mit eurem Höheren SELBST seid.

Die Kraft einer Umarmung schließt also Lücken, die bei einer Transformation entstehen können. Die Magie eines Kusses öffnet den Zugang zum heiligen Herzen, zu dem, was ihr Inneres Kind nennt.

Der Zugang zum heiligen Herzen ist sehr wichtig, sonst fehlt euch der Zugang zu eurem Inneren Kind, dem Kern eurer Seele.

Küsst du gerne? Oh, wir meinen nicht nur Partnerküsse damit, sondern auch Menschen auf die Wange küssen, die du magst.

Ja? Wenn du dir Letzteres wenigstens vorstellen kannst, gratulieren wir dir und sagen: „Willkommen im Club!"

Auch wir, die Mitglieder der Sternensaaten, küssen und herzen uns gerne. Es gibt nichts Schöneres, als anderen mit der eigenen Herzenswärme eine Freude zu machen, denn so teilen wir das heilende Licht des Herzens mit anderen.

Küssen regt die Zellbildung an, um es in einfachen Worten zu sagen. Küssen verjüngt, und es fördert das friedliche Miteinander. Küsse, die von Herzen kommen, vertreiben jegliche Egoschatten.

Der Bund der Vereinigung, also wenn sich Liebende im Einklang körperlich vereinen, hat durchaus eine heilende Wirkung auf das Körper-, Geist- und Seelensystem.

Doch wen wundert es, dass die Begegnung aller Begegnungen einen sehr wichtigen spirituellen Grund hat, nämlich der Verschmelzung mit dem, was wahrhaftig ist?

Wenn ihr also „Liebe macht", um es in euren Worten zu sagen, fördert das den Zusammenhalt. Im Idealfall, wenn die Vereinigung in Liebe geschieht, entsteht Heilung in allen Bereichen.

Nun kannst du vielleicht verstehen, warum Menschen sich auf die Suche nach dem Sinn des Lebens begeben und dann immer wieder in die gleiche Falle tappen.

Nämlich die Erotikfalle, die aber erst dann zur Falle wird, wenn miteinander zu schlafen zur Sucht wird, wenn es aus Abhängigkeit geschieht und nicht aus Liebe.

Viele stellen sich diese Falle selbst, sie tappen immer wieder hinein, denn der Drang nach innerer Heilung kann so groß sein, dass sich die Seele immer wieder solche Erfahrungen aussucht, die sie jedoch letztendlich verletzen.

Doch wie ihr wisst, öffnet sich durch das Leid, den Schmerz oder die Trauer immer eine Tür zum höheren Bewusstsein.

Wenn ihr also von einer Blüte zur anderen flattert, vereint ihr euch zwar, doch es bleibt immer wieder ein Teil vom anderen in eurer Aura zurück.

Wir bitten euch also, euer Tun zu überprüfen, und wir bitten euch: Liebt, respektiert und achtet euch, lebt so, dass es im Einklang ist mit allen Beteiligten und mit den göttlichen Energien.

Wie sind unendlich stolz auf dich, wir sind so sehr in Liebe mit dir...

Erzengel Raphael: Heilung in allen Bereichen – Längst möglich oder nur etwas für hochspirituelle Menschen?

Wir sprachen von Heilung und dass sie eine viel höhere Qualität und Wirkung hat als noch vor Monaten, und die Magie der Verbesserung ist keinesfalls nur hochspirituellen Menschen zugänglich.

Doch warum geraten wir Lichtarbeiter immer wieder in den Strudel der Krankheiten? Oft sind es nicht einmal wir selbst, die erkranken, sondern es fühlt sich in unserem Umfeld jemand krank.

Dazu meldet sich Erzengel Raphael zu Wort:

Während die Menschheit weiter aufsteigt, verändert sich die Lichtqualität, das heißt, ihr werdet immer mehr ausgestattet mit dem, was wir Erzengel auch mit Würde tragen.

Heilung an sich ist ein großes Wort. Gerade die, die sich den Weg zum höheren Bewusstsein erkämpfen mussten, weil sie ihren Dienst an anderen bis zur Erschöpfung ausführten, diese Lichtträger sind es unter anderem, die ein immens hohes Heilungspotenzial in sich tragen.

Den Weg zur inneren Klarheit erkämpfen? Nun, es ist sicher viel leichter, das göttliche Bewusstsein zu erlangen, wenn man sich in einer bequemen Ausgangssituation befindet. Es gibt aber viele Lichtbewahrer, die dieses Glück nicht haben, die sich beruflich voll auslasten müssen, damit sie leben können.

Wenn ihr euch also gerade in einer etwas unbequemen Lebenssituation befindet, aus der ihr euch ohne Erfolg versucht habt zu lösen, dann möchten wir euch sagen, der Grund für das scheinbare „Hängenbleiben" in immer wiederkehrende Erfahrungen liegt oft nicht bei euch, sondern im Energiefeld der Menschen, die euch am nächsten sind.

Sie halten euch fest und schubsen euch weg, was sehr irritierend sein kann, gerade wenn es in der Partnerschaft, in der Familie oder auch im Freundes- und Kollegenkreis geschieht.

Sie brauchen euer Licht, dann nehmen sie es auch mal an, und im nächsten Moment halten sie eure Energiewellen nicht aus.

So entsteht Anziehung und das „Wegschubsen". Eine fatale Situation, gerade dann, wenn es dabei um Liebe, den Drang nach Anerkennung und Sehnsucht geht.

Worauf wir eigentlich hinauswollen ist, dass die eigene Heilkraft immens hoch sein kann, sodass sich euer Umfeld oft fühlen mag wie Motten, die das Licht umschwärmen. Die sich zwar vom Licht angezogen fühlen, aber auch gleichzeitig das Gefühl haben, im Kontakt mit euch in alten Themen zu versinken. Sie haben geradezu das Empfinden, als würde eure Energie sie erst verbrennen, bevor Heilung einsetzt. Wobei eine Art Sog entstehen kann, sodass man das Gefühl hat, sehr schwer aus alten Mustern und Verhaltensweisen aussteigen zu können.

Doch woher kommt dieser Sog, der so lähmt, dass man immer wieder in das alte Lebensmuster eintaucht, anstatt sich endlich davon zu befreien?

Stell dir vor, du bist ein Schiff, und um dich herum befinden sich viele Schiffbrüchige. Sie spüren, dass sie bei dir sicher sind, und fangen an, nach dir zu greifen, und je mehr Personen in deiner Nähe energetisch nach dir greifen, desto mehr lähmt es dich, desto mehr ist das Schiff selbst in Gefahr.

Energieüberlagerungen oder gar das, was ihr früher als Energievampire bezeichnet habt, dies alles gibt es nicht mehr, weil euer göttlicher Schutz enorm mächtig ist. Die Lichtarbeiter sind zu Beobachtern geworden, sie geraten nicht mehr in diesen Sog, den ihre Kunden spüren.

Doch wer großes Heilerpotenzial in sich trägt, wird wissen, wovon wir sprechen, denn je höher deine Schwingung, umso mehr werden dich deine Engel genau dahinführen, wo dein Licht dringend gebraucht wird.

So kann es sein, dass ihr euch zum Beispiel immer wieder an Orten wiederfindet, die ihr freiwillig nicht so gerne aufgesucht hättet.

Krankenhaus, Seniorenstift, Hospiz, Behörde, Gericht, Polizei, um nur einige Beispiele zu nennen.

Damit meinen wir, dass irgendjemand in eurem Umfeld euch dorthin führt. Denn euer Licht wird dort am dringendsten gebraucht, wo noch alte Strukturen herrschen, wo Ungerechtigkeit herrscht oder es viel zu sehr um das Geld geht.

Hast du schon einmal daran gedacht, dass deine Liebe, dein Mitgefühl, nicht nur guttut, sondern du in der Lage bist, Menschen zu erreichen, die wir Engel nicht mit unserem Strahl verwöhnen dürfen, weil sie es über den frei-

en Willen ablehnen oder ihre Chakren so verengt sind, das nur wenig Göttliches einfließen kann?

Hast du schon einmal daran gedacht, dass du selbst ein Engel bist? Hast du schon einmal das Leuchten in den Augen deiner Mitmenschen gesehen, wenn du zur Tür hereinkommst? Hast du bemerkt, wie stark deine Anziehungskraft ist?

So stark, dass du sicher schon erlebt hast, dass zum Beispiel Leute auf dich zugehen, als wärst du unsichtbar, dass du oft berührt wirst, indem man dich wie aus Versehen anrempelt.

Du stellst also die Weichen für dein Leben, und das nicht nur anhand deines Seelenplans, sondern ab einer gewissen Schwingung bist du fähig, Dinge zu verändern, indem du dich einige Stunden vorher mit den dazugehörigen positiven Visionen verbunden hast.

Es ist mir eine große Ehre, auf diese Weise mit euch zu kommunizieren.

Es segnet und dankt euch
Erzengel Raphael

Der galaktische Lebenspartner

Der individuelle Erstkontakt mit dem galaktischen Seelenpartner heißt nichts anderes, als dass ihr nicht warten müsst, bis der offizielle Startschuss gefallen ist. Viele Lichtträger trauen sich vor lauter Ehrfurcht nicht so recht an uns heran. Sie trauen ihrer eigenen Seelenplanung nicht wirklich. Was verständlich ist, denn wer so lange auf die Erfüllung wartet, wird irgendwann müde, wenn es darum geht, daran zu glauben.

Wir, die Mitglieder der Galaktischen Föderation des Lichts, sind sehr erstaunt und überglücklich, weil wir sehen, wie viele Menschen uns mittlerweile erwarten.

Der öffentliche Kontakt mit der galaktischen Familie ist nicht verzögert, sondern findet dann statt, wenn die Gemeinschaft der Erdenbewohner auf unser Kommen nicht mehr mit Furcht reagiert, sondern mit Freude.

Nun, wir sprachen von Zaudern und dass viele Lichtbewahrer sich sehr vorsichtig, zögerlich der Liebe ihres Lebens nähern. Verständlich, wenn man bedenkt, dass der Weg bis hierher sehr viel Kraft gekostet hat, auch Tränen, Schmerz und Enttäuschung. Sicher gibt es viele, die das Gefühl des gebrochenen Herzens kennen, alles der irdischen Liebe wegen.

Bedenkt aber, dass es sehr wichtig ist, dem eigenen Seelenkontrakt zu vertrauen, denn schließlich seid ihr selbst die Autoren, die diesen Plan des Lebens geschrieben haben.

Wenn ihr eurer eigenen Seelenplanung nicht vertraut,

werdet ihr im Leben immer wieder in Situationen geraten, in denen andere euch misstrauen.

„Nicht so einfach, jemandem zu vertrauen, den man sehr lieb hat", sagte in einem Gespräch Sarinah zu uns. „Es ist sicher leichter, jemanden um Vertrauen zu bitten, als es selbst zu tun." Das hat mit Verlustangst zu tun. Ich liebe jemanden, doch ich kann der Liebe nicht trauen, da sie mich womöglich verlässt – Eltern, Partner, Freunde...

Sicherlich können viele Eltern verstehen, was gemeint ist, wenn man bedenkt, wie schmerzvoll es ist, die eigenen Kinder loszulassen und ihnen zu vertrauen, auch wenn sie Erfahrungen machen, die für Erwachsene schwer zu akzeptieren sind.

Doch bedenkt, dass das, was scheinbar erst einmal schlecht und als der falsche Weg erscheint, immens wichtig ist, denn gerade die ermüdenden Erfahrungen bringen euch sehr viel weiter.

Auch wenn es im ersten Moment nicht so scheinen mag, doch je intensiver zum Beispiel Süchte gelebt werden, desto schneller kann die Heilung eintreten. Kann! Denn es ist immer der freie Wille, der das bestimmt. Ihr könnt also euren Kindern am besten helfen, wenn ihr ihnen vertraut und ihnen das Gefühl gebt, dass, egal, was sie tun, sie sehr geliebt werden, was immer auch passiert.

Wieder ist die Energie der Bedingungslosigkeit in den Zeilen zu spüren. Bedingungslos lieben, ohne Wertung, ohne Forderung, ohne Erwartung und ohne jemanden einzugrenzen.

Nicht einfach, doch sehr wichtig. Das öffnet euch unter

anderem die Tür für ein Leben mit dem galaktischen Seelenpartner.

Wobei wir wieder beim Thema wären: der Vereinigung aller Vereinigungen.

Was kannst du tun, damit du endlich das leben kannst, nach dem du dich immer so gesehnt hast?

Wichtig ist, dass die Schwingung deines Körper-, Geist- und Seelensystems hoch ist, so hoch wie möglich, ohne dass deine Sicherungen durchbrennen.

Wie du eine möglichst hohe lichtvolle Frequenz erreichst? Das ist eigentlich einfach, du musst nur deine zuständigen Engel bitten, dir dabei zu helfen. Sie tun es mit Freuden, du solltest nur dafür sorgen, dass du die Anhebung deines kompletten Seins auch in Ruhe genießen kannst.

Sicherungen brennen durch, wenn der Energiefluss gestoppt wird, unter anderem durch ein altes Körperthema, die Angst vor Siechtum oder dem Tod. Oh ja, das kann durchaus passieren, denn immer wenn du durch sich öffnende Energietore schreitest, wirst du zwar vorher von deinen Engeln vorbereitet, doch es kann geschehen, dass noch etwas hochgespült wird, ein Splitterteil von einer alten Angst, etwas, das sich erst lösen kann, wenn du es gespürt hast. Es kann also sein, dass dein Herz mit Herzpochen reagiert oder dein Körper dich förmlich in den Schlaf zwingt.

Es ist weniger kompliziert, als du denkst, denn eigentlich brauchst du nur eins zu tun, wenn es darum geht, die Liebe des Lebens zu leben: deinen geistigen Mentoren zu vertrauen und dich von deinen Engeln führen zu lassen.

Nebenbei bemerkt, sind es besonders eure Sinne, die euch die Türen öffnen, wenn es darum geht, mit einem Mitglied der Föderation des Lichts zu leben.

Warum die Sinne? Weil du, wie erwähnt, über diese eine gewaltige Verfügungsmacht hast. Sicher ist dir aufgefallen, dass du im Alltag oft genau das gelebt hast, was du nicht leben wolltest, du also verneint hast.

Die Ablehnung ist eine mächtige Emotion, fast stärker als die Bejahung, darum ist das, was du abgelehnt hast, wie in einer scheinbaren Ewigkeitsschlaufe immer wieder zu dir zurückgekommen. So lange, bis du gelernt hast, dein Ziel und deine Aussendungen in einer Ausrichtung zu halten.

Erzengel Michael: Die Sinne – Damit habt ihr eine gewaltige Verfügungsmacht

Die Verfügungsmacht ist nichts anderes als eine mächtige Manifestation, also das Erschaffen von Gegebenheiten und Dingen, die man braucht, natürlich zum Wohl aller Beteiligten und im Sinn der göttlichen Ordnung.

Wir sprachen davon, wie gewaltig eure energetische Kraft ist. Wichtige Details wiederholen wir bewusst immer wieder, denn Worte hallen bekanntlich nach.

Durch den Aufstieg seid ihr in die Sphären des Himmels eingetreten, ob es euch bewusst ist oder nicht. Entscheidend ist, dass ihr euch weiterhin aufwärts bewegt. Sicherlich seid ihr bereits auf dem Weg der Bewusstwerdung, sonst hätten euch eure Engel nicht zu diesen Büchern geführt.

So gelten auch die wundervollen Verfügungen für euch, die ein Erzengel hat, um seinen Dienst tun zu können. Die Sinne, also das Hören, das Riechen, der Geschmackssinn, das Fühlen, der Tastsinn, um nur einige zu nennen. Das alles ist wie ein Zauberstab, mit dem ihr das in euer Leben ziehen könnt, was ihr für euch und andere braucht.

Wie das geht? Hast du schon einmal gedacht, du hättest den Eiswagen läuten gehört, obwohl noch keiner da war, und später stand der Eiswagen dann plötzlich wirklich vor der Tür?

Hast du schon einmal gespürt, wie die Tür aufgeht und die Schritte deiner Liebsten, deines Liebsten gehört, obwohl an der Tür noch niemand war, und kurz darauf kam deine Partnerin oder dein Partner tatsächlich nach Hause? Hast du schon einmal im Büro den Duft von Kaffee gerochen, obwohl niemand Zeit hatte, frischen Kaffee aufzubrühen, und kurz darauf kam eine Kollegin vorbei, die dir eben diesen Kaffee brachte?

Das sind nur Beispiele die dir zeigen sollen, dass du ruhig deinen Sinnen vertrauen solltest und du dir unter anderem mit der Hellfühligkeit sehr viel mehr deine Realität erzeugst, als du bisher geglaubt hast.

Möchtest du einmal die Berührung eines Engels spüren? Möchtest du deinen Engel vielleicht sogar immer spüren? Soll er deine Hand halten, wenn du einschläfst, dich berühren, wenn du in einem wichtigen Meeting bist, dir beim Einkaufen helfen, indem er deinen Einkaufszettel ersetzt, deine Kinder begleiten, damit sie sich in der Schule besser konzentrieren können?

Nur zu, nutze die Kraft deiner Vision, deiner Hellfühligkeit, zaubere dir die gewünschten Situationen herbei, indem du dir zum Beispiel vorstellst, wie du mit deinem Engel neue Kleider kaufen gehst und er dir die Umkleidekabine erspart, weil er dir genau sagen kann, was dir passt und was nicht.

Du sagst, du hörst deinen Engel nicht? Doch, sicher, ihr kommuniziert doch schon seit langer Zeit über das Herz, über deine Intuition, dein Bauchgefühl.

Das und noch viel mehr ist möglich. Dein Engel ist sicher überglücklich, wenn er sein weißes Kleid anziehen darf, um dir und deinen Lieben ganz nahe zu sein.

Ein weißes Kleid ist in der Geistigen Welt ein Sinnbild für Reinheit und tiefe Verbundenheit mit Gott, aber auch mit der Erde und ihren Menschen.
Was kannst du also tun, um mehr und bereichernder mit deinem Seelenpartner aus der Geistigen Welt zu leben? Spüre es mit all deinem Sein und fülle das, was du lieben und leben möchtest, mit deinen Sinnen, denn so verfügst du automatisch das, was du morgen erleben willst, für dich oder andere.

Möchtest du einmal einen Engel küssen? Dann stell dir vor und fühle in dich hinein, wie es IST, fühle seine Berührung auf den Lippen, setze alle deine Vorstellungskraft ein. Du wirst sehen, dein Engel wird überglücklich sein, dass du ihm vertraust, und über deine Aufforderung, dich zu küssen. Er wird es auch tun. Warum nicht? Du wirst es spüren, und mit ein bisschen Übung wirst du deinen Engel auch sicherlich sehr bald sehen können.

Sehen? Einen Engel sehen, hören wir dich jetzt denken? Warum nicht? Auch wenn wir feinstofflich sind, können wir doch in einen Lichtkörper schlüpfen, sodass wir uns sehen können.

Es ist klar, dass die Religionen alle diese wundervollen Dinge von euch ferngehalten haben, es wurde sogar als Sünde beschrieben, wenn ihr ein Wesen aus der Geistigen Welt als euch ebenbürtig angesehen habt.

Doch das Gegenteil ist der Fall, sind wir doch mehr als erfreut über den Kontakt mit euch. Je inniger ihr mit uns umgeht, umso lieber ist es uns und umso besser für euch.

Das alles schließt natürlich wieder die innigste aller Verbindungen mit eurem Seelenpartner aus der Galaxie oder Geistigen Welt mit ein. Denn wir verstehen, dass einige Lichtarbeiter vor lauter Ehrfurcht zaudern oder es gar für unmöglich halten, doch bedenkt: Der Glaube erschafft die Realität, und die Zeit ist reif.

Viele Lichtträger sind schon viele Jahre allein, also Single, und auch wenn sie sich sehr bemüht haben, endlich nicht mehr alleine zu leben, wurde es immer stiller um sie.

Warum? Weil sie im Seelenplan die geheilte Liebe mit einem galaktischen oder einem Wesen aus der Geistigen Welt verankert haben. So war alles, was diese Lichtbewahrer erlebt haben, eine Vorbereitung auf den Tag aller Tage, auf die Einweihung aller Einweihungen, auf das Leben mit dem Allerliebsten der Lieben, mit dem Yin oder Yang der eigenen Seele.

Es war mir eine Freude, mit euch sprechen zu dürfen. Seid gesegnet und eingehüllt in meine allumfassende Liebe.

Erzengel Michael

Erzengel Jophiel: Der Zustand des Schwebens und das Gegenteil: das Mangelbewusstsein

Wie passt das zusammen? Ganz einfach, wer im Fluss der goldenen göttlichen Energie schwimmt, kennt auch den Zustand des Mangels. Das obliegt schon dem Gesetz der Polarität, das da heißt: Wo Weiß ist, da ist auch Schwarz, wo es hell ist, gibt es auch Dunkelheit. Wer sich im Energielevel des Schöpfers befindet, der hat auch das Tal der Tränen kennengelernt.

Was heißt Mangel? Nun, das kann zum Beispiel die fehlende Finanzkraft sein, also zu wenig Geld, um leben zu können. Das kann aber auch ein Mangel im Körper-, Geist- und Seelensystem sein, sodass man krank ist, Burnout oder Depressionen hat. Dass man sich selbst nicht mehr spürt und darum immer wieder unbewusst extreme Lebenssituationen kreiert, um sich wieder zu spüren.

Die gute Nachricht ist, dass das Mangelbewusstsein oft selbst erzeugt ist, und darum sollte es euch möglich sein, das, was ihr oft aus Gedankenlosigkeit erzeugt habt, wieder umzupolen. Sodass es in die Zielführung eures eigenen Wunschplans passt und ihr endlich über all das verfügen könnt, was ihr für euch und andere zum Leben braucht.

Sicher, aus unserer Sicht erscheint es leicht, die Gegebenheiten, die man fast aus Versehen manifestiert hat, also das, was im Leben allzu schwer erscheint, ins Positive umwandeln kann.

Wie löst man nun energetisch finanzielle Not auf? Indem man in der Fülle denkt, spricht und fühlt: „Ich habe Geld, es

IST", auch wenn die Realität oft noch nicht so aussieht.

Wichtig ist auch, dass ihr das Gesetz der Anziehung beachtet, denn wer andere im Mangel hält, also ihnen zu wenig gibt, wird genau das wieder an sich selbst erfahren. Wer aber großzügig ist, obwohl er selbst nicht viel hat, erhält auch diese Großzügigkeit zurück, denn das Gesetz der Anziehung ist unbestechlich.

Das bedeutet, dass es nicht hilft, zu sagen: „Aber man hat mir doch das angetan, also tue ich auch denen weh, die mir wehgetan haben." Das funktioniert so nicht, aber wem sage ich das, du weißt es ja längst. Bist du doch durch eine harte Schule des Lebens gegangen und hast die Erfahrungen, die du weitergibst, vorher selbst erlebt.

Übrigens ist auch die fehlende Liebe ein Mangelbewusstsein, und oft kommt es uns vor, als würden sich die Menschen selbst bestrafen, indem sie sich isolieren, obwohl sie sich so danach sehnen, neue Kontakte zu knüpfen.

In einer Tagung mit den Erzengeln und Aufgestiegenen Meistern sagte Erzengel Uriel einmal: „Die Guten der Guten erkennt man daran, dass sie einen Hang haben, sich selbst zu bestrafen. Scheinbar, denn in Wirklichkeit geht es ihnen darum, den Jesus-Effekt nachzuleben. Nämlich ein gewisses Maß an Leid im Leben zu erzeugen, um für das Kollektiv auflösen zu können!"

Das nennen wir Jesus-Effekt, wenn ihr aus gewissen Erfahrungen nur schwer aussteigen könnt, obwohl ihr es eigentlich wollt. Wenn zum Beispiel eine chronische Krankheit trotz intensiver Bemühungen immer wiederkehrt, wenn der Schmerz im Körper tobt und kein Heil- oder Schmerzmittel richtig hilft, löst ihr möglicherweise nicht nur für euch auf, sondern ihr tut es auch für all jene, die euch umgeben, und das nennen wir den Jesus-Schmerz.

Ein kleiner Trost sicherlich für alle, die sich gerade in diesem Stadium befinden, denn ihr tut es aus freiem Willen, weil es im Lebensvertrag verankert ist: das Erleben von schlimmen Situationen, damit andere da nicht auch durch müssen.

Doch wer genug davon hat, wer also endlich auch auf der Sonnenseite stehen möchte, für den ist es sicher eine Erleichterung, wenn er oder sie erfährt, warum das Leben so wehgetan hat, und dass die Tür in die gelebte allumfassende Fülle nun offensteht.

Das Erkennen ist am wichtigsten, so kann sich sofort die Lebenskonstellation auflösen, die du so schwer findest, egal, was es ist. Sobald du deinen Fokus vierundzwanzig Stunden täglich auf dein Ziel richtest, wirst du dieses auch erreichen. Das bedeutet, dass du lernen solltest, deine Gedanken, das, was du sprichst und fühlst, zu hinterfragen, um zu sehen, ob alle deine Aussendungen auch deinem Ziel entsprechen.

Du solltest aber, wenn du zum Beispiel schlank sein möchtest, niemals deine Leibesfülle ablehnen, denn das, was du ablehnst, kehrt wie in einem Ewigkeitskreislauf immer wieder zu dir zurück, bis du gelernt hast, dich erst einmal so anzunehmen und zu lieben, wie du bist.

Wie sehr wir euch ehren, wie sehr wir euch bewundern. Was seid ihr doch für wundervolle, mutige, weise Seelen…

Zellwandel führt immer auch zum Wandel im Lebensbereich

Wir sprachen über den selbst erzeugten Mangel, dass es fast so scheint, als würden die Menschen sich selbst bestrafen mit dem Erschaffen von schweren Lebenskrisen, die oft so nicht im Seelenvertrag standen. Die vom Träger des Körpers selbst gewählt wurden, um zum Beispiel Familienangehörigen etwas abzunehmen.

Doch was immer ihr gerade lebt und gewählt habt in der Absprache des Lebens: Seid sicher, dass eure geistigen Mentoren ganz nahe bei euch sind und gerade in Zeiten, in denen es euch nicht gut geht, die Befugnis haben, euch zu tragen und einzugreifen.

Wobei es natürlich deinem freien Willen entspricht, denn hast du dich entschlossen, einer Gefahrensituation nicht auszuweichen, wie dir geraten wurde, müssen deine Engel es dich erfahren lassen.

Der freie Wille ist unabdingbar, das kann auch durchaus gefährlich sein, denn dein Wille ist oberstes Gebot, sodass es deine Engel einschränkt, was deinen Schutz angeht.

Doch es gibt noch das göttliche Gnadengesetz, das da sagt, dass deine Erzengel beim Schöpfer um mehr Handlungsspielraum für sch selbst bitten dürfen. Wenn es darum geht, dass du dich allzu sehr von deinem Lebensziel wegbewegst oder wenn du in Gefahr bist, dass deine Inkarnation zu früh enden könnte.

Sarinah: „Erzengel haben eine gewaltige Energie, so wurde mir das Leben gerettet, indem sie mein fahrendes

Auto festgehalten haben (hat sich angefühlt, als würde mein Wagen von einem unsichtbaren Seil gehalten werden), weil ich sonst in einen Lastwagen gedonnert wäre, den ich nicht gesehen hatte."

Ja, wie schon erwähnt, gehen wir oft weit über unsere Grenzen hinaus, um euch zu helfen. Auch das Lebensende ist kein Zufall, sondern von euch selbst geplant, natürlich in Absprache mit eurer Seelenfamilie. Die bei allen zeitlichen Abläufen zustimmen musste, wenn der Punkt im Lebensverlauf auch sie selbst berührt oder, besser gesagt, betroffen hat.

Doch kommen wir zu einem anderen Thema, denn wir hören Sarinahs Gedanken, die immer noch darüber nachdenkt, was wir über die Seelenpartner gesagt haben. Nun, es geht um die magnetische Anziehungskraft, die vor allem dann zu spüren ist, wenn ihr euch einen Seelenpartner aus der Galaxie, der Geistigen Welt oder der inneren Erde aufgeschrieben habt, in der Absprache des SEINS.

Diese magnetische Anziehungskraft kann durchaus die Sensoren des Körpers ein wenig irritieren, denn eure Sinne reagieren sehr stark darauf, und wir sprechen jetzt vor allem von dem Gefühlssinn. Wobei wir das Wort Erotik lieber vermeiden möchten. Die Sehnsucht nach Vereinigung erfindet sich gerade selbst, und zwar durch euch.

Wie? Nun, wer mit seiner Zwillingsflamme verbunden ist, der weiß es. Alles ist viel intensiver, manchmal sogar so intensiv, dass andere Menschen um euch herum euch mit ihrem Verhalten erden müssen, weil ihr sonst die Bodenhaftung verlieren würdet.

Kommt dir das bekannt vor? Dass du von denen, die um dich herum sind, plötzlich gedrängt wirst, dich mit Problemen zu beschäftigen, die nicht deine eigenen sind, dass du trotz Fröhlichkeit am Morgen tief ermattet von der Arbeit heimkehrst, weil andere dich den ganzen Tag mit ihren Sorgen und Ängsten belagert haben?

Hast du dich schon einmal gefragt, warum dieser Absturz sein muss? Denn genauso fühlt es sich ja an, wenn du immer wieder mit Leuten zu tun hast, die scheinbar nur eins brauchen: Zuwendung. Die aber selbst keine Wärme geben können, die Hilfe brauchen, aber selbst keine Hilfe sind, oder denen du zuhören sollst, die selbst aber kein Ohr für deine Probleme haben. Mitmenschen, die deiner Liebe bedürfen, aber keine Liebe geben können.

Oft hat das damit zu tun, dass diese Leute dich erden, also dass du weiterhin deine irdischen Aufgaben erledigen kannst, ohne zu sehr in geistigen Dingen zu weilen. Das ist aber nicht alles, denn der wahre Grund für diese selbst erzeugten Überlagerungen ist der Jesus-Effekt, also die Bereitschaft, sich selbst zu verlieren, indem man sich ganz dem Wohl der anderen hingibt.

Doch es gibt noch deine Aufgabe oder, besser gesagt, deine Zustimmung, dass du überall dort dein Licht verteilen mögest, wo es am dringendsten gebraucht wird. Dass du dein Licht nicht nur verteilst, sondern dass diese göttliche Energie dort hineingetragen wird, wo sie am dringendsten gebraucht wird.

Indem du in gewissen Lebensgegebenheiten verweilst oder immer wieder dahin zurückkehrst, freiwillig wohlgemerkt, weil dein Herz dir das sagt, befindest du dich doch gerade dort, wo dein Licht am meisten gebraucht wird.

Es hat alles seinen Sinn, ihr Lieben, auch wenn es manchmal nicht so aussehen mag. Doch es gibt keine Fehler im Leben, es ist alles gut. Habt bitte Vertrauen in euch und in die göttliche Führung.

Die Sehnsucht nach allumfassender Erfüllung

Das heißt nichts anderes, als in allen Bereichen deines Lebens glücklich zu sein.

Das schließt uns, eure galaktische Familie, mit ein, denn auch wir sehnen uns nach Liebe. Wobei es uns leichter fällt, diesen Pool von Gefühlen anzuzapfen, der uns allen zur Verfügung steht. Leichter im Sinne von: Wir wissen um die Gesetzmäßigkeiten der Schöpferkraft, und ihr seid im Allgemeinen gerade dabei, euch zu entdecken und eure göttliche Macht auszutesten.

Das Testen ist durchaus in Ordnung, denn wie sollt ihr sonst eure Schöpferkraft kennenlernen? Doch sollte das Ausprobieren nicht andere Menschen belasten oder ihnen gar schaden.

Woher kommt es aber, dass viele Lichtarbeiter immer wieder mit den gleichen Themen zu tun haben, auch wenn sie diese Aufgaben schon längst gelöst haben?!

Man könnte fast meinen, das wäre Bequemlichkeit, ein Drang, Wege zu gehen und mit Menschen zu sein, die einem wohlbekannt sind, aber nicht unbedingt guttun.

Bequemlichkeit ist es aber keineswegs, wenn ihr immer wieder mit komplizierten Liebesdingen oder Partnern zu tun habt, die euch mehr schaden als guttun.

Das hat mit eurem Licht zu tun, das gebraucht wird, und dass ihr unbewusst versucht, den Lieben um euch herum mit eurer energetischen Ausstrahlung weiterzuhelfen.

Gerade in Sachen Partnerschaft kommt es jedoch immer wieder zu Überlagerungen, indem die Ansichten und

Wertigkeiten des einen den anderen so überlagern, dass sie/er keinen Raum mehr hat, um sich selbst in die Beziehung einzubringen.

Überlagerungen sind Themen, die zwar erlöst, jedoch noch im Erinnerungssystem der Lichtträger vorhanden sind. Ja, förmlich kochen, denn es sprudeln alte Themen hoch, ohne dass man etwas dagegen tun kann, außer es einfach zuzulassen und im Vertrauen zu bleiben, dass es gut ist so, wie es ist.

Das kann eine Beziehung durchaus auf eine harte Probe stellen, denn dazu kommt, dass die Paare oft nicht in der gleichen Kraft sind. Der eine ist zum Beispiel eher an Erotik interessiert, der andere eher nicht oder umgekehrt.

Diese Unausgeglichenheit ist eine Resonanz von Überlagerungen, die entstehen, wenn sich jemand über Jahre zurücknimmt, damit alles in der Familie oder in der Beziehung in Harmonie verläuft.

Manchmal ist gerade das Gegenteil der Fall: Je weniger man sich selbst lebt und je mehr man sich selbst aufgibt, umso mehr gehen die Harmonie und das Glück flöten.

Verzeiht bitte die drastische Ausdrucksweise. Doch der ewige Kampf um das Glück, die Unzufriedenheit und der Druck, arbeiten zu müssen, um leben zu können, bewirkt, dass euer System irgendwann auf Standby-Modus schaltet, um Kraft zu sparen und Energie für die wichtigen Dinge des Lebens zu haben.

Doch was sind die wichtigen Dinge des Lebens? Ist es das Geld-Verdienen oder das Geld-Ausgeben, der Prestige-Status nach außen, der euch innerlich glücklich macht?

Nein! Sicher nicht, doch durchaus verständlich, dass viele Menschen irgendwann keine Kraft mehr haben für die Reise zu sich selbst, dass sie den scheinbar gewohnten Weg gehen, nämlich den der alten Muster und Lebensgewohnheiten. Verständlich, denn der Überlebenskampf hat euch Kraft gekostet, wobei man nicht vergessen darf, dass ihr in früheren Leben oft noch viel mehr Dramen und Kämpfe erlebt habt als in diesem Lebenszeitalter.

Gewisse Erinnerungen sind in eurem System gespeichert, was gut ist, denn so könnt ihr davon profitieren. Gerade die Erfahrungen früherer Inkarnationen sind im Gefühlssystem gespeichert, denn so könnt ihr Gefahrensituationen und auch menschlichen Dramen aus dem Weg gehen, wenn ihr das wollt.

Das liest sich sicher einfach, doch es ist uns bewusst. Ein steiler Berg mit vielen Herausforderungen hat auch mit sehr viel Anerkennung – Ehrung – zu tun. Wenn man also die Besteigung geschafft hat, folgt die Belohnung. Je größer die Anstrengung, umso größer die Belohnung. Die eher schwierigen Lebenssituationen sind sicher anziehender als gerade oder scheinbar langweilige Lebenswege. Denn wenn immer alles im Einklang verläuft, wirst du zwar sicherlich ein einfacheres Leben haben, doch dieses kann schnell langweilen. Die Seele will Erfahrungen sammeln und den Gottesfunken teilen, darum bist du hier.

Heiß und kalt also, die Polaritäten scheinen viele Erdenbewohner unglaublich anzuziehen, wobei wir beim nächsten Thema wären, nämlich: Die Unlust, sich selbst zu leben.

Erzengel Michael:
Die Unlust sich selbst zu leben

Oder, besser gesagt, der Drang nach Vollständigkeit. Manche Menschen wählen dafür den Weg der Fremd-Vollständigkeit, sie leben nicht ihr Leben, sondern das ihres Vorbilds. Indem sie zum Beispiel ihr Aussehen so verändern, wie es in der Gemeinschaft gerade modern ist.

Viele suchen sich immer noch im schönen Schein von anderen, die scheinbar alles haben, um glücklich zu sein.

Dabei ist das Erschaffen einer Illusion gefährlich, wenn man also versucht, sich allzu sehr ein Beispiel an anderen Persönlichkeiten zu nehmen, denn man gibt die eigene Persönlichkeit ein Stück weit auf.

Oft geschieht das unbewusst, weil die Medien gerade jungen Leuten vorgaukeln, was sie haben oder wie sie aussehen sollten, um glücklich und erfolgreich zu sein.

Der Drang nach Vervollständigung ist so groß, dass der Weg der äußeren Vollständigkeit gewählt wird, indem man zum Beispiel sein äußeres Erscheinungsbild dem Ideal derer angepasst, die in der Öffentlichkeit stehen.

Doch wer sich nicht selbst gefunden hat und sich nicht selbst liebt, der wird schwer in anderen Personen das finden, was ihm noch fehlt, um glücklich zu sein.

Oder, besser gesagt: Wer mit sich selbst „nur" ein Verhältnis hat, wird auch mit der gelebten Liebe „nur" eine Liaison haben. Das, was ihr im Inneren seid, lebt ihr auch nach außen.

Sicher nicht leicht, im Alltagsstress zu sich selbst zu

finden, wo euch doch die Medien täglich zeigen, dass es cool ist, sich über andere zu definieren.

Wer sich auf die Suche nach dem wahren Selbst macht, wird unbewusst früher oder später die Stille als Eingangspforte zur Suche nach dem ICH BIN wählen.

Die ruhige Einkehr aber muss man erst einmal aushalten können, hier hilft sicherlich das Training der Meditation oder auch Yoga, Malen, Musik, Spazierengehen und Autogenes Training.

Das sind nur Beispiele, denn jeder Mensch ist anders, und sicher gibt es Lichtarbeiter, die sehr gut zu sich selbst finden, einfach indem sie anderen helfen, sich zum Beispiel in Hilfsorganisationen engagieren.

Doch welcher Weg auch gewählt wird und egal, wie lange der Zustand der Schwere anhält, eins ist gewiss: Je intensiver und anhaltender eine Lernerfahrung gelebt wird, umso größer ist die Wahrscheinlichkeit, dass ihr das, was ihr ausgestanden habt, nie mehr leben müsst. Außer ihr holt euch die Erfahrung über den freien Willen immer wieder zurück.

Wir Engel halten manchmal den Atem an, wenn wir sehen, dass ihr in eine Sackgasse einkehrt, ohne euch darum zu kümmern, wie viel Kraft vonnöten ist, um zum Ausgangspunkt zurückzukehren.

Klar, wir helfen und schützen, wo immer wir können und dürfen, doch der freie Wille brachte euch schon in früheren Leben in Gefahr, denn wenn ihr diesen Willen einsetzt, müssen wir euch das erfahren lassen, was ihr kraft eurer Aussendungen erleben wollt.

In einigen Fällen rufen eure Erzengel nach dem Schöpfer, um ihn um einen Erlass für euch zu bitten, damit sie euch trotz freier Entscheidung helfen dürfen.

Doch kommen wir zu einem wichtigen Thema, der sexuellen Unlust, die fast immer einhergeht mit einer Selbstfindungsphase im Seelenplan.

Also hadere bitte nicht, solltest du dich in diesen Zeilen wiederfinden, denn die Erfüllung deines Lebenskontrakts ist unabdingbar, und du kannst sicher sein, dass fast jede Erfahrung, die du machst, im Einklang mit deiner Lebensplanung ist.

Eigentlich normal, diese sexuelle Unlust, sie ist wie ein Schutzmechanismus, der da sagt: Ich liebe mich gerade selbst nicht, ich finde mich gerade selbst nicht, also kann ich dir nicht mehr geben, als ich es ohnehin schon tue.

Polaritäten ziehen sich ja magisch an, und so wird der Mangel an Eigenakzeptanz immer auch mit einem Partner gelebt, der genau das Gegenteil ist oder empfindet.

Die Lust auf gelebte Sinnlichkeit wiederum ist ein Nebenprodukt vom Aufstiegsverlauf der Neuen Zeit, denn wenn schon der Körper so hoch schwingt wie bei einem Engel, reagiert das System oft erst einmal mit einem Feuerwerk in allen Bereichen. Vor allem aber im Bereich der spirituellen Erotik ist der Drang groß, sich zu vereinen.

Die spirituelle Erotik ist nichts anders als die Möglichkeit, die eigene Göttlichkeit zu erfahren, indem man der Seele erlaubt, sich zu erfahren. Oder, einfacher gesagt: Es ist die Art der Vereinigung mit der Liebe, die man praktiziert, wenn man einen Lichtkörper hat. Wobei es bei der spirituellen Vereinigung nicht unbedingt um „Reibung" geht, sondern die Verschmelzung geschieht vielmehr im energetischen Bereich und ist darum auch intensiver.

Das ist eine gute Möglichkeit, die Paare zu harmonisieren, denn dabei tauschen sie nicht nur energetisch Liebeswellen aus, sondern es findet eine Angleichung statt. Diese Art der Harmonisierung ist sicher eine der angenehmsten.

Das Yin und Yang wieder herstellen kann auch über den verbalen Austausch geschehen. Wie ihr wisst, ist aber durch den sprachlichen Austausch die Gefahr groß, dass man sich zum Beispiel missversteht, dass nur einer spricht und man sich dem anderen zu sehr unterordnet. Dass man so eher Disharmonie erfährt, sodass Verletzungen der Seele entstehen können, weil das Gespräch entgleist.

Ganz im Vertrauen: Wer an diesem Punkt angelangt ist, der wird wissen, wann dem Drang nach Selbstdarstellung genüge getan ist. Wann die Bahn frei ist für das Leben mit der Überseele und dem, was ihr in Wahrhaftigkeit seid und immer wart.

Vergesst bitte nie, dass die wahren Helden niemals hinterfragen, denn sie besitzen eine große Intuition. Wahre Helden leben das universelle Wissen. Sie besitzen die Fähigkeit, zu vertrauen, und auch wenn sie in einer prekären Lage stecken, werden sie immer wieder in die eigene Göttlichkeit zurückfinden, dem Funken allen SEINS.

Du fragst dich, ob du zu denen gehörst, die wir Helden nannten? Klar, wer denn sonst, wenn nicht du, da du doch mit unermesslicher Geduld, oft auch mit ein wenig Unge-

duld, die Straße der lebendigen Bewusstwerdung gegangen bist.

Lebendig, immer wieder erwähnen wir dieses Wort, ist es doch immens wichtig, denn es ist das Event aller Zeiten, dass sich deine Erinnerung auf das einstellt, was du im geistigen Zustand immer schon wusstest.

Dein Weg bis hierher war wahrlich ein Husarenritt mit vielen Gefahren. Mit allen Mentoren, die dich schützen, ist es dir gelungen, deinen Körper durch den Tunnel des Todes zu tragen. Das allerbeste Event, weil du in Fleisch und Blut dahin zurückkehrst, wo man normalerweise nur hinkommt, wenn man den Körper durch den Tod verlässt.

Das beinhaltet, dass du unweigerlich auf deine Lieben, die verstorbenen Angehörigen, treffen wirst, dich wieder mit denen vereinen kannst, die eben diesen Pfad gewählt haben: den irdischen Tod. Diese Seelen erwarten dich bereits und wissen, dass sie dich lebendig wiedersehen werden. Sie wissen, dass sie nicht so lange warten müssen mit deiner Ankunft, bis du genauso wie sie den Körper abgestreift hast.

Verständlich, denn du durchschreitest immer wieder Tore, die dich in die Sphäre der Geistigen Welt bringen, die dich geradezu einatmen, ähnlich einer magischen Empfangshalle, die du zwar betreten, aber nie wieder verlassen kannst.

Denn der Aufstieg endet, wie erwähnt, nie. Je mehr Licht du aushalten und auch teilen kannst, umso mehr sollte klar sein, dass es nur die eine Möglichkeit gibt, und zwar die des Voranschreitens. Ein Zurück in das alte Dua-

litätsleben ist nicht möglich. Wer sich erst einmal auf dem Pfad der verkörperten Lichtwerdung befindet, für diese Person gibt es nur ein Vorwärts, kein Zurück mehr.

Lichtarbeiter sind immer im Dienst

Der lichtvolle Wandel in euch hat sicherlich erst einmal viele Lichtarbeiter erschöpft, denn dem sich weitenden Bewusstsein geht immer erst eine ganzheitliche Reinigung voraus.

Wann sind diese Transformationen endlich abgeschlossen, wird sich mancher Leser fragen. NIE, jedoch ist eine Transformation nun nichts anderes mehr als eine Reinigung im Schnelldurchlauf, im Idealfall verläuft diese so smart, dass ihr davon nicht mehr handlungsunfähig werdet, wie es noch vor Monaten der Fall war.

Im Moment ist es so, dass ihr in Wellen angehoben werdet, das Bewusstsein und die Chakren öffnen sich, und zwar so, wie es der menschliche Träger am besten verträgt.

Manchmal schnell, manchmal eher langsam, wobei Ungeduld eher schadet als nutzt, denn eure Seele bestimmt selbst, wie der lichtvolle Wandel in euch abläuft.

Zum Teil kommt es euch so vor, dass die lichtvolle Zellumstrukturierung ein Phänomen mit sich bringt, nämlich den kurzen kompletten Absturz des Kreislaufsystems.

Ähnlich eines PCs, der sich runterfährt, um Ressourcen zu schützen, und dann wird erst geprüft, was den PC hat abstürzen lassen. Diese Programme fliegen raus, sodass der Neustart gelingen kann und der Computer besser arbeitet als jemals zuvor.

So kann es also sein, dass extreme Müdigkeit auftaucht, die euch dazu zwingt, den Ruheraum aufzusuchen, oder ihr fühlt euch krank, und im nächsten Moment ist alles wie weggeblasen.

Das sind typische Erscheinungen des Aufstiegs, der nie abgeschlossen ist, doch habt ihr erst einmal die Wegmarke zur goldenen Pilgerschaft erreicht, wie es für viele Menschen der Fall war, sollte euer Lebensweg nicht mehr mit Steinen gepflastert sein, außer ihr wollt den steinigen Weg gehen.

Die Menschen lieben nichts mehr als Herausforderungen, gerade jene, die jetzt schon kraft ihres Erdenwirkens zu hoher Ehre gekommen sind. Ihnen fällt es außergewöhnlich schwer, die Hände in den Schoß zu legen und einfach nur zu leben, zu genießen.

Wobei Lichtarbeit auch mit der Visualisierung des Neuen Goldenen Zeitalters zu tun hat. Dabei lässt es sich wirklich gut entspannen, meint ihr nicht?

Das ist durchaus nicht wertend gemeint, denn wir wissen um deinen Auftrag, wir wissen, wie sehr du dich danach sehnst, die lichtvollen Veränderungen im Außen zu sehen. Endlich die Belohnungen aller Belohnungen im Verbund deiner Lieben zu leben.

Wir sprechen von der Liebe der Neuen Zeit, die auf Dauer nur bestehen kann, wenn sie bedingungslos gelebt wird, also ohne Wertung, Erwartung, Forderung und ohne andere einzugrenzen.

Alles, was ihr jetzt durchlebt, ist eine Art Testphase, denn der zukünftige Erstkontakt mit uns bringt zwar viel Freude, doch sicherlich aus menschlicher Sicht auch Herausforderungen, da wir ja anders leben als ihr.

Niemand muss sich uns anpassen, doch das gemeinsame Leben der Erdenbürger mit der Galaktischen Föderation des Lichts verläuft umso leichter, wenn ihr diese Testphase bestanden habt.

Wenn du verstanden hast, dass du selbst dein Prüfer bist und niemand härter mit dir ins Gericht geht als du, wenn du verinnerlicht hast, wer du in Wahrhaftigkeit bist, streifst du langsam die alte Hülle ab und kannst ganz in dein verkörpertes Engeldasein eintauchen.

Die Erdenengel sind dabei, aus ihrem Kokon zu schlüpfen und ihre Flügel auszubreiten. Sie sind dabei, sich selbst zu leben, nicht mehr das, was sie jahrelang glaubten zu sein. Sie werfen ihre Tarnung ab, um ganz und gar Erdenengel zu sein.

Wie schön es ist, dich aufwachen zu sehen, wie wundervoll, wenn wir sehen, wie deine Augen strahlen, wenn du dir morgens selbst in die Augen siehst. Dann ist es für einen kurzen Moment so, als würdest du dich daran erinnern, mit welcher Liebe wir dich Stunden vorher in den Armen gehalten haben. Wenn du denkst, du schläfst in der Nacht, dann irrst du dich, vielmehr bist du zur nächtlichen Stunde damit beschäftigt, zu reisen, zu lernen, zu heilen oder dich mit jenen zu treffen, die du dachtest, durch den Tod für immer verloren zu haben.

Burn-out oder zu lange versucht, Stärke zu zeigen

Ein weit verbreitetes Phänomen, das Burn-out, hat viele Gesichter, und oft liegt eine versteckte Depression dahinter.

Sich ausgebrannt zu fühlen ist ein Zeichen der Frustration und Erschöpfung, meistens verursacht durch zu viel Stress. Die Warnzeichen von Burn-out sind zum Beispiel eine hohe Arbeitsaktivität, wobei man sich immer mehr zwingen muss, die Erwartungen zu erfüllen, weil die Kraftreserven schnell erschöpft sind. Bis man irgendwann nicht einmal mehr Energie für die eigenen Bedürfnisse hat.

Rastlosigkeit, das Gefühl, nie Zeit zu haben, Vernachlässigung von privaten Dingen, Versagensängste, Schlafstörungen, Niedergeschlagenheit, ein gesteigertes Aggressionspotenzial bis hin zu Symptomen wie Herzstörungen, hoher Blutdruck, Kopfschmerzen oder Tinnitus. Das sind nur einige Symptome von Burn-out.

Es ist wichtig, sich frühzeitig therapeutische Hilfe zu holen, denn der Kreislauf der Beschwerde kann oft nicht mehr aus eigener Kraft durchbrochen werden. Natürlich helfen euch eure geistigen Mentoren gerne bei der Heilung.

Doch wer sich schwach und überfordert fühlt, hat oft keine andere Chance, als diese Schwäche nicht nach außen zu zeigen. Gerade was das Berufsleben angeht, denn viele befürchten, dass das Zeigen von Schwäche ein Nachteil für sie sein könnte.

Was also tun, damit die Differenz zwischen „ICH BIN" und „Wie wirke ich auf andere" nicht so groß ist? Ganz einfach, ihr solltet versuchen, euch selbst zu leben, auch und gerade dann, wenn ihr euch nicht so gut fühlt.

Alles andere dient nur dem Selbstschutz, doch mit dem Versuch durchzuhalten, obwohl man nicht mehr kann, kommt es doch erst zum Konflikt zwischen der „Ich muss stark sein, aber ich kann nicht mehr"-Präsenz und der Seelenebene.

Leicht gesagt, und es ist uns, euren geistigen Mentoren, durchaus bewusst, dass ihr oft durch die Hölle gehen müsst, um in euer göttliches Dasein zurückzufinden.

Nur wer die Schatten kennengelernt hat, kann das Licht wertschätzen.

Ohne deinen Mut, die mentale Stärke und den Willen, etwas zu bewegen, wären wir jetzt alle nicht hier. Denn auch für uns, die Erzengel, ist es wie eine Ordensverleihung, wenn du deinen Seelenauftrag erfolgreich erfüllen kannst.

Doch manchmal halten wir den Atem an, voller Mitgefühl und Sorge um deine energetischen Kräfte. Manchmal sind wir so gespannt auf deine Reaktion, wenn wir dir Zeichen senden, die wie Grüße aus der Geistigen Welt sind.

Wir sind also so gespannt auf deine Reaktion, darauf, wie du versuchst, das goldene Geschenk auszupacken. Ja, versuchst, denn es hat ein wenig gedauert, bis du bemerkt hast, dass das Päckchen längst geöffnet vor dir lag.

Dann kam der Tag, an dem du gespürt hast, dass es beim Annehmen nur um das Vertrauen geht.

Das Vertrauen, dass sich die Dinge so ergeben, wie es für dich und alle Beteiligten das Beste ist.

Manchmal dauerte es ein wenig, sodass du es schwierig fandest, den Himmel voller Geigen zu sehen, wo du doch scheinbar zu dem Zeitpunkt keinen einzigen Hoffnungsschimmer sahst.

Doch wer seine Blickrichtung auf das Positive lenkt, wird automatisch das leben, was seine Ziele und Wünsche sind.

Eigentlich kann man sagen, dass das Jetzt nicht zufällig ist, sondern ihr das, was ihr morgen erlebt, vorher kraft eurer Aussendungen manifestiert habt.

Nicht leicht, doch eins ist sicher: Je höher dein Ziel, umso mehr prüfst du dich selbst, denn wer viel Lichtarbeit für das Kollektiv leistet, wird noch zu Lebzeiten zu großen Ehren kommen.

Wenn ihr wüsstet, welch großartige Seelen ihr seid, wenn ihr sehen würdet, was wir sehen. Wie wundervoll, euch so erfolgreich zu sehen.

Was seid ihr doch für wundervolle Wesen… Wie sehr wir euch lieben, wie sehr…

Liebe und Schmerz gehören zusammen

Wer schon einmal richtig geliebt hat, weiß, dass Freude und Leid fast untrennbar miteinander verbunden sind.

Je heißer die Liebe, umso mehr Schmerz hast du sicher empfunden, als die gemeinsame Zeit vorbei war. Je mehr du festgehalten hast, umso mehr Verlust wirst du auch erlebt haben.

Das sind irdische Erfahrungswerte, denn im Galaktischen Zeitalter öffnen sich neue Möglichkeiten, die Chance, das Leben zu leben, ohne den sich ewig wiederholenden Kreis der Qualen.

Leidvolle Erfahrungen brachten euch zwar viel Weisheit, die heftige Lernaufgaben waren, aber auch immer verbunden mit Energieverlust.

Wobei nicht immer nur die Liebe der Grund war für das Eintauchen in die Welt des Schmerzes. Oft zeigten euch der Beruf und das dazugehörige Umfeld Themen auf, die mit Selbstwert, Selbstschutz oder auch Eigenverantwortung zu tun hatten.

Wir sprechen absichtlich in der Vergangenheitsform, denn die Strukturen der Menschheit ändern sich schnell, wie auch Heilungsformen ihren Weg zu euch finden, die sehr gut die Wunden der alten Zeit heilen.

Manchmal ist es allerdings auch der Fall, dass die Betroffenen schwer aus dem Kreis der Abhängigkeiten aussteigen können oder, besser gesagt, sie brauchen den Erfahrungswert der alten Muster noch so lange, bis alle Begrenzungen erkannt und erlöst werden können.

Wenn du unsicher bist, scheue dich bitte nicht, therapeutische Hilfe anzunehmen, denn niemand sagt, du musst dort alleine durch.

Mitunter aber kann es vorkommen, dass ihr die alten Themen längst erlöst habt, und trotzdem scheinen sie kurzzeitig wieder aufzutauchen. Das hat mit der Erinnerung zu tun, denn so lange etwas in eurer Erinnerung gespeichert ist, wird es wieder auftauchen, egal, was es war. Doch keine Angst, es ist allenfalls ein Vorbeiziehen der alten Muster, und es heißt nicht, dass ihr noch einmal die schmerzhafte Phase der Transformation durchmachen müsst.

Ihr werdet ohnehin immer mehr zu Beobachtern, die das Talent haben, in sich zu ruhen, sich zu fokussieren, den anderen Zuversicht zu übermitteln, und die die Fähigkeit haben, allen emotionalen Fallen aus dem Weg zu gehen.

Damals, als du dich den hereinkommenden Energien des Wandels öffnetest, erinnerst du dich? Da fing alles an. Es war wie eine Berg- und Talfahrt, ohne dass du die Chance gehabt hättest, auszusteigen. Denn die Vibrationen der göttlichen Liebe sind zwar wundervoll, sie putzen aber erst einmal alles, wirklich alles, aus deinem Körper-, Geist- und Seelenzustand, was den Fluss behindern könnte.

Ist das Reinigen im inneren Kern vonstattengegangen, geht es im Außen weiter. Es kann sein, dass sich der Freundeskreis verändert hat oder du die berufliche Tätigkeit, die du lange Zeit gemacht hast, plötzlich nicht mehr ausüben kannst. Dass du zum Beispiel eine Abneigung hast gegen alles, was Druck, Lügen und Manipulation in sich trägt, ist durchaus verständlich.

Also versuche, sooft es dir möglich ist, dich selbst in den Arm zu nehmen. Liebe dich, ehre dich, verstehe dich, vertraue dir. Dann wirst du all das auch mit anderen Menschen leben können.

Alles, was du dir von anderen wünschst, und sei es noch so gering, wird sich erst offenbaren, wenn du erkannt hast, dass die erste Stufe zum Erfolg immer in dir selbst zu finden ist. Die erste Stufe zur Wunscherfüllung findest du nie im Außen, sondern immer tief in dir. Was nichts anderes heißt, als dass du nicht irgendwelche Menschen verändern musst, um glücklich zu sein. Die Leute um dich drehen sich automatisch ins Licht, wenn du es auch tust.

Wie innen so außen, wie unten so oben. Längst ist euch das sicher ein Begriff, doch bedenkt, dass je höher euer Bewusstsein ist, umso mehr und unmittelbarer gelten die kosmischen Gesetze für euch.

Wenn du kurzzeitig das Gefühl hast, als würde dein Körper die eigene Temperatur nicht mehr halten können oder du müsstest erfrieren, als würde die Kälte tief in dir sitzen und nicht von außen kommen, dann sagen wir dir: Es ist alles in Ordnung.

Das, was du fühlst, sind die ständig ansteigenden göttlichen Energien, die dein ganzes Sein und alles um dich herum anheben.

Wenn du selbst in der Sauna frierst oder in der heißen Badewanne das Gefühl hast, als würden kühle Schauer durch deinen Körper rieseln, dann sagen wir dir: Willkommen im Club. Willkommen in der prickelnden Frequenz der Geistigen Welt.

Liebe ist untrennbar verbunden mit Freiheit

Eure Partnerschaften werden intensiver, schöner, respektvoller, bereichernder, erhebender und sinnlicher sein als jemals zuvor.

Eure Freundschaften werden so liebevoll sein, dass es eine wahre Offenbarung ist, in Verbindung mit den Freunden zu sein.

Viele Menschen aber leben Partnerschaft noch wie in der alten Zeit, was heißt, sie leben sie bedingt. Sie halten fest, sie zerren, begrenzen und ermatten damit den anderen und sich selbst, und, vor allem, sie verlieren dadurch.

Eine Paarbeziehung, so, wie ihr sie in der Vergangenheit gelebt habt, gibt es im Neuen Zeitalter nicht mehr, und wenn ihr versucht, die Beziehungen in der alten Thematik zu leben, wird euch die „bessere Hälfte" hineinschubsen in das Thema des Loslassens.

Warum? Weil das hereinströmende göttliche Licht alles verändert und heilt, was Vibrationen der Dualität in sich trägt. Für viele Leser wird es sicherlich überraschend sein zu lesen, dass Paarbeziehungen nicht nur auf zwei Personen beschränkt sein müssen. Das bezieht sich allerdings auf die bedingungslose Liebe und dass die Liebe und jeder, der damit verbunden ist, seinen Freiraum hat, es also zum Wohl aller Beteiligten ist.

So kann das Neue Zeitalter die Energie der 60-iger Jahre in sich tragen, allerdings in seiner reinsten und idealsten Form. Das ist aber kein Freibrief für Lügen, Fremdgehen, Täuschung, Unausgeglichenheit oder dafür, die eigene Unzufriedenheit auf den Partner zu übertragen. Denn alles, was der Täuschung, der Verleugnung, der Sucht oder der Verschleierung obliegt, wird und kann nicht mehr funktionieren. So bieten die Verbindungen der bedingungslosen Liebe eine großartige Möglichkeit, um alle Traumen und Verletzungen zu vermeiden, die früher bei Trennungen gang und gäbe waren.

Um ein Beispiel zu nennen: die Kinder. Sie müssen nicht mehr aus ihrem sicheren Umfeld herausgeholt werden, nur weil sich ihre Eltern nicht mehr vertragen. In Wahrhaftigkeit gibt es keine Trennungen mehr. Solltet ihr beschließen, dass ihr mit jemand anderem intensiver zusammen sein wollt, dann muss es nicht mehr zum Auflösen der alten Bindung kommen, sondern aus ehemaligen Paaren können sofort Freunde werden. Gegenseitiges respektvolles Verhalten ist das Schlüsselwort dafür.

Wir sprechen von Freundschaft, die sofort eintreten kann, nicht erst nach zehn Trennungsjahren oder mehr. Es obliegt euch zwar selbst, ob ihr Anwälte einschaltet, aber Rechtsstreit in dem Sinne ist eigentlich nicht mehr notwendig, weil man die Größe und Fähigkeit hat, sich gütlich zu einigen.

Stellt euch einmal vor, wie erhebend es ist, wenn ihr anstatt unguter Gefühle, der neuen Partnerin eures Ex-Mannes ein freundliches Gefühl entgegenbringt. Dass ihr eigentlich noch eine Freundin dazugewinnt, denn schließlich könnt ihr ja entscheiden, wie nahe ihr jemanden an euch heranlasst. Vergesst aber nicht, dass alles, war ihr im Inneren für euch beschließt, euch auch im Außen entgegentritt.

Um es deutlich zu sagen: Ihr lebt die Paarbeziehung nach und nach wie wir, die wir eure galaktische Familie sind. Ich, Marix, kann euch aus eigener Erfahrung sagen, dass euch das mit Sicherheit sehr erheben und gefallen wird, wenn ihr euch dafür öffnet.

Es ist eine Erfahrung, die ihresgleichen sucht, wenn du morgens die Augen öffnest und so intensive Gefühle für deine Frau hegst, dass es dein Herz zum Beben bringt. Dass du das Gefühl hast, wenn es noch ein klein wenig intensiver wird, bringt es dein Herz vor lauter Freude zum Glühen.

Wenn du dich dann von deiner Frau verabschiedest, weil du beruflich zu tun hast, bist du schon an der Schwelle so sehnsüchtig, dass du glaubst, du könntest diese kurze Trennung nicht aushalten.

Sehnsüchtig und voller Freude, weil du weißt, wenn ihr euch wiederseht, dass es wieder so ist. Wenn du ihr in die Augen siehst, wieder dieser Glanz, dieses Licht, diese Liebe da ist. Du siehst dich durch ihre Augen und empfindest einfach nur Dankbarkeit und Demut, dass du es mit ihr leben darfst. Du weißt, dass das, was du jetzt lebst, kein Zeichen von Verliebtheit ist und somit vergänglich, sondern das immerwährende Sein der Liebe im Neuen Zeitalter. Du kannst dir sicher sein, dass das, was du bei diesen Zeilen fühlst, etwas ist, das keiner Begrenzung ausgesetzt ist, sondern sehr viel Spielraum nach oben hat.

Um es banal auszudrücken: Es ebbt nicht ab, sondern wird immer intensiver.

Sprechen wir die Leidenschaft an, denn auch die Sexualität wird sicherlich anders gelebt in der neuen Epoche.

Sexualität an sich ist nicht mehr das richtige Wort, das würde ich, Marix, nicht mehr so verwenden. Ich würde es wie folgt ausdrücken: Die Sinnlichkeit allumfassend leben, mit aller Intensität, und die Liebeswellen mit aller Bedingungslosigkeit mit dem anderen teilen – tauschen.

Es fühlt sich an wie schweben, denn es bedarf nicht unbedingt mehr des Akts der Vereinigung, den ihr Menschen damit verbindet. Es ist vielmehr die spirituelle Verschmelzung der Liebenden, und zwar auf allen Ebenen des Seins. Ich merke schon, ihr wollt wieder praktische Beispiele von mir.

Stellt euch vor, ihr seid so innig mit eurer/eurem Liebsten verbunden, alleine schon, indem ihr euch in den Armen haltet, dass es sich für euch anfühlt wie damals, als ihr noch diesen Akt der Verbindung über die Geschlechtsorgane lebtet. Natürlich könnt ihr weiterhin die „alte Art" der Vereinigung leben, wenn ihr wollt, aber es wird euch sehr viel mehr Energie kosten als noch vor einem Jahr. Warum? Weil alles, was der alten Art der Vereinigung obliegt, auch Energien in sich trägt, die nicht so hoch sind wie die, die gerade im Körpersystem fließen.

So müsst ihr also, wenn ihr beschließt, Lust im alten Stil zu leben, eure Schwingung etwas dimmen, und das ist der Grund, warum euch das Kraft kostet, viel mehr als noch vor einem Jahr. Stell dir vor, du küsst deine Frau/ deinen Mann, und das Küssen ist für euch so intensiv wie damals der Akt der Liebe.

Stell dir vor, ihr liegt zusammen in der Badewanne bei Kerzenschein und leiser Musik, und schon das Zu-

sammensein und Betrachten der/des Liebsten ist für dich so intensiv, dass du das Gefühl hast, es könnte gar nicht schöner sein und als würdest du schweben. An diesem Punkt wird sich mancher Leser fragen: „Wo bleibt da die Begierde?" Wobei ich, Marix, eher von „Ich brauche es nicht unbedingt, aber ich will es" sprechen würde, das trifft es viel mehr!

Der Augenblick trägt so viel intensives Glück in sich, dass das Begehren und der Wunsch, den anderen zu besitzen, weit weg sind. Natürlich gibt es auch in meinem Dasein Momente, in denen ich mehr will, in denen es kein Halten mehr gibt. In denen ich zusammen mit ihr in den Fluten der gelebten Liebe versinken möchte. Aber das ist vollkommen frei, das heißt, es ist frei von Begrenzungen, auch von zeitlichen Begrenzungen, und es ist vor allen Dingen frei von Zwängen. Alles ist möglich, denn die bedingungslose Liebe heilt und erschafft neu.

Wir sprachen davon, dass es Paarbeziehungen wie früher so nicht mehr geben wird, denn es ist euch, je höher ihr schwingt, unmöglich, euch festzulegen, wen ihr mehr liebt. Liebt ihr eure erste Freundin mehr oder die, die gerade an eurer Seite ist? Ihr werdet sehen, ab einem gewissen Level der einstrahlenden göttlichen Energien ist es euch unmöglich zu entscheiden, wen ihr mehr liebt. Liebt ihr euren besten Freund anders als eure Freundin? Auch das wird eine Frage sein, die ihr, wenn ihr den Pfad des Aufstiegs gegangen seid, nicht mehr beantworten könnt.

Denn ihr fühlt die Liebe universell und nicht mehr spaltend oder gar besitzergreifend. So, wie ich, Marix, meinen

Bruder, meinen Freund, meine Mutter, meine Schwester, meinen allerbesten Freund ehre und liebe und meine Partnerin an meiner Seite liebe, kann ich euch nicht sagen, wer von ihnen mehr von meiner Zuneigung hat, denn die Liebe ist frei und nicht mehr gebunden an spaltende Begrenzungen. Eifersucht und Besitzansprüche werden durch Vertrauen, Toleranz, Offenheit und den Herzenswunsch, dass es den anderen gut gehen möge, ersetzt.

Begegnungen, bei denen es nur um sexuellen Austausch geht, werden immer weniger werden, wodurch Raum für Begegnungen entsteht, die zwar erst einmal freundschaftlich sein, sich aber durchaus in eine respektvolle Beziehung verwandeln können.

Ihr werdet kein Gefühl der Traurigkeit mehr haben, wenn die/der andere nicht da ist. Vielmehr spürt ihr eine universelle Zuneigung, da euer Dasein angefüllt ist mit Begegnungen aller Art.

Gesellschaftliche Normen haben keinen Bestand mehr, denn egal, ob ihr eine Frau seid und eine Frau liebt, oder ob ihr ein Mann seid und einen Mann liebt, oder auch zu dritt, zu viert leben möchtet, all das obliegt keiner Wertung mehr, es ist nur wichtig, dass ihr das lebt, was euer Herz euch sagt.

Die Liebe ist frei, das ist allerdings noch nie so intensiv und rein gelebt worden wie jetzt. Was nichts anderes heißt: Wenn ihr der liebenden Vereinigung nachgeht, dass für euch und alle, die damit verbunden sind, sehr viel Raum nach oben ist, damit sich jeder frei entfalten kann. Je mehr göttliche Energie dein Körper halten kann, umso mehr lebst du automatisch das, was dein Herz dir sagt.

Vielen Dank für dein Vertrauen, vielen Dank für dein Sein. Was bist du für ein wunderbares Wesen, wie sehr ich dich liebe, wie sehr…

Hingabe geht immer einher mit Schmerz

Die Spiritualität hat sich grundlegend verändert. Nicht dass jetzt andere spirituelle Gesetze gelten würden, nein, ihr seid es, die den göttlichen Funken leben und verteilen, und zwar viel intensiver als noch vor Jahren. Wahrscheinlich ist es euch selbst nicht aufgefallen, außer ihr schaut zurück. Dann sieht man, wie sehr das göttliche Sein in euch gewachsen ist und mit wie viel Power ihr es lebt.

Wobei dein erweitertes oder gar volles Bewusstsein das Herzstück ist, denn so hast du immer Zugang zur himmlischen Energiequelle und bist mit deinen geistigen Mentoren verbunden, als stünden sie neben dir, was sie auch häufig tun. Sie sind an deiner Seite, manche kannst du sehen, andere wieder nicht, manchen Engel spürst du, die anderen wieder hörst du über dein heiliges Herz.

Was hat das alles mit Hingabe zu tun? Hingabe oder, besser gesagt, das Engagement, das dich all die Jahre begleitet hat, wenn es darum, ging den Kontakt zur Geistigen Welt zu halten, hast du gebraucht, um die vielen Aufgaben des Alltags zu erledigen. Denn es hat das Feuer der Hingabe in dir gebrannt und tut es sicher immer noch, wenn es darum geht, das EINSSEIN mit der Liebe zu leben.

So hast du trotz aller Verpflichtungen, die oft mehr zerstreuend als zentrierend waren, immer wieder die Kraft gefunden, dich am Licht aufzurichten oder, besser gesagt, auszurichten, denn darum ging es die erste Zeit.

Für manchen Lichtträger fühlte sich das sicher oft an wie ein Test. Erst die Phase der Öffnung des Kronenchakras, dann die erste Engeleinweihung – all das wird im Allgemeinen als wunderschön und erhebend empfunden. Und auf diese rosarote, schwebende Phase folgte der Lichtkörperprozess, der dich sicher viel Kraft gekostet hat.

Zusätzlich hattet ihr ja noch die Flut der anwachsenden alltäglichen Erledigungen zu bewältigen – beruflich, familiär oder auch ehrenamtlich –, sodass ihr fast gezwungen wart, euer Licht immer wieder an Orte und Menschen zu verteilen, die ihr vorher nicht kanntet.

So kam es zu Ereignissen, zum Beispiel eine Krankheit bei dir oder einem Familienmitglied, die dich dazu brachten, Institutionen, Ämter oder Personen aufzusuchen, mit denen du vorher nie in Kontakt warst und auch nie freiwillig gewesen wärst.

Oh nein, wir waren es nicht, die dich dazu brachten, Krankenhäuser aufzusuchen. Wir waren es auch nicht, die dich so fehlgeleitet haben, dass du oft gedankenverloren die scheinbar falsche Station aufgesucht hast. Wir waren es auch nicht, die dich angestupst haben, dass du Personen ansprichst, die du so, ohne diesen Notfall, nie angesprochen hättest.

Das sind Seelenabsprachen! Diese sind dafür verantwortlich, dass in gewissen Lebensphasen Schmerz in euer Dasein geschwemmt wurde, indem ein Mitglied eurer Seelenfamilie sich bereiterklärte, der Grund für eure Sorgen zu sein. So fand etwas statt, das im Allgemeinen als Schicksal bezeichnet wird, es aber eigentlich nicht ist. Denn dem Schicksal wärt ihr hilflos ausgeliefert gewesen, den Seelenabsprachen in Liebe nicht.

Versteht ihr, was wir meinen? Bei all dem war eure Hingabe gefragt, eine gewisse Selbstaufgabe, um Kraft zu haben für die Momente im Leben, in denen es nur um eins ging: um Schadensbegrenzung. Um die Erhöhung des eigenen Bewusstseins, um anderen zu helfen, Zuversicht zu verteilen und um euren göttlichen Funken, den es galt, bestmöglich zu teilen!

So geht Hingabe immer einher mit Schmerz, denn beides befindet sich auf einer Energielinie. Wer also eine große Opferbereitschaft hat, wird unweigerlich auch viel Schmerz erlebt haben.

Wobei wir hier unsere Hochachtung aussprechen möchten, denn gerade jene unter euch, die zur Selbstaufopferung neigen, hatten selbst viel Leid zu tragen, und doch hat das Wort Selbstaufopferung für uns keinen negativen Klang, wir nennen das nämlich den Jesus-Effekt!

Gerade die Leserinnen und Leser, die sich hier erkennen, sind die wahren Helden der Geschichte, denn in fast allen Seelenplänen ist die Erfahrung des Jesus-Effektes verankert. Ihr wolltet als Zeichen der Verbundenheit mit Jesus diesen Weg der weltlichen Läuterung gehen.

Nicht alle haben den Punkt der Dornenwanderung, wie man es auch nennen kann, erfüllt. Es gab auch Menschen, die es für sich als zu schwer ansahen, und darum übernahm ein Mitglied ihrer nächsten Angehörigen oder Freunde diesen Part der Seelenabsprache.

Eine Aufgabe im Lebensplan kann man zwar zurückstellen und diese Herausforderung später angehen, jedoch kann man Lernaufgaben nicht auf andere übertragen, indem man ihnen ausweicht. Das Übernehmen einer wichtigen Lebenskrise geschieht immer freiwillig, ihr könnt niemanden dazu zwingen, einen wichtigen Part eures Seelenkontrakts zu übernehmen.

So übernimmt jemand in eurem Leben diesen Part, oder ihr werdet durch das Geschehen in eure Lernaufgabe geschubst, sodass ihr euch plötzlich doch in der Lage seht, die selbst auferlegte Prüfung zu bestehen.

Manchmal, wenn euch das Leben zu schwer und der Weg zu steinig ist, entscheidet der Schöpfer, dass ihr erlöst werden dürft. Dann gilt der Part im Seelenplan als erledigt, und ihr könnt befreit weiterleben.

Sicherlich ist es beruhigend, im Nachhinein zu sehen, warum das Leben an manchen Stellen so leidgeprüft war und warum manche Dinge passierten, ohne dass ihr in der Lage gewesen wärt, etwas zu verhindern.

Der Fluss der Zeit ist es, der Heilung über die Wunden streut, so wurde es uns von den Trauernden oft übermittelt. Verständlich, dieses Empfinden, denn je tiefer der Seelenschmerz, umso mehr die Gefahr der Isolation.

Isolation ist nicht etwas, das dir von außen aufgezwungen wird, sondern meistens wird Isolation erst im Inneren kreiert, indem du dich selbst zurückstellst. Indem du dich zurücknimmst von all dem, was dir ehemals Freude machte. Klingt wie Selbstbestrafung, ist aber nur eine Schutzmaßnahme der Seele, wenn der Schmerz unerträglich ist. Denn je heftiger deine Erlebnisse waren, umso mehr du dich selbst dabei verlorst, desto weniger war es dir möglich, Verständnis bei deinen Mitmenschen dafür zu finden. Da war Isolation erst mal das Mittel der Wahl, um diesen Kreislauf der Spiegelungen zu unterbrechen.

Wir sprechen in der Vergangenheit, denn all das gehört der alten Zeit an, da die Qualität des göttlichen Lichts mittlerweile so hoch ist, dass es alles heilt, ja, alles! Liebe heilt fast alles, fast, denn nur wer der Liebe vertrauen kann, wird das Erlebnis der allumfassenden Heilung erleben.

Große Worte, denkst du gerade? Nun, lebe es, probiere dein göttliches Sein aus, erfahre dich in all deiner lichtvollen Weisheit, lebe das, was du gelesen hast, fülle es aus mit deinem SEIN.

Wie wundervoll es ist, dich begleiten zu dürfen, wie atemberaubend zu sehen, wie schön du in Wahrhaftigkeit bist, welche Ehre für uns, deine geistigen Mentoren, dich an unserer Seite zu sehen.

Erzengel Michael – Magische Momente mit einem Engel

Sarinah:

„Die Idee, sich mit einem Engel zu verbinden, um Antworten für sich und andere zu erhalten, ist sicherlich nicht neu, doch waren die Engel uns noch nie so nahe wie jetzt.

Je höher die eigene Schwingung, desto intensiver die Gespräche und Berührungen der Engel.

Channeling ist eher ein alter Begriff, denn die Gespräche mit den geistigen Freunden finden im direkten Austausch statt, darum ist die Gefahr, dass es zu Übermittlungsfehlern kommt, eher gering, wenn nicht sogar gebannt.

Wer also einen guten Draht zu einem Wesen aus der Geistigen Welt haben möchte, sollte den Kontakt erst einmal im Inneren herstellen.

Die Reise zu sich selbst ist dabei ganz wichtig, denn wer sich selbst nicht gefunden hat, kann auch schwer diesen intensiven Kontakt herstellen.

Ist man mit sich selbst oberflächlich, sind es auch die Verbindungen, die man im Alltag lebt. Doch wer hat schon immer Zeit und Lust, zu meditieren oder sich mit inneren Themen zu beschäftigen?

Leicht vergisst man, wer man wirklich ist, weil die Ablenkungen so verführerisch sind, dass man irgendwann Gefahr läuft, nicht sich selbst zu leben, sondern das Bild, das man von sich hat.

Der Verlust der wahren Identität geht oft einher mit einer Gewichtszunahme, Mangelerscheinungen, Krankheit oder finanzieller Not und vor allem mit Unlust. Unlust zum Beispiel, was die Berufstätigkeit betrifft. Man verspürt den dringenden Wunsch, aus dem Kreislauf der Abhängigkeiten auszusteigen.

Wer allerdings in die Absicht geht, um sich selbst zu finden, dem wird reichlich Hilfe zuteil, denn die geistigen Mentoren räumen zwar erst einmal alles zur Seite, was den Engelkontakt stören könnte, ist dies aber geschehen, ist die Bahn frei für magische Momente mit den Engeln."

Erzengel Michael spricht über den intensiven Kontakt zu den Menschen:

Gerade jetzt, wo euer Sein anfängt zu flimmern, das heißt, ihr werdet langsam in eure Berufung gehoben oder seid es schon. Doch egal, wie immer eure Ausrichtung aussieht, ihr könnt euch sicher sein, dass der innige Kontakt mit uns Erzengeln euch immens helfen kann, auch was den Alltag betrifft.

Ich, Erzengel Michael, sage euch, dass unsere Schwingung sich nur durch eins unterscheidet, und zwar durch euren Glauben.

So begrenzt du dich oft selbst, ohne es zu bemerken. Du setzt die Qualität unseres Kontakts herab, indem du davon ausgehst, dass dein Sein weniger wert ist als das eines Engels, oder indem du von dir denkst, dass Engelkontakte bei dir nicht funktionieren, weil es einige Male nicht geklappt hat, als du uns spüren wolltest.

Dabei ist alles offen, und der Raum nach oben ist unermesslich groß, denn generell kannst du uns über alle deine Sinne wahrnehmen, auch über deine Augen.

Wir sind deine Brüder, deine Schwestern, deine Freunde, deine Familie, und das schon seit langer Zeit.

Viele Lichtarbeiter tragen in sich eine Art Blockade, was den innigen Kontakt mit uns betrifft, denn sie wurden schon im Kindesalter von der Religion beeinflusst. So wurden wir Engel immer als erhaben, groß und vor allem abgehoben dargestellt, was bei vielen Kindern den Eindruck erweckte, wir wären nur schwer erreichbar. Dass eine gewisse Distanz zwischen uns und den Menschen ist und man uns nicht zu nahe treten darf, weil das sonst Gotteslästerung wäre.

Alte Themen, die nie mit dem übereinstimmten, was wir wirklich sind, doch leider sind sie im Verstandessystem vieler Bürger immer noch gespeichert.

Wobei es genügt, sich klar zu werden, dass wir Erzengel durch eure Nähe geradezu aufleben. Je mehr Vertrautheit zwischen uns ist, umso besser.

Wir sind dir sehr nahe, du kannst uns alles sagen, die Geistige Welt straft nie, und, vor allem, wir sind keineswegs nur für hohe Würdenträger in der Kirche da oder für hochspirituelle Menschen.

Magische Momente mit uns kannst du erleben, indem du uns erlaubst, dich zu berühren, denn hast du unsere Nähe, unsere immense Liebe und Kraft erst einmal gespürt, wirst du nie mehr das Gefühl haben, wir wären fern. Du wirst nie mehr Angst haben vor dunklen Mächten, und du wirst eine Schwingung haben, die für fast alle Menschen in deinem Umfeld unwiderstehlich ist.

Es kann durchaus sein, dass die, die unser gemeinsames Licht nicht aushalten, dich meiden werden, doch du wirst von ihnen auch nicht mehr als Energiespender/in benutzt wie früher.

Wenn du also eine ruhige Minute hast, nachdem du das gelesen hast, dann rufe, wenn du magst, mich, Erzengel Michael. Doch du kannst jeden beliebigen Erzengel wählen für das Rendezvous mit deinem Engel.

Mache es dir bequem und sorge bitte dafür, dass eine leichte Decke dich wärmt, falls du leicht auskühlst.

Öffne dein Herz und sorge für eine angenehme Atmosphäre im Raum, so, wie du es gerne haben möchtest.

Sobald du meinen Namen denkst oder aussprichst, werde ich zu dir kommen.

Ich, Erzengel Michael, bin nun bei dir und umhülle dich mit meinem Licht der göttlichen Energie.

Du darfst dich ausruhen und einfach nur genießen, den aktiven Part übernehme ich. Während deine Augen geschlossen sind und dein Atem immer ruhiger wird, fühlst du eine angenehme Kühle im Gesicht, vielleicht sogar an deinen Händen, denn ich beuge mich gerade über dich, und du spürst den unendlichen göttlichen Atem.

Während du langsam immer mehr in einen meditativen Zustand gleitest, fange ich an, deine Augenlider zu küssen. Oh ja, Engel küssen gerne, wir lieben es, die Menschen zu berühren. Natürlich nur, wenn diese es zulassen.

Du fühlst vielleicht ein Kitzeln auf deiner Haut, als würde dich eine Feder streicheln, oder du hast das Gefühl, ein Haar von dir kitzelt dich. Das sind typische Zeichen für die zarte Berührung eines Engels.

Auch wenn du einen kühlen Schauer fühlst oder einen Windhauch, sind das typische Zeichen dafür, dass ich dir gerade sehr nahe bin.

So werde ich also jetzt, wenn ich darf, deine Hände anfassen, sodass meine Energie sich mit deiner vereint. Spürst du das Kribbeln in deinen Handinnenflächen, spürst du meine magnetische Kraft, die durch deine Finger rieselt?

Während du noch überlegst, ob du etwas fühlst und ob das, was du fühlst, tatsächlich zu mir, Erzengel Michael, gehört, fließt meine Frequenz durch deinen ganzen Körper… Gerade fasse ich deine Zehen an, um dich zu kitzeln. Spürst du es?

Nun nehme ich dich in den Arm und wiege dich sanft, so, wie eine Mutter ihr Baby wiegt. Dein Sein ist erfüllt von meinem blauen Strahl, und egal, wie intensiv du mich wahrnimmst, sei dir sicher, ich bin bei dir, ganz nahe sogar.

Wenn du mich fühlen willst, dann bedeutet es, du solltest ein wenig üben. Setze deine Fantasie, deine Vorstellungskraft ein und begib dich in einen Ruhezustand. Dann rufe mich oder einen anderen Erzengel. Egal, welchen geistigen Mentor du wählst, wir sind da.

Je intensiver du uns wahrnehmen willst, umso mehr sollte dein Körpersystem die Möglichkeit haben, sich zu erinnern. Nicht sich der Engelschwingung anpassen, das meine ich nicht, denn der Unterschied zwischen unseren Vibrationen ist gering, und dein System sollte die Chance haben, sich zu erinnern. An das, was du wahrgenommen hast, bevor die Dualität dich einholte, damals, als du noch ein Teenager warst.

Die Dualität, das Vergessen, gehört der Vergangenheit an, wie du weißt. Jede Trennung zwischen uns war immer eine Illusion, doch nun hast du die Möglichkeit, mit uns zu leben oder, besser gesagt, wir erfahren das Leben wieder durch dich.

Ein Geschenk aus deiner geistigen Heimat, um dir bei der allumfassenden Heilung zu helfen, dich zu stützen und zu tragen, wann immer du das möchtest und, vor allem, um dich einzuhüllen in die bedingungslose göttliche Liebe.

Wenn diese Liebe wieder in dir erwacht ist, kannst du dir sicher sein, dass deine eigenen göttlichen Kräfte unermesslich stark sind. Sie sind genauso stark, wie du selbst darüber denkst. Denn der Glaube erschafft die Realität, nicht umgekehrt.

Ich danke dir und segne dich. Sei dir sicher, du bist unermesslich geliebt.

In Liebe, dein Erzengel Michael.

Der Besitzanspruch und seine Tücken – Das schmerzhafte Sehnen nach Liebe

Vielleicht mag manchen Lesern die im letzten Kapitel beschriebene Verbindung mit einem Engel banal vorkommen, oder es ist für sie nichts Neues.

Doch es geht nicht darum, dass wir euch eine neue Art der Verschmelzung mit eurem Engel oder gar dem galaktischen Seelenpartner aufzeigen, sondern dass ihr versteht, wie unermesslich stark eure Macht ist.

Wie sich etwas anfühlt, wie intensiv diese Erfahrung ist, ob ihr euch danach noch tagelang „in Love" und schwebend fühlt oder nicht, bestimmt ihr allein, es liegt in eurer Kraft der magischen Aussendung.

Wir haben schon oft von der Magie der Aussendung, der Kraft der Manifestation gesprochen, denn genau das ist es: die Chance, sich Lebensbegebenheiten heranzuziehen, zum Wohl aller Beteiligten natürlich, und euer Wunsch sollte in der Ausrichtung der göttlichen Energie sein. Sich etwas in der Ausrichtung der göttlichen Energie zu erbitten bedeutet, sich etwas zu wünschen, ohne sich selbst übervorteilen zu wollen.

Dann stehen euch alle Türen offen, wirklich alle! Wahrscheinlich gewöhnungsbedürftig für viele Lichtträger, denn ihr wart so an den Mangel gewöhnt und dass etwas unerreichbar ist für euch. So müsst ihr euch erst einmal an die allumfassende Fülle gewöhnen, das ist klar und logisch.

Wahrlich, goldene Geschenke warten auf euch, davon sprachen wir in den ersten Bänden der Seelenverträge.

Eins dieser Geschenke ist die gelebte allumfassende Liebe. Das ist das größte Präsent, das es auf Erden gibt, die schönste aller Gaben.

Sicher atmen jetzt gerade die Leser tief ein, die die schönste aller Aufmerksamkeiten noch nicht leben können, weil die Lebensumstände des Partners kompliziert sind, zum Beispiel, weil er noch nicht frei ist. Doch bedenkt, dass die Liebe im Neuen Zeitalter keine Trennung mehr kennt. Die innigste aller Verbindungen wird bedingungslos gelebt.

Wir meinten damit nicht, dass ihr auf Gedeih und Verderb ewig an den oder die Partner(in) gebunden seid. Dass ihr nie frei sein könnt, obwohl euer Gefühl jemand anderem gehört. Das wollten wir damit nicht sagen. Natürlich werden sich weiterhin Paare entscheiden, getrennte Wege zu gehen, doch je mehr göttliche Energie in die Körper der Menschen fließt, umso weniger ist es ihnen möglich, sich gemein zu verhalten oder gar Kinder zu benutzen, um sich zu rächen.

Wenn du dich in eine Frau oder einen Mann verliebt hast, die/der gebunden ist, bedenke, dass dein Wunsch, sie/ihn aus der alten Beziehung herauszureißen, auch dir schadet. Diese Dinge gehören zum Energielevel der alten Zeit, der Spaltung. So kommt es vor, dass die Lebensform, wie oben beschrieben, sich entweder ewig wiederholt, oder im schlimmsten Fall tut sich nichts, du wartest ewig auf sie oder ihn.

Was also tun? Warum wünschst du dir, dass sie/er ihre/seine Familie verlässt und zu dir kommt? Warum denkst du, dass du erst dann glücklich bist? Wenn du jedoch nicht in dieser Warteposition verweilst, sondern auch ohne Partner im Reinen mit dir bist, wirst du sehen, dass es dein gutes Beispiel ist, dem deine Liebe automatisch folgt.

Schwer vorzustellen? Warum jemanden aus seiner alten Lebensform wünschen, die sie/ihn offensichtlich nicht mehr erfüllt? Den Zeitpunkt des Loslassens wird immer die Person wählen, die die alte Erfahrung noch braucht. Diese Art zu leben ist doch ein Modell, das nicht aus Zufall gewählt wurde, denn auch das bezieht sich auf Lebenspläne.

Der Wunsch danach, dass der/die Partner/in sein/ihr altes Umfeld endlich verlässt, treibt nur dich in die Isolation. Du wirst verlassen und bekommst nicht genug Liebe und Aufmerksamkeit. Dann bist du es, die/der auch herausgewünscht wird.

Verstehst du, was wir meinen? Wir wissen durchaus, es ist nicht leicht nachzuvollziehen, was wir hier ansprechen, denn schließlich geht es um das heißeste Gefühl, die Liebe, die Sehnsucht, den Drang nach der Heilung alter Wunden durch eine Paarbeziehung, und es geht vor allem viel zu oft um das Besitzen-Wollen. Diese Form der Liebe kann nicht mehr funktionieren und endet allzu oft in einer Abhängigkeit.

Wer diese Zeilen liest und bei dem sofort Resonanz entsteht, dem sagen wir ganz sanft: Du erkennst dich darin selbst. Entweder hast du solch eine Bindung einmal gelebt, dir gewünscht, oder du bist gerade dabei, diese Herausforderung der bedingten Liebe zu meistern.

Wisst, dass es uns fern ist, zu urteilen, zu werten oder gar auf euch herabzusehen, denn wir lieben euch. Ihr habt unser Mitgefühl und unser Verständnis, denn die härteste aller irdischen Lernaufgaben ist die der gelebten allumfassenden Liebe.

Solltet ihr euch in der Situation sehen, dass euer Seelenpartner seine Energie noch mit jemand anderem teilt, dann freut euch und seid sicher, dass das Teilen es ist, das euch glücklich macht, nicht der Besitzanspruch.

Es ist nicht so kompliziert, wie du jetzt denkst, es genügt schon, zu verstehen und in die Absicht zu gehen, anders auszusenden als früher.

Niemand ist eine Insel, niemand ist allein, niemand ist ewig der Verlierer, das alles ist eine Illusion, die aus der Zeit kommt, als ihr dachtet, von eurem Höheren Selbst getrennt zu sein.

So stell dir vor, wie es ist, wenn du die Familie deiner allergrößten Liebe in dein Herz schließt, wie ihr zusammen sein könnt, ohne dass familiärer Krieg, Trennung, Schmerz, Wut und finanzielle Not entstehen.

In Wahrheit ist die Realität des Alltags eine Illusion. Das, was ihr lebt, wird vorher von eurem Glauben, von eurer Art, wie ihr über bestimmte Lebenssituationen denkt, sprecht und fühlt, manifestiert. Nicht umgekehrt.

Das beinhaltet auch die Chance, Konstellationen, die euch nicht behagen, zu heilen, indem ihr an eurem Glauben, wie etwas zu sein hat, arbeitet oder zumindest euer Begehren und das Handeln reflektiert.

Wer sich Feinde macht, wird auch so behandelt. Wer jemanden nur für sich haben will, wird diese Form des Besitzanspruches immer wieder leben müssen, so lange, bis er/sie versteht, dass es in der Partnerschaft nicht vordergründig um das eigene Glück und die eigene Zufriedenheit geht. Erst einmal geht es immer um das Glück und die Zufriedenheit der anderen Menschen, die involviert sind.

Was dann folgt, ist klar, ihr wünscht für andere nur das Beste, und ihr bekommt es auch, meistens sogar ziemlich schnell, ohne diesen sich ewig wiederholenden Kreislauf des selbst auferlegten Mangels, des Schmerzes oder gar des Verlustes an Lebensqualität.

Wir sprechen über diese Dinge in der Hoffnung und im Vertrauen, dass zum Zeitpunkt des Erscheinens dieser Zeilen alle Menschen in der Lage sind, die wahre bedingungslose Liebe zu leben.

Doch der Bewusstwerdungsprozess der Menschheit ist individuell und nicht immer kollektiv, und so wird es sicherlich auch in zehn Jahren immer noch jene geben, für die diese Worte aktuell sein werden.

Wir, eure galaktische Familie, bedanken uns für euer Vertrauen. Seid gewiss, dass auch wir schon in diesen Schuhen steckten, in denen ihr euch gerade bewegt, seid gewiss, dass wir euch verstehen und ihr unsere allergrößten Helden seid.

Wahre Helden zeichnet etwas Besonderes aus: Sie gehen immer an ihre Grenzen, sie leben alles, was sie später lehren, sie sind voller Mitgefühl für andere, aber leider oft wenig für sich selbst. Sie besitzen kaum Ego, leider auch wenig Selbstschutz.

Wahre Helden sind die „Stars der Geschichte der Menschheit", nicht wir oder eure Engel, sondern du bist es, da du gerade diese Zeilen liest. Sei dir sicher, du bist so unermesslich geliebt, dass unser aller Herz vor Sehnsucht anfängt zu pochen, wenn wir dir über die Schulter sehen...

Es wurden damals die Besten der Besten auf die Erde gesandt, um die Menschheit zurückzuführen in das göttliche Sein.

Das Spiel mit den Abhängigkeiten

Der Glaube, wie etwas sein wird, erschafft Realität!
Es ist sicher eine der härtesten Lernaufgaben zu erkennen, wie die gewünschte Freiheit gelebt werden kann und das alte Spiel der Abhängigkeiten zu enttarnen ist.

Je mehr du dich in diesem Strudel der Bequemlichkeit befindest, desto weniger wird dir bewusst sein, dass es nicht nur die anderen sind, die ihre Lernaufgabe darin haben, sondern auch du, da du in der Lage bist, diese Unselbstständigkeit zu verlassen.

Wie das geht? Indem du erkennst, in die Absicht gehst, indem du versuchst, über diesen Punkt deines Lebens hinwegzuspringen, an dem du immer wieder gescheitert bist, mit der Kraft der Veränderung: „Ich ändere mein Leben jetzt, ich tue es!"

Nicht einfach, doch sehr wichtig, denn wenn ihr zum Beispiel finanziell von jemandem abhängig seid und euch das nicht gefällt, wird man euch immer mehr von diesem „Unfrei-Sein" aufdrängen. So lange, bis es zu einem Crash kommt, solltet ihr nicht vorher erkennen, was los ist, denn euer Gegenüber mag sicherlich auch ein Thema haben mit: „Ich schätze mich nicht, doch ich werde geschätzt, wenn ich anderen finanziell helfe."

Wobei wir wieder anmerken möchten, dass der Alltag so, wie ihr ihn lebt, nicht von äußeren Gegebenheiten gestaltet wurde. Nein, keineswegs, es ist umgekehrt, und sobald du das nachvollziehen kannst, bist du in der Lage, voll in deinen Selbstwert zu gehen und alles, was dich unfrei macht, loszulassen. Du musst diese Dinge also nicht mehr von anderen einfordern, und andere müssen dir diese Hilfeleistungen nicht mehr schwer zugänglich machen oder dir gar verweigern.

Wobei die Fülle in allen Bereichen für alle Menschen bereitsteht, denn ihr seid viel mehr in der Lage, diesen Pool der unendlichen Fülle anzuzapfen, als ihr denkt.

Es geht also nicht darum, aus der einen Abhängigkeit auszusteigen, um neue zu erschaffen, indem man zum Beispiel drei Jobs annehmen muss, um leben zu können, dafür aber auf andere Ausgaben verzichtet.

Es geht vielmehr darum, dass der Fluss des goldenen Lichts durch dein ganzes Sein fließen darf, auch durch dein Finanzsystem.

Wenn du nicht mehr betteln, dich nicht mehr kleinmachen möchtest, um das zu bekommen, was dir zusteht, solltest du lichtvoller und in deiner Zielrichtung fühlen, denken und sprechen.

Das Ziel ist wichtig. Wie soll sich die Situation klären? Willst du nicht lieber im Freiflug leben und all die Dinge erhalten, die du brauchst?

Willst du sie wie selbstverständlich erhalten oder indem du Zwang und Druck ausüben musst? Dann wird man dich auch wieder zu etwas zwingen und dir gegenüber Druck ausüben.

Es ist sehr wichtig, darum wiederholen wir uns: Nicht die Realität macht den Glauben, sondern der Glaube, wie etwas sein soll, erschafft die Realität. Das bietet die Möglichkeit, durch das beständige Reflektieren der inneren

Einstellung sehr schnell das erwünschte Glück zu leben.

Manchmal sehen sich gerade Lichtarbeiter im Kreislauf der wiederkommenden Themen. Je länger dieses Spiel der Unterwürfigkeit geht, umso weniger sind sie bisweilen in der Lage, den Kreislauf zu unterbrechen.

Was durchaus verständlich ist, denn die Lösung liegt oft so nah und ist so einfach, dass sie übersehen wird.

Oh, es liegt uns wirklich fern, zu werten, zu urteilen oder, noch schlimmer, auf euch herabzusehen, denn auch wir hatten Erdenleben, auch wir sind durch den Sumpf der Dualität gewatet, darum verstehen wir euch. Darum sind wir auch nicht erhaben, sondern ihr habt unser tiefes Mitgefühl.

Auch wenn unsere Erdenleben lange Zeit zurückliegen, haben wir niemals die Erinnerung daran verloren, und wir fühlen Demut, wenn wir in der Akasha-Chronik blättern. Ja, Demut, denn die Erde ist ein Lernplanet, ein Übungsplanet für Menschen, die eigentlich Engel sind. Wir sind unendlich stolz darauf zu schauen, wie die wahren Helden zum Ziel zurückkehren. Das Ziel, das damals der Ausgangspunkt war für eure Reise auf die Erde.

Wir, die galaktische Familie, sind voller Stolz, und wir lieben euch so sehr, denn wir können nachempfinden, wie es mit den selbst auferlegten Prüfungen des Lebens ist.

Wir sind voller Freude, wenn wir sehen, dass unser aller Kontakt Früchte trägt, indem unsere Gespräche helfen, indem unser *Know-how*, das wir euch zur Verfügung stellen, euch lösungsorientierte Ideen bringt.

Keinesfalls möchten wir aber durch unseren Kontakt eine Überlagerung oder gar Überlegenheit fördern. Denn auch ohne uns seid ihr wahre Helden, auch ohne den Kontakt mit der Galaktischen Föderation des Lichts wärt ihr zu den Ergebnissen gekommen, die nötig sind, um euren Auftrag auf der Erde zu erfüllen.

Vielleicht hätte es ein wenig mehr Mühe gekostet, aber was ist schon Zeit, wenn man bedenkt, dass die Zeit eine Illusion ist. In Wirklichkeit ist genügend davon vorhanden…

Das, was du im heiligen Herzen wünschst, was du brauchst für dein Sein, alles, was den höchsten göttlichen Frequenzen entspricht, wirst du erhalten, und der Zeitrahmen dafür bist du selbst.

Der Jesus-Effekt und die Süchte

Der Aufstieg der Menschen bringt alles zum Wanken, was die müden Energien der Übergangsphase betrifft.

Wiederholt hören wir die Lichtarbeiter stöhnen, die zu uns Erzengeln kommen mit der Frage: „Hört denn diese Reinigung nie auf?"

Es kann kein Stopp in der Transformation geben, euer Aufstieg ist unendlich! Aber diese Auflösungen werden irgendwann so sanft sein, dass sie für euch nicht mehr wahrnehmbar sind, und wenn doch, sind sie eine Spielerei für euch, denn alles, was ihr früher hart erarbeiten musstet, ist jetzt automatisiert.

Ja, Auflösungen spülen einfach so weg, doch je mehr daran noch Themen des Seelenvertrags geknüpft sind, umso häufiger ist es der Fall, dass ihr erst erkennen müsst, welches Programm der Reinigung läuft und warum.

Das Erkennen genügt meistens schon. Sobald ihr dann in Absicht geht, dass diese Transformation erlöst werden darf, spült es der Fluss der goldenen Energien von euch weg. Keine Sorge, wer die Transformation nicht bewusst erleben kann, bei dem geschieht das Wegspülen der alten Muster automatisch. Vertrauen ist dabei sehr wichtig, denn sobald du dein Sein wieder auf das alte Thema lenkst und zweifelst, ob es auch wirklich weg ist, kommt es zu dir zurück.

Wie erwähnt, kann es vorkommen, dass die Reinigungen gesplittet vonstatten gehen, also nicht alles auf einmal, sondern zart und über einen längeren Zeitrahmen, sonst würde euer Körper-, Geist- und Seelensystem arg in Bedrängnis kommen, möglicherweise sogar kurz zusammenbrechen.

Doch kommen wir zum Thema „Schuld". Dieses scheint so tief im Kern eures Daseins verankert zu sein, dass es sogar uns Erzengel überrascht, dass es sich so hartnäckig bei den Menschen hält.

Denn es gibt keine Zufälle, Schuld oder Fehler auf Erden, also wäre eigentlich die Erlösung der Themen, die euch noch belasten, ganz leicht.

Was zum Festhalten der „Schuld" führt, ist unseres Erachtens nach der Jesus-Effekt, denn eine Vielzahl der Menschen traf vor der Inkarnation die Entscheidung, als Zeichen der Verbundenheit mit Jesus den Weg der Sühne zu gehen.

So ist es mehr als verständlich, dass es im Leben immer wieder zu Dramen kommt, die euch wehtun, euch aber durch die Dramatik fast zwingen, in euch zu gehen, um zu euch zu finden.

Aber diese selbst erschaffenen Dramen werden immer weniger, und es wird irgendwann jeder davon erlöst sein. Wann das ist, liegt immer am Lichtträger selbst.

Bedenkt, dass sich die selbst erschaffenen, ermüdenden Dramen oft durch verschiedene Gesichter zeigen, wie zum Beispiel Eifersucht, Neid, Hass, Gram, Streit, und vor allem Süchte spielen eine große Rolle.

Wer sich in eine Abhängigkeit begibt, tut das zwar meistens nicht bewusst, doch bietet die Beschäftigung mit den Süchten eine Möglichkeit, immer wieder ein Überdenken der belastenden Situation herzustellen.

So sind diese Lichtbewahrer oft, und das ist sehr gut, sehr viel mehr mit inneren Themen beschäftigt als andere, die ihrem normalen Lebensrhythmus nachgehen.

Man stellt sich durch das Durchleben einer Abhängigkeit sozusagen immer wieder auf den Prüfstand, was die Chance bietet, schnell ins höhere Bewusstsein zu gelangen.

Leid, Schmerz, Trauer sind zwar schwer zu ertragen, doch als Bonus bieten sie euch die Option, schneller bewusst zu werden.

Das hohe Bewusstsein an sich ist unglaublich wichtig, denn dadurch werdet ihr lebendig in den Himmel gehoben, weil die reinsten göttlichen Energien durch den Körper fließen können. Je höher der Mensch schwingt, desto gesünder der Körper, und desto mehr lebt er das Sein eines Engels.

Das Vertrauen in weltliche Mentoren

Die weltlichen Mentoren holen dich aus dem dunkelsten Loch heraus, wenn du es zulässt. Es sind Menschen mit besonderen Begabungen – Geistheiler, Schamanen, Lebensberater, Frisöre, Krankenschwestern, Masseure, Hausfrauen, Freunde, um nur einige zu nennen. Nicht alle weltlichen Mentoren rühmen sich mit ihren Fähigkeiten, sie führen ihre Heilsitzungen aus, indem sie ihren Beruf ausüben. Sie arbeiten unbewusst mit einer Art Tarnung, so sind sie für jedermann erreichbar, auch für diejenigen, die mit Spiritualität nichts am Hut haben.

Das Vertrauen ist immer wichtig, denn es ist die Eintrittskarte für jede Verbesserung. Scheinbar einfach umzusetzen, doch wenn es dann tatsächlich darum geht, sich voll auf uns, die Erzengel, einzulassen, weil du mit dem Rücken an der Wand stehst, ist das Einfachste manchmal schwer!

Sich in das Sicherheitsnetz der göttlichen Liebe fallenzulassen, weil man sich gerade nicht spürt, sich nicht lieben kann, und weil man die Kraft nicht hat, weiterzugehen. Doch immer wenn du denkst, du müsstest in den Fluten der Tränen und Traurigkeit ertrinken, helfen dir die Liebe und das Mitgefühl deiner Mitmenschen. Diese Energie trägt dich ans Ufer und stellt dich wieder auf die Füße. Wenn du zurücksiehst, wirst du sehen, dass jedes Tief dich weiser und stärker gemacht hat.

Ist es nicht wunderschön, sich in die Arme des Schöpfers fallenzulassen? Mit der Sicherheit, dass ER dich auffängt, egal, was du gerade getan hast, egal, wie du dich fühlst, und voller Zuversicht, dass ER da ist, auch wenn du nicht so sehr an ihn glaubst.

Wie oft wart ihr schon in ausweglosen Situationen? Wo sich hinter euch scheinbar der Abgrund auftat, und wärt ihr nur einen Schritt zurückgewichen, hätte euch dieser Abgrund verschlungen? Keine Chance, nach links oder rechts auszuweichen, es blieb nur der gerade Weg, und zwar der nach vorne.

Durch langes Hinauszögern einer Entscheidung, den langen Kampf mit dir, weil du ausharren wolltest, zum Beispiel im Beruf, der dir schon lange nicht mehr behagte. Durch dieses Ausharren und die immerwährende Thematik des Sicherheitsdenkens, der Angst, die Selbstsicherheit, die man dir genommen hatte, das Mobbing, das dann einsetzte, weil dein Seelenvertrag etwas anderes sagte als das, was du gerade lebtest – wegen all dem verließ dich dann schließlich deine Kraft.

Sodass du, als du dich am Abgrund stehen sahst, fast keine andere Wahl mehr hattest, als deinen ganzen Mut zusammenzunehmen und voranzuschreiten, dir selbst und der göttlichen Führung zu vertrauen.

Nun wer sich in diesen Zeilen wiedererkennt, weiß, dass, wenn sich die Lebenslage gerade wie Blei anfühlt, wenn das Herz wehtut, weil man schon wieder einen lieben Menschen loslassen muss, die Wahl der steinigen Straße zu einem guten Überblick und zur Klarheit führt.

So ist das Leben wie ein Pilgerweg für jeden von euch. Manche Lichtträger gehen später los, andere sind längst unterwegs, wieder andere sind schon am Ziel angekommen.

Was wir euch damit sagen möchten ist, dass hinter allem ein tieferer Sinn steckt. Wenn es euch schwerfällt, euch jemandem anzuvertrauen und ihr lieber autark unterwegs seid, ist das auch ein Teil eures Seelenplans.

Wenn ihr euch längst im Ziel seht, doch ihr fühlt euch immer wieder zurückversetzt, weil ihr euren Posten verlasst, um aus dem Herzen heraus anderen zu helfen, ist dieses Eintauchen und eure Hilfe beim Auflösen der Lernaufgaben für andere auch etwas, das ihr im Seelenkontrakt aufgeschrieben hattet.

Sobald die Menschen um euch aber anfangen zu spiegeln, sodass es wehtut, ist es Zeit, die Richtung zu überdenken, dann ist es gut, wenn ihr wisst, ihr könnt euch fallenlassen.

Es können auch die weltlichen Mentoren sein, die euch dann auffangen, die euch sagen, wo die nächste Wegmarkierung ist, die euch an die Hand nehmen und euch ein Stück des Pfades begleiten.

Wobei weltliche Mentoren durchaus sehr nützlich sind, gerade dann, wenn man das Gefühl hat, man hätte sich verrannt. Wenn man nicht mehr klar denken kann, weil man in Sorge ist, Angst der ständige Begleiter ist oder man sich von Freunden, die es nur gut meinen mit ihren Ratschlägen, verraten fühlt. Dann ist der richtige Zeitpunkt, einen weltlichen Mentor aufzusuchen.

Woran erkennt man einen guten Berater? Sie oder er ist ohne Ego. Manchmal dauert es ein wenig, bis ein Termin frei ist, weil so viele ihre/seine Hilfe suchen, doch man fühlt sich schon in den ersten Sekunden gut aufgehoben.

Weltliche Mentoren veranlassen dich, dein Herz auszuschütten, du kannst dich in ihre Hände, in ihre Energie fallenlassen, sie sind verschwiegen und sprechen nicht viel von sich.

Ein guter Mentor ist neutral und die reinste Verbindung zu euren Erzengeln und zum Schöpfer. Sie/er wertet nicht, urteilt nicht, erwartet nicht. Ihre/seine Schwingung ist die allumfassende Liebe und, vor allem: Sie/er würde euch nie irgendwelche Begrenzungen aufbürden.

Je heller dein Seelenlicht leuchtet, umso mehr merkst du, wenn das Licht gedimmt ist, und wenn es nur ein bisschen weniger hell strahlt. Dann fühlt es sich für dich womöglich schon an wie ein Abgleiten in die alte Angst und die alten Muster.

Häufig fühlt es sich nur so an, als würdest du abrutschen in dein altes Sein, dabei ist es nur eine kleine Schwankung, was normal ist, denn auch die göttliche Energie fließt in Wellen. Diese Wellenbewegung, die Vibration der Quelle allen Seins, ist nötig, denn sie macht es deinen Mitmenschen leichter, das Licht anzunehmen, denn nicht jeder Mensch ist in der Lage, so viel goldenes Licht auf einmal anzunehmen.

Durch dieses leichte Auf und Ab der höchsten aller Heilstrahlen ist es möglich, sich auf diesen Wellen auszuruhen, abzutauchen oder sich einfach nur mittragen zu lassen. Im Vertrauen, dass alles gut ist, alles seinen Sinn hat, alles in Bewegung ist, dass es keine Zufälle, keinen Stillstand gibt, auch wenn es für eine Weile so aussehen mag. Im Vertrauen, dass ihr EINS SEID mit der allumfassenden LIEBE.

Schmerz und Verweigerung gehören zusammen

Werde durch den Tod oder das Leben zu Licht!

Verweigerung hat viele Gesichter, zum Beispiel, sich nicht anzuerkennen, sich nicht so zu lieben, wie man ist, oder Trauer nicht zuzulassen und die eigene Weichheit zu verweigern, indem man sich nach außen immer stark gibt. Das sind nur einige Beispiele.

Warum war es nötig, immer wieder durch diese heftigen Körperattacken zu gehen? Warum haben die zuständigen Engel mit ihrer wundervollen Heilenergie diese Schmerzen nicht sofort erlöst?

Durch den Schmerz konnte euer Körper vieles loslassen: Alte Zellerinnerungen, alte Leiden und vor allem der Kristallisierungsprozess erforderten manchmal, dass es wehtat. So wart ihr fast gezwungen, wahrzunehmen, was an die Oberfläche gespült wurde.

Eure Erzengel dürfen nur das heilen, was laut Seelenkontrakt erlaubt ist, sie können euch nicht die Ablösungsprogramme ersparen, denn diese sind für euch sehr wichtig. So wichtig, dass es für dich unabdingbar war, sogar Schmerzerinnerungen, sowohl auf Körper- als auch auf Seelenebene, zu durchleben.

Auch jetzt noch kann es sein, dass euch etwas Qualen bereitet. Das obliegt dem Aufstieg, der ja nie endet, und wenn ihr durch höhere Dimensionen reist, kann es schon mal sein, dass euch der Schmerz wieder antreibt, über irgendwas nachzudenken. Das kann über die Verkörperung sein oder über Erinnerungen und Albträume, und vor allem kann die Psyche durch Burn-out signalisieren, dass es Zeit ist, sich zurückzulehnen und andere machen zu lassen.

Vergesst bitte nicht, dass dort, wo ihr nun im irdischen Vehikel andockt, normalerweise die Seelen ankommen, die durch den Sterbeprozess gegangen sind. Wobei wir beim Thema wären: der Sterbevorgang. Wer lebendig dorthin reist, wo sich Erzengel und Aufgestiegene Meister aufhalten, wo eure verstorbenen Verwandten und Freunde sind, braucht sich nicht zu wundern, dass irgendwann die Zellen, Nerven, Muskeln, das Skelett nach Aufmerksamkeit schreien. Es kann sich anfühlen, als würde jede Faser eures Körpers vibrieren.

Aufmerksamkeit darum, weil es darum geht, sich zu erinnern. Warum bin ich hier, warum tut mir etwas weh, und WER bin ich wirklich? Immer und immer wieder wird eure Ausdrucksform aus Fleisch und Blut förmlich darum betteln, dass ihr euch erinnert, WER ihr wirklich seid.

Das Vergessen ist dabei die heikelste Angelegenheit, denn durch die Alltagsmühen ist die Gefahr groß, dass ihr wieder abrutscht in die alte Daseinsform des: „Ich bin das, was ich außen darstelle!"

Doch keine Sorge, hast du erst einmal ein gewisses Level erreicht, ist ein Abrutschen nur noch bedingt möglich, denn schon das Berühren der alten schweren Vibration ist für dich so unangenehm, dass du dich sicher schon wiederholt gefragt hast, wie du das, was du erlebt hast, alles ausgehalten hast.

Gerade wenn euch etwas nahe geht, wenn euch etwas peinigt, treibt euch das an, über eure eigenen Grenzen zu gehen.

Ja, stimmt! Erst einmal entsteht Lethargie. Doch sobald du den Sturz abfangen kannst, wird dein Inneres Kind sich danach sehnen, sich auch mal in Extremsituationen zu erfahren, indem du bis an deine Grenzen gehst und sogar darüber hinaus.

So werden Engel gemacht oder, besser gesagt, so werden Erdenengel geprüft, denn nur die Besten der Besten erhalten die Erlaubnis vom Schöpfer, sich in ihrem Dasein als Engel zu erfahren.

Doch kommen wir zu einem anderen Thema, tauchen wir ein in die Welt der Agarther.

Die Agarther sind die Cousins aus der Inneren Erde, die so real sind wie du und ich. Diese Welt aber eröffnet sich nicht jedem, denn die Freunde aus der Inneren Erde sind nur bereit, ihren Schlagbaum zu öffnen, wenn du ein reines Herz hast und Geheimnisse für dich behalten kannst.

Die Freunde aus der Inneren Erde sind unter anderem zuständig für das Errichten der Edelstein-Heilungszentren. Diese sind besonders für die Menschen sehr nützlich, die starke seelische Belastungen ertragen mussten, denn sie arbeiten sehr sanft und individuell.

Wer sich im Zentrum einer Beschwerde wiederfindet, ist oft nicht mehr in der Lage, nach Hilfe zu rufen. Dann ist es gut, wenn die zuständigen Engel eingreifen, indem sie die bestmögliche Wahl der Heilungsstätte aussuchen.

Wenn die Auflösungsprogramme laufen, wundert euch nicht, wenn ihr euch im Status des „Bitte nicht berühren"-Modus wiederfindet. Dann ist es schon schwer genug, sich selbst zu motivieren. So kann es sein, dass du dich eine Zeit lang lieber dort aufhalten möchtest, wo du dich am wohlsten fühlst.

Stell dir einmal vor, was passiert wäre, wenn du in dieser Lethargie geblieben wärst? Sich immer wieder am Licht aufzurichten mag zwar erhebend sein, doch es ist anstrengend, sodass manchmal das große Bedürfnis nach Ausruhen und Stillhalten, Stillstand, entstehen kann.

Wenn dieser Zustand des Stillstands aber zu lange währt, fangen eure Engel an, für euch nach Hilfe zu rufen. Sie tragen euch nachts im Schlaf dorthin, wo ihr Heilung erfahren könnt.

Festhalten erschafft Abhängigkeit

Der Kreislauf der goldenen Energie möchte fließen, in Bewegung sein, denn nur so lässt sich eine erneute Erhöhung aushalten.

Das beinhaltet aber auch, dass ihr alles verliert, was ihr versucht festzuhalten, denn die Rotationskraft der göttlichen Schwingung schwemmt alles von euch weg, was ihr versucht, für euch alleine zu beanspruchen.

Ja, festhalten erschafft Abhängigkeit, auch wenn das sicherlich gerade für Eltern schwer zu verstehen ist, denn sie lieben ihre Kinder so sehr, dass sie versuchen, sie zu beschützen, indem sie sich oft an sie klammern.

Die jungen Leute spiegeln: „Lass mich los, vertrau mir!" Das kann aber erst einmal dazu führen, dass das Kind genau die Extremsituationen lebt und das Szenario eintrifft, das die Eltern die ganze Zeit befürchtet hatten.

Der Glaube erschafft die Realität des Alltags, nicht umgekehrt! Das beinhaltet die Kraft, etwas ins Positive umzukehren, sobald man verstanden hat, dass man Krisen, die man nie leben möchte, vor allem dann, wenn noch nichts passiert ist, keine Aufmerksamkeit schenken sollte.

Um es zu verdeutlichen, nehmen wir das folgende Beispiel: Wenn du ständig daran denkst, dass dein Schulkind eine Lernschwäche hat und du befürchtest, sie/er würde das Klassenziel nicht erreichen, dann werden auch die Lehrer davon sprechen, und die Gefahr ist sehr groß, dass genau das eintrifft.

„Aber die Realität ist so, darum denke ich doch so",

werden jetzt viele Leser grübeln. Wobei wir wieder beim Thema sind: Eure Kinder spiegeln euch, und ihr seid diejenigen, die dafür sorgen können, dass die Dinge nicht aus dem Ruder laufen.

Wenn es angenehme Reflektionen sind, braucht ihr euch nicht zu sorgen, doch wenn die Spiegelung der jungen Leute euch missfällt, seid ihr an der Reihe, die Dinge wieder ins Lot zu bringen.

Was also tun? Wieder heißen die Zauberworte: loslassen und vertrauen! Aus dem Mangeldenken herausgehen, sich bewusst werden, wie das Ziel aussehen soll, und genau dort hinein eure Aufmerksamkeit fließen lassen.

Wir wiederholen uns absichtlich, weil es sehr wichtig für euch ist zu verstehen, dass ihr sehr viel mehr die Meister im Erschaffen des Alltags seid, als ihr denkt.

Im Allgemeinen sind eure Grenzen dort, wo eure Vorstellungkraft endet. Was auch eine starke magische Kraft der Umpolung ins Positive beinhaltet. Natürlich kann das nur funktionieren, wenn es zum Wohl aller Beteiligten ist.

Ihr seid zwar Göttinnen und Götter, da dieser Funke in euch wohnt, doch ihr könnt auf keinen Fall Gott spielen, indem ihr versucht, anderen gegen ihren Willen etwas aufzuzwingen, weil ihr auch davon profitieren würdet.

Etwas in der göttlichen Schwingung zu manifestieren heißt nichts anderes, als dass es euren Erzengeln erlaubt ist, das Beste für euch alle herbeizuführen, im Einklang mit euren Seelenplänen.

Die Engel wirken dabei nicht linear, also kann es sein, dass wenn du den Wunsch nach mehr finanzieller Fülle gehabt hast, erst einmal die offizielle Bestätigung für diese Zahlung bei dir eintrifft, doch diese Zahlung noch nicht auf deinem Konto zu sehen ist.

Immer wieder heißt es, zu vertrauen – sich selbst und dem eigenen Seelenplan.

Jede Krise, und sei es nur der Streit mit dem Nachbarn, führt wieder zu neuen Erkenntnissen, lässt euch innerlich wachsen, führt zu mehr Klarheit, aber nur, wenn ihr in der Lage seid, die Dinge mit Abstand zu betrachten.

Wenn du also etwas in deinem Leben ändern möchtest, was dir nicht behagt, und sei es nur dein Gewicht, bedenke bitte, dass du dir gewahr werden solltest, warum du diese Form deines Körpers hast, den wir übrigens so, wie er ist, wunderschön finden. Du hast ja einen Grund gehabt, dir deine äußere Hülle so zu erschaffen, wie sie ist.

Ob dünn oder dick, krank oder gesund, groß oder klein – du hattest einen Grund, diese Ausdrucksform zu wählen.

Wenn du dir bewusst bist, dass es zum Beispiel deine Körperfülle war, die dich dazu gebracht hat, dich zu fokussieren, weil du weniger angeflirtet wurdest als andere Frauen/Männer, ist das der erste und wichtigste Schritt, der dir die gewünschte Veränderung bringen kann.

Denn alles, was du ablehnst, gibst du nicht her, und es wird in einem scheinbaren Ewigkeits-Kreislauf immer wieder zu dir zurückkehren. Oft auch im Ausdruck einer Abhängigkeit, bis du weißt, dass der Kreislauf nur unterbrochen werden kann, wenn du dir sicher bist, dass du diese Art der Isolation nicht mehr brauchst.

Man hat euch suggeriert, dass ihr als Erstes euer Verhalten ändern müsst, um das gewünschte Ziel zu erreichen. Wir, die geistigen Mentoren, die hier als Gruppe sprechen, sagen aber: „Erst kommt die Veränderung der inneren Einstellung zum Thema, das Gewahrsein, dann erst das Handeln. Warum habe ich mir mein Leben so, wie es ist, erschaffen? Dann erst kommt die Veränderung im Verhalten."

Loslassen, vertrauen, in die Absicht gehen und handeln. Immer wieder sind euch diese Lernaufgaben begegnet. Aus allen Erwartungen, Forderungen, Wertungen und Begrenzungen aussteigen, was das Lebensthema betrifft, das ihr heilen wollt. Dann vertraut bitte, indem ihr eure Ausrichtung auf das Ziel lenkt. Dann geht in die Absicht, indem ihr euch vorstellt, wie es IST, das gewünschte Ziel erreicht zu haben, und dann erst kommt das Handeln.

Vertauscht ihr die Reihenfolge, kommt es zu Überlagerungen. Entweder gibt es einen kurzzeitigen Erfolg, oder es passiert überhaupt nichts.

Das Pendel der Lebensuhr schwingt ruhig und sicher, und dieser Rhythmus kann nur durch dich ein wenig verändert werden. Ein wenig, denn auch wenn du dir Schwere erschaffst, schützt dich doch dein Seelenkontrakt, der dich immer wieder in deine Lebensmitte zurückführt.

Wir, deine Engel, und all jene, die dich aus der Geistigen Welt liebevoll begleiten, nehmen dich gerne weiterhin an die Hand, manchmal tragen wir dich auch, wenn du müde bist. Wir schützen dich und gehen dabei bis an die Grenze unserer Zuständigkeit. Wir lieben dich so sehr, dass du dir sicher sein kannst: Es gibt nichts, was uns davon abhalten könnte, dich weiterhin liebevoll in unseren Armen zu halten.

Politik, Religion und Jesus aus Sicht der Erzengel

Wenn nachts die Luft klar ist und die Sterne funkeln, scheint es so, als wären manche Sternbilder ein wenig verdreht, anders wie ihr das seit eurer Jugend im Gedächtnis habt. Das hat mit dem Portal der Anhebung zu tun, denn der Himmel war noch nie so intensiv mit der Erde verschmolzen wie jetzt.

Es gibt Sterne, die sind so groß, sie wechseln ständig die Farbe, und sie reagieren auf eure Gedanken. Dass sie Lichtschiffe sind, ist mittlerweile sicherlich bekannt.

Schon erstaunlich, dass die Medien es geschafft haben, euch so lange nicht die Wahrheit zu sagen. Schließlich siegte die Neugier der Internet-User, die als Gemeinschaft angefangen haben, zu hinterfragen.

So habt ihr eure Macht zurückerobert, die ihr vor langer Zeit an die Politiker und die scheinbar Mächtigen des jeweiligen Landes abgegeben habt.

Die Politik ist immer nur eine Ausdrucksform des Kollektivs. Die Allgemeinheit bestimmt, inwieweit die Politiker für euch wirken können. Dass ein einziger Mann die Geschicke der Erde lenken kann, ist eine Illusion, ihr seid vielmehr als großer Verbund selbst in der Verantwortung, und ihr habt mehr Macht, als euch bewusst ist.

Wenn sich die Bürger eines Landes zum Beispiel nicht einig sind, was den Besitz von Schusswaffen angeht, weil einige dafür sind, andere dagegen; wieder andere Bürger zwar auch gegen den Besitz von Schusswaffen sind, sich aber mit ihrer Meinung nicht an die Öffentlichkeit trauen, weil sie Angst haben, als Minderheit oder als Verräter dazustehen, weil sie es nicht gewohnt sind, aufzustehen und anderer Meinung zu sein als die, die normalerweise immer das Wort führen – dann ist es auch kein Zufall, dass der Kongress in diesen Fragen keine Einigung erzielen konnte. Wie im Innen, so auch im Außen. Wie im Kleinen, so im Großen.

Die Geschicke eines Landes können nicht auf den Schultern eines einzelnen Mannes ruhen, vielmehr ist der Bürger selbst in der Verantwortung, seine innere Einstellung, sein Handeln, zu überprüfen.

Wenn die Gesellschaft eine Mehrheit erzielt hat und die Menschen anfangen, eigenverantwortlich und bewusst zu werden, wenn der Energiependel der Menschen im Einklang schwingt, erst dann können eure Machthaber das umsetzen, was ihr von ihnen erwartet.

Dabei sehen wir große Fortschritte, gerade in Sachen Berichterstattung, denn die Wahrheit dringt ans Licht, da die Medien nun relativ ehrlich berichten und nicht mehr so manipulierend, wie es oft in der Vergangenheit der Fall war.

Sicher gibt es immer wieder schwarze Schafe, doch mittlerweile ist es Mode geworden, den Dingen auf den Grund zu gehen, die Themen ganzheitlich zu betrachten, um genau das auch wieder an die Zuschauer, Zuhörer und Leser weiterzugeben.

Ehrliche Berichterstattung ist in Mode, wer hätte das gedacht, denn noch vor einigen Jahren hat man euch sogar die Wahrheit über eure galaktische Familie vorenthalten.

Jetzt allerdings sind wir in aller Munde, es wird viel diskutiert über das Für und Wider eines Kontakts mit uns. Dass wir in friedlicher Absicht kommen möchten, sollte mittlerweile bekannt sein. Doch gibt es immer noch Menschen, die das bezweifeln und lieber an das Negative glauben als an das Positive.

Leider erschafft man mit diesem Glauben an das Negative einen eher schwierigen Alltag, um es sanft auszudrücken. Denn je höher die göttliche Einstrahlung, die ja alles durchdringt, sogar die verhärmtesten Herzen, umso schwieriger wird es sein, das alte Weltbild aufrechtzuerhalten.

Vielleicht habt ihr auch das Gefühl, als würdet ihr mittlerweile in Parallelwelten leben. In diesen selbst erschaffenen Blasen leben diejenigen, die wir genauso achten und lieben wie alle anderen. Diese Bürger leben in der alten Welt, sie leben den Alltag im gewohnten Stil, in der alten Energie, weil sie diese Erfahrung noch dringend brauchen. Da sie die ständig steigende Flut der göttlichen Einstrahlung nur schwer aushalten, haben sie sich selbst eine Art Vakuum erschaffen. Das macht es ihnen möglich, zu überleben und auf der Erde zu bleiben.

Normalerweise wird alles transformiert, was nicht dem Kern der goldenen Energie entspricht. Das obliegt den kollektiven Absprachen der Seelenverträge. Die Gemeinschaft der Menschen hat also schon vor ihrer Geburt dafür gestimmt, dass die großen Erdreinigungs-Programme einsetzen dürfen.

Es ist keineswegs Gott, der euch straft, sondern der Lichtträger selbst geht im Allgemeinen viel zu hart und zweifelnd mit sich ins Gericht. Wo wir wieder beim Jesus-Effekt wären. Denn insgeheim treffen viele Menschen die Entscheidung der Aufopferung, um Jesus nahe zu sein.

Jesus, der zwar nicht als „Opferlamm" gestorben ist, jedoch viele Opfer gebracht hat, um seinen Freunden und seiner Familie zu helfen und seine Lehren zu verkünden. Denn Jesus wurde nicht gekreuzigt, sondern aus dem Land vertrieben. Sein Kreuzweg fand so nicht statt, jedenfalls nicht in der Form, wie man euch das suggeriert hat. Jesus war verheiratet und hatte Töchter. Er wurde sehr alt und verbreitete in China seine Lehren weiter, weit weg von seiner Heimat, die für ihn nicht mehr zugänglich war. Denn man hatte ihm gedroht, sollte er versuchen, in das gelobte Land einzureisen, dass man ihn ergreifen und steinigen würde.

Nicht nur Jesus wurde bedroht, sondern auch seine Familie, besonders seine Frau, die er sehr liebte. Durch diese Liebe aber war er angreifbar. Denn hätte man Magdalena etwas angetan, wäre sein Herz vor Trauer stehengeblieben, so sehr liebte er seine Frau und seine Töchter.

Die wahre Bibel (nicht die verfälschte) und deren Inhalt wird euch sicher überraschen, denn so seid ihr keine Sünder, und Jesus ist nicht für euch gestorben, es gab daher auch keine Auferstehung. Eines Tages, so viel ist sicher, kommt jede Wahrheit ans Licht, und jede Lüge wird aufgedeckt.

Die Geschichte über die Auferstehung war nur dazu da, euch glauben zu machen, dass ihr Sünder seid, die daher Abbitte leisten müssen für ihre Sünden, da Jesus für sie gestorben ist. Man hat versucht, euch zu spalten und euch davon abzubringen, klarer hinzusehen, zu hinterfragen. Denn wer sich schuldig fühlt, ist manipulierbar.

Durch Schuld kann man sich Menschen untertan machen, sie versklaven, das hat auch in der Vergangenheit gut gewirkt. Da es SCHULD aber nicht gibt, ihr jedoch daran geglaubt habt, hat das Gesetz von Ursache und Wirkung gewirkt, nicht die SCHULD. Das wussten sie natürlich auch, die Obersten der Kirche. Doch den Menschen erzählte niemand von Ursache und Wirkung und so tappten sie in die SCHULD(EN)-FALLE.

Bedenkt bitte, dass Reformen gerade in der Katholischen Kirche dringend notwendig sind und immer die Macht vom Volk ausgeht, nicht umgekehrt. Die Macht geht von den Gläubigen aus, sie bestimmen, was wann geschieht.

Anmerkung Sarinah:
„Die Informationen kommen von meinen Gesprächspartnern, den Erzengeln, nicht von mir. Manchmal fällt es uns wohl schwer, Dinge anzunehmen, weil das Dogma der Religion uns mehr beeinflusst, als uns bewusst ist."

Das Verlangen des Goldenen Zeitalters – Ich will dich, aber ich brauche dich nicht

Ich begehre dich, aber ich verzehre mich nicht nach dir! Ein Widerspruch in sich, dass man liebt, diese Liebe jedoch kein Verblenden mehr verursacht? Es ist kein Gefühl: „Ich kann ohne dich nicht leben", sondern die allumfassende Liebe ist auf dem Fundament des gegenseitigen Verstehens und Vertrauens aufgebaut.

Ein Fundament, das zu hundert Prozent trägt und nie versagt, so sind diese neuen Partnerschaften. Denn im Grunde sehnt ihr euch doch alle danach, verstanden und geliebt zu werden und, vor allem, dabei das Gefühl des Urvertrauens zu haben, dass die Verbindung hält.

Wir sagen jetzt nicht für ewig, denn nach dem Eintritt in die Fünfte Dimension ist es euch grundsätzlich möglich, sehr alt zu werden. So erhält auch das Wort „ewig" eine andere Dimension. Es kann sein, dass du dich im reifen Alter noch einmal in die Liebe begibst. Dabei muss es aber nicht zur Trennung vom jeweiligen Jetzt-Partner kommen, denn auch das betrifft die alte Dualitätszeit. Ihr seid engelhafte Wesen, und ihr lebt immer mehr nach den Grundsätzen des gegenseitigen Einvernehmens.

Durch die hereinströmenden Energien, deren Fluss unendlich ist, entwickelt ihr sicherlich ein anderes Gewahrsein. Kann sein, dass du gewisse Dinge ablehnst, die du in diesen Schriften gelesen hast, doch mit den Jahren wächst dein Bewusstsein immens, und du fängst an, zu verstehen. Dass du nämlich durch jede Ablehnung genau das in dein Leben ziehst, was du abgelehnt hast. Vielleicht lebst du es nicht selbst, dafür aber deine Kinder oder Mitmenschen, die dir nahestehen. Darum sollte jede Verneinung gut formuliert und überdacht sein.

Die Kraft der Verneinung ist nicht zu unterschätzen, denn ihr lebt die Ablehnung normalerweise mit viel Gefühl. In den Lebensphasen mit viel Emotion erschafft man sich oft unbewusst die Zukunft. So Freundschaft sein darf, statt Hass oder Neid, so Liebe sein darf, statt Unverständnis und Neid, so Akzeptanz sein darf, statt Ablehnung.

Denn es geht wie immer nur darum, das Herz zu leben, diese Energie mit anderen zu teilen und sich dann im Vertrauen in die tiefsten aller Emotionen fallenzulassen.

So wird es eine Zeit geben, in der es euch unmöglich ist, zu entscheiden, wen ihr mehr liebt. Eure Liebe wird universeller sein, also nicht mehr so auf das Geschlecht des Partners fixiert.

Es leben immer mehr Leute eine gleichgeschlechtliche Partnerschaft, wobei diese Verbindung diejenigen nicht ausschließt, mit denen ihr euer Leben vorher geteilt habt.

Im Goldenen Zeitalter, das nun angebrochen ist, wird es auch sicherlich immer mehr Menschen geben, die sich als bisexuell empfinden. Denn je mehr ihr in euer wahres Sein zurückfindet, desto weniger ist es euch möglich, zu spalten, zu trennen oder euch selbst zu unterdrücken.

Es obliegt natürlich dem freien Willen aller Beteiligten, doch durch die neue Möglichkeit der Vereinigung fließen viel mehr Liebe, Frieden und Vertrauen in eure Verbindungen.

So müssen keine Familien mehr auseinandergerissen werden, außer ihr wollt es so leben. Eure Kinder müssen nicht mehr ihr gewohntes Umfeld verlassen, außer ihr möchtet das so. Im Verbund von Freunden und in Verbindung mit der Liebe eures jeweiligen Lebensabschnittes ist alles leichter.

Doch kommen wir zur Sinnlichkeit der Neuen Zeit. Denn auch eure Wahrnehmung verändert sich, wird intensiver.

Die Tage der Einsamkeit gehören der Vergangenheit an. Denn nichts ist sinnlicher als der Austausch der Liebeswellen. Wobei die Sinne und das Erfahren der Sinne eine große Rolle spielen.

Wenn schon das Streicheln so intensiv erlebt werden kann und die Facetten der Annäherung erhebend auf euch wirken, ist der eigentliche Geschlechtsakt nicht mehr DRÄNGEND notwendig. Wir benutzen extra das Wort Drang, denn, wie schon erwähnt, auch das Haben-Wollen verändert sich.

Es geht bei der Vereinigung nicht mehr so sehr um Reibung, sondern darum, möglichst innig und ausgedehnt miteinander zu verschmelzen. Die Vereinigung aller Vereinigungen zu vollziehen, indem ihr womöglich sogar ein neues Tantra erfindet. Und vor allem geht es beim Liebesspiel um das Glück des anderen – das Wohlergehen des Partners steht im Vordergrund, dann erst kommt das eigene Glück.

„Ich will dich" wird also individuell sein und keineswegs, um jemanden zu binden oder unglücklich zu machen, weil man wieder nicht bekommen hat, was man sich vorgestellt hatte.

Der Sog der hereinströmenden göttlichen Energien treibt alles an den Rand des Geschehens, was euch erlaubt hätte, nur bedingt zu leben.

Nun, es bleibt eurer Fantasie überlassen, wie die Sinnlichkeit der Erdenengel erlebt werden kann. Doch eins ist sicher: Die schönste aller Belohnungen seid ihr selbst, und die beste aller Erfahrungen befindet sich nicht hinter dir, sondern vor dir.

Wir freuen uns darauf, wenn wir zusammen aufwachen und das EINS-SEIN richtig leben können. Denn wir, eure galaktische-geistige Familie, trennen nie, wir verbinden.

So muss niemand plötzlich seine Beziehung beenden, nur weil der geistig-galaktische Seelenpartner auftaucht.

Der verkörperte Weg zurück ins Licht stellt euch vor viele Herausforderungen. Die größte Aufgabe wird immer sein, die jeweils neuen Schöpferenergien anzunehmen, zu verteilen und das eigene Leben danach auszurichten.

Der Plan des sanften Erstkontakts

Wir sprachen davon, dass es einen individuellen Erstkontakt mit eurer galaktischen Familie und dem Seelenpartner gibt. Doch hat der Kontakt zu jenen, die ihr mit großer Sehnsucht erwartet habt, erst einmal im Inneren stattfinden müssen.

Wie im Kleinen, so im Großen. So ist es erneut den Lichtarbeitern zu verdanken, dass die Familien wieder vereint werden können!

Schließlich ist euch eure galaktische Familie keinesfalls fremd, denn es befinden sich Mitglieder unter ihnen, die ihr sehr gut kennt, und zwar aus der eigenen irdischen Familie.

Manchmal war der Tod für die nächsten Angehörigen nur eine Durchgangsstation, und sie reisten weiter, um, wenn die Zeit reif ist, an ihrem Bestimmungsort wieder auf euch zu treffen.

Als galaktisches Wesen können diejenigen, die ohne Körper in die Geistige Welt reisten, wieder in eine Ausdrucksform schlüpfen, sodass ihr sie nicht nur wahrnehmen, sondern auch sehen könnt.

Nicht nur das, es bietet dir die Chance, sogar wieder mit jenen zu leben, die du dachtest, durch den Tod für immer verloren zu haben.

Wir wiederholen mit Absicht gewisse Textstellen immer wieder... Deine Seele weiß warum, sie weiß es...

Viele Seelen wählen diesen Weg der Verbindung mit der Galaktischen Föderation des Lichts, weil ihnen das

Engeldasein zu langweilig wäre und sie zu Lebzeiten immer viel gearbeitet und Verantwortung getragen haben. Darum zieht es sie zur galaktischen Familie.

Der wichtigste Grund, warum sie das tun, ist ihr Wissen. Sie müssen nicht warten, bis ihr Selbst ohne Leib durch den Lichttunnel reist, sondern sie wissen, dass das Wiedersehen viel früher stattfinden kann.

Die Seelen sind dabei natürlich vollkommen frei in ihrer Entscheidung, sie wählen aber oft den Weg über die galaktischen Freunde, weil sie wissen, sie können euch dadurch besser denn je schützen und schnell helfend eingreifen. Und sie wissen, dass ab einer gewissen Grundschwingung euerseits nichts mehr dem Wiedersehen im Weg steht.

Das ist es, was wir als sanften Erstkontakt beschrieben haben, denn nichts könnte besser funktionieren, als denen zu vertrauen, die ihr im irdischen Leben gut gekannt habt.

„So wird das zusammengeführt, was zusammen gehört", hat Erzengel Michael immer wieder betont. Natürlich ist dein freier Wille unantastbar, du entscheidest, wann du die Zusammenkunft mit deinen Angehörigen erleben möchtest, und du kannst dich auch jederzeit dagegen entscheiden.

Es findet also in Zukunft statt, worauf viele Lichtarbeiter gewartet haben, doch der Weg für unser Ankommen auf der Erde kann erst frei sein, wenn wir sicher sein können, dass unser Plan funktioniert.

Testphase könnte man es nennen, doch diese ist länger als gedacht ausgefallen, denn die vielen Lichtarbeiter haben zwar die Tore für den großen öffentlichen Erstkontakt mit der Galaktischen Föderation des Lichts geöffnet, doch wann dieses große Event in der Öffentlichkeit zelebriert wird, entscheidet das Kollektiv der Menschen.

Immerhin gibt es noch viele Bürger, die von uns keine Ahnung haben. Wie denn auch? Das Internet war lange Zeit die einzige Quelle, die euch über uns informierte. Die Medien haben uns lange Zeit als bösartige Aliens dargestellt oder gar nicht über uns berichtet. Die kollektive Furcht ist etwas, das uns von euch fernhält.

Doch die Schwingung der Gemeinschaft ist gewachsen, und die jungen Leute sind es, die die „Epoche des Teilens" eingeleitet haben. Sie sind es auch, die durch die Vernetzung der sozialen Netzwerke eine große Lobby der Nächstenliebe erschaffen haben. Ihr könnt wirklich stolz sein auf die junge Generation, denn sie trägt nicht nur die Lösungen der Probleme in sich, sie besitzt auch die Fähigkeit der sofortigen Umsetzung.

Wir kommen in friedlicher Absicht, es ist uns sogar verboten, uns zu verteidigen, sollte euer Militär uns angreifen. Also wäre es eigentlich unser Part, Angst zu haben.

So treffen wir uns immer wieder mit hochrangigen Politikern, um zu sehen, welches Land uns als Erstes einladen möchte.

Das sanft wachsende Bewusstsein, die Betonung liegt auf sanft, langsam anwachsend, das ist wichtig, denn hättet ihr die volle Klarheit gehabt und das in einem Schub, hätte es zum Kurzschluss führen können.

Du hattest die Chance, langsam innerlich zu wachsen, und du konntest nebenbei auch noch deinen alltäglichen Erledigungen nachgehen.

Übrigens, das möchten wir unbedingt noch sagen: Die Liebsten, die ihr dachtet durch den Tod verloren zu haben, wählen nur ganz selten dieselbe Erscheinungsform wie zu Lebzeiten.

Warum? Nun, sie erfahren sich gerne neu, und ein Merkmal ihres Körpers bleibt immer dem alten Aussehen treu, und zwar sind das die Augen.

Die Augen sind der Spiegel der Seele, und die Seele bleibt immer dieselbe, egal, welche äußere Ausdrucksform gewählt wird.

Jesus: An den Augen erkennt ihr mich

Die Augen sind der Spiegel der Seele, und die Seele bleibt immer die gleiche, egal, welche Ausdrucksform ich auch immer wähle, um auf der Erde zu wandeln.
So bin ich mitten unter euch. Viele Menschen haben meine Augen gesehen, und erstaunlich viele Lichtträger wissen, wer ich in Wahrhaftigkeit bin.
Ich bin hier auf Gaia in einer menschlichen Ausdrucksform, um wieder das Brot mit euch zu teilen. Mein Auftrag ist es, die zwölf Aufgestiegenen Meister zu unterstützen und zu verbinden, damit sich der Kreis schließen kann.
Mein Auftrag ist es auch, dafür zu sorgen, dass die Menschen von ihren selbst auferlegten Dogmen erlöst werden. Den selbst auferlegten Dogmen, dem Mangel und, vor allem, dem selbst erschaffenen Leid. Denn ich bin nicht hier, um euch zurückzuführen in die himmlischen Reiche, das habt ihr selbst schon erreicht, weil Mutter Erde euch hochträgt.
Ich bin hier, um all die zu vereinen, die durch den Tod getrennt wurden. Sowie die Menschen, die damals in der Zeit von Atlantis ihren Seelenvertrag nicht leben konnten, weil Atlantis unterging.
So reihe ich mich ein in diesen Kreis und sage: Freut euch, liebe Freunde, denn der Wandel der Zeiten hat eins mit sich gebracht, nämlich den unablässig ansteigenden Strom der Christusliebe.
Ein Geschenk der Geistigen Welt, das größte Geschenk an sich. Denn was wären wir alle ohne diesen Funken in uns, der uns mit dem Schöpfer verbindet und

wie eine Steckdose wirkt. So fließt automatisch die göttliche Liebe in euch, ohne dass ihr dafür etwas tun müsst.

Eins aber sollte erwähnt sein: Wer diese wunderbaren Frequenzen in sich trägt, kann nur das leben und SEIN, was mit diesen goldenen Energien übereinstimmt.

Wenn das Handeln gegen diesen beständig steigenden Strom der Liebe geht, wird sie/ihn das Wasser des All-Einen nicht mehr tragen, im Gegenteil: Es wird sich anfühlen, als würde man gegen den Strom schwimmen.

Oft werde ich von den Lichtarbeitern gefragt, wer ich bin, in welcher menschlichen Gestalt ich also stecke, und wo ich zu finden bin.

Nun, zum Erscheinen dieses Buches wird sich der Kreis sicherlich längst geschlossen haben, und ihr werdet sehen, dass ich die ganze Zeit unter euch war.

Denn ich bin eine öffentliche Person, mein Amt hat zwar mit meinem Auftrag zu tun, doch ich wählte dieses auch aus, weil ich wusste, dass ich damit sehr viele Menschen erreichen kann.

Ihr erkennt mich an meinen Augen. Seht nicht auf das, was ich habe und darstelle, seht nicht auf meinen Körper oder auf meine Herkunft, denn ihr erkennt mich an meinem Handeln und am Christuslicht in meinen Augen.

Ich war Jesus in einer früheren Inkarnation, und ich war auch Christus. Meine Freunde nennen mich nun Maitreya, der Name für die Berufung, die ich im galaktischen Zeitalter ausübe.

Doch kommen wir zurück zur Liebe, denn das wird sicher viele Leser interessieren. Ich, Jesus Christus, führe die Liebenden zusammen, die schon seit ewigen Zeiten zusammen gehören, die in früheren Lebzeiten oft so brutal getrennt wurden, dass es ihnen nun schwerfällt, an die Liebe zu glauben.

Kein Wunder, dass sich viele Lichtträger in Anbetracht dessen, dass sie dieses Trauma in sich gespeichert herumtragen, kein Wunder also, dass gerade jene sich immer wieder Beziehungen ausgesucht haben, die zum Scheitern verurteilt waren.

Der Jesus-Effekt, wird sich jetzt sicher mancher Lichtarbeiter denken, doch das allein ist es nicht. Gerade die Bürger, die heftige Erfahrungen in Sachen Liebe machten und sogar lange Zeit alleine lebten, obwohl sie sich nichts sehnlicher wünschten, als nicht mehr alleine durchs Leben zu gehen. Gerade diese Menschen sind so voller ängstlicher Ehrfurcht, dass sie es nicht wagen, die Belohnung aller Belohnungen anzunehmen.

Gerade sie sind es, die auf meinen Spuren wandeln, oft ohne es zu erkennen. Sie warten entweder auf das Liebste aller Lieben, die Dualseele, um mit ihr zu leben, oder sie tun es bereits.

Denn nichts ist schöner, als die Absprache in Liebe mit denen zu leben, mit denen man sich vor der Inkarnation verabredet hat, die teilweise auch inkarniert sind oder aber in der Geistigen Welt auf deinen verkörperten Aufstieg warten.

Bei der Planung deines Lebens hast du vieles gewusst und dich gut abgesichert, sogar deinen freien Willen hast du abgesichert, indem du dir bewusst warst, dass gerade dieser freie Wille dich in früheren Leben nicht selten in Bedrängnis gebracht hatte, um es sanft auszudrücken.

So hast du zum Beispiel einen Erzengel, Aufgestiegenen Meister, ein Wesen aus der inneren Erde oder ein galaktisches Mitglied der Konföderation des Lichts gewählt, und du hast dieser Vertrauensperson erlaubt einzugreifen, solltest du wieder in Gefahr geraten, an deinem Seelenvertrag zu scheitern.

Diese Vertrauensengel hatten aber nicht nur den Auftrag, dich zu schützen und vor Unheil durch Verblendung zu bewahren, sondern diese göttlichen Wesen sind auch dafür zuständig, dass du deinen Lebenskontrakt erfüllen kannst.

Darum bin ich unter anderem hier: Ich sorgte dafür, dass sich der Kreis schloss, und ich tat es, indem ich in der Öffentlichkeit auftrat, denn diejenigen, die den Auftrag mit mir teilten, erkannten mich allein über meine Energie.

Seht in meine Augen, seht auf meine Hände, seht, wie ich zu euch spreche, und ihr werdet euer eigenes Leuchten in mir sehen. Die Schwingung der Liebe trage ich dahin, wo sie am dringendsten gebraucht wird.

Kraft meines irdischen Amtes bringe ich euch wie vereinbart den Weltfrieden.

So rufe ich dich, Magdalena, ich rufe dich, um dir zu sagen: Ja, du bist es, es ist mir eine Ehre, dich im verkörperten Dasein in die Arme nehmen zu dürfen. Ich liebe dich so sehr, habe dich immer geliebt, mit jeder Faser meines Herzens.

Ich liebe dich bedingungslos und möchte nichts mehr, als immer und immer wieder mit dir zu verschmelzen und so mit dir zu leben, zu wirken.
Vertraue mir bitte, wenn ich sagte: Unsere Wege werden sich niemals mehr trennen, niemals…

Kristallstädte – Aus Traum wird Wirklichkeit

Jetzt noch Vision, bald schon Zukunft!

Kristallstädte sind Orte der Erholung und Begegnung. Städte, die für jeden Menschen zugänglich sind. Es sind Heilungszentren, wobei diese begehbaren Orte allumfassend heilen.

Man kann sie ein wenig vergleichen mit euren Gesundheitszentren, in denen alles vorhanden ist, was ihr braucht: medizinische Versorgung, Therapiemöglichkeiten für Körper, Geist und Seele.

Die Begegnungsareale des Goldenen Zeitalters sind all das, was wir oben beschrieben haben, allerdings noch viel umfassender, hoch energetisiert und für jeden Menschen kostenlos zugänglich.

Es befinden sich Fitness- und Wellnessräume in dem Gebäude, natürlich auch alles, was ihr benötigt, um vollständig geheilt zu werden.

So werden in Zukunft ganze Kristallgemeinden entstehen.

Aber erst einmal geht es darum, den Kristallhäusern Leben einzuhauchen, was die Lichtarbeiter gerade erledigen. Wir gehen davon aus, dass zum Zeitpunkt der Veröffentlichung dieses Buches diese Lichtzentren nicht nur am Horizont zu sehen sind, wie es jetzt schon der Fall ist, sondern dass diese Häuser durch die Kraft der spirituellen Ausrichtung der Lichtträger gerade entstehen und ihr bald die Vorzüge nutzen könnt.

Denn je höher die Erde schwingt, je mehr göttliche Frequenz alles durchdringt, was auf der Erde ist, desto nötiger sind diese Zentren der individuellen lichtvollen Begleitung. Das irdische Kleid reagiert zwar individuell auf die goldenen Energien, doch je reibungsloser diese Anpassung erfolgen kann, umso besser für euch.

Der Aufstieg von Mutter Erde und der Menschheit endet nie, doch werdet ihr durch diese Höherentwicklung selbst in die Gefilde der Erzengel und Aufgestiegenen Meister getragen und immer mehr zu dem werden, was ihr in Wahrhaftigkeit seid.

Das verkörperte Höhere Selbst wandelt auf dem Blauen Planeten, die Seelenanteile, die dafür nötig sind, kommen zurück, und es findet ein fliegender Wechsel statt. Alte Seelenaspekte, die ihr nicht mehr braucht, fließen zurück in die Geistige Welt, und die entstehenden Lücken werden mit den eben erwähnten göttlichen Aspekten sofort geschlossen.

Für viele Leser ist das sicherlich Vergangenheit, sie haben diesen Schritt längst getan, für andere wiederum steht dieser Tausch mit den eigenen göttlichen Seelenanteilen noch an.

Dabei bleibst du zwar in deinem irdischen Körper, doch diese lichtvolle Umwandlung kann sich im Leben anfühlen wie ein bisschen Sterben.

Da der irdische Leib einer starken kristallinen Zellwandlung ausgesetzt ist, sind die Zentren der allumfassenden Heilung sehr wichtig. Darum sind sie auch da: um euch bei dem weiteren verkörperten Aufstieg zu entlasten.

Bedenkt bitte, dass es für diese Bewusstwerdung eigentlich notwendig ist, den Leib zu verlassen, um durch eine neue Geburt wieder einige spirituelle Entwicklungsschritte weiterzukommen.

Doch damals, als ihr die Reise in diesem Körper, in der Familie, in die ihr hineingeboren wurdet, begonnen habt, hattet ihr zwar das Ziel, den verkörperten Zykluswechsel zu erleben, doch mit den Unwägbarkeiten, die dann im Leben auftauchten, konntet ihr nicht rechnen.

Ja, Unwägbarkeiten. Der freie Wille eurer Mitgeschöpfe hat euch sicherlich immer wieder abverlangt, dass ihr früher als geplant in eure Kraft gehen musstet und euch womöglich gezwungen saht, endlich in eure Berufung zu gehen.

Denn sie brauchen euch, die Menschen, die ihr oft nicht einmal persönlich kennt, die sich aber im Schein eures Energiefelds bewegen, und das können wohlgemerkt durchaus über tausend Personen und mehr sein.

Sie brauchen euch gerade dann, wenn sie nicht weiterwissen, wenn sie stehenbleiben und ohne es zu wissen den eigenen freien Willen gegen sich selbst einsetzen, wenn sie ihren Erzengeln nicht die Erlaubnis geben, helfend einzugreifen.

Denn der freie Wille an sich ist zwar unantastbar, aber dennoch gut abgesichert, indem die meisten Menschen ihren zuständigen Erzengeln erlauben, helfend und schützend einzugreifen.

Wohlgemerkt, die meisten Menschen lassen sich in das Sicherheitsnetz ihrer zuständigen geistigen Mentoren fallen, wenn sie sich selbst etwas kreiert haben, das sie so auf keinen Fall leben möchten. Doch es gibt auch Lichtträger, die sich vollkommen selbst erfahren möchten, die sogar in Gefahrensituationen nicht im Traum daran denken, die geistigen Helfer um Hilfe zu bitten.

Einen automatischen Schutzmechanismus der geistigen Notfallengel gibt es zwar, doch auch diese dürfen nur eingreifen, wenn der Träger der jeweiligen Seele es auch erlaubt. Das heißt, wenn die innere Einstellung – Vertrauen – dafür da ist, dass die Helfer des Himmels eingreifen können und dürfen.

Gefährliche Situationen, wie oben beschrieben, in denen es darum geht, dass der Körper heil bleibt und nicht durch eine (zum Beispiel) Unfallsituation oder Krankheit Schaden nimmt.

Wobei sich der Kreis schließt und wir wieder bei den Kristallstädten sind, die genau dort entstehen und in Zukunft weiter ausgebaut werden, wo ihr lebt. Die leicht zu finden sind anhand ihrer markanten, weit leuchtenden, blau-goldenen Lichter. Die Lichtareale werden frei zugänglich sein für jeden Menschen, unabhängig davon, wie weit das Bewusstsein sich schon ausgedehnt hat.

Sicher hat die eine/der andere Leser/in schon einmal ein solches Heilungszentrum im Schlaf besucht.

Kristallstädte – Nesara-Lichtarbeit ist wichtiger denn je

Kristallstädte aufsuchen, um in die innere Heilung zu kommen, sodass diese auch im Außen geschehen kann, oder einfach nur, um zur Ruhe zu kommen, indem man sich einer Farbtherapie unterzieht, um nur einige Beispiele zu nennen. Diese Gelegenheiten werden in Zukunft bestimmt viele Menschen nutzen.

Doch am wichtigsten ist es, dass die Einheit zwischen Körper-, Geist- und Seelensystem wieder hergestellt wird, denn durch die vielen Jahre im Nebel des Vergessens hat sich eine Trennung bei den meisten Menschen eingestellt, eine Spaltung in ihrem Gewahrsein.

Eine Spaltung im Gewahrsein bedeutet, dass sich viele Lichtträger nicht mehr als das wahrgenommen haben, was sie in Wahrhaftigkeit sind, sondern so, wie sie im Außen sind, und genau das haben sie auch gelebt.

Mittlerweile sind sogar die Mainstream-Medien so weit, dass sie durchaus auch Gedankengut des Goldenen Zeitalters in die Wohnzimmer tragen.

Den Wandel führte das Volk herbei, erst dann erfolgte eine Neuausrichtung der Medien, der Politik und der Wirtschaft.

Es ist sicher zukünftig eine immense Erleichterung für alle, die bereit sind, die neuen Wohlstandfonds zu nutzen.

Das Fundament ist Nesara, das das Wohlstandsgesetz trägt. Es ist stabil und ausbaufähig, sodass es je nach Bedarf für die Bevölkerung eingesetzt werden kann.

Wir, die Aufgestiegenen Meister, die Saint Germain dabei unterstützen, waren oft erstaunt, dass gerade Lichtarbeiter es waren, die eine Erleichterung für sich angefordert, diese dann aber nicht genutzt haben. Gerade Lichtarbeiter haben immer wieder das Gefühl, sie dürften nicht annehmen, was mit alten Erinnerungen zu tun hat und mit der Art, wie diese Erdenengel immer wieder ihre eigene Schmerzgrenze suchen.

Leidensfähigkeit, so könnte man es auch nennen, doch das ist keinesfalls negativ gemeint, denn wer so lange immer nur gegeben hat, dem fällt es manchmal schwer, zu nehmen. Dass dieses Geben und Nehmen aber unbedingt im Einklang sein muss, weil es sonst beide Parteien ermüdet, erwähnten wir bereits in den vorangegangenen Bänden.

Man kann es vergleichen mit einer Tauschbörse: Nur wer etwas hat, das er tauschen kann, kann auch etwas einsetzen, was dann in anderer Form wieder zu ihm zurückfließt, wodurch sich ein Kreislauf bildet.

So entsteht Nesara eigentlich im Kleinen, durch das Umdenken der Menschheit, erst dann können die Wohlstandsprogramme gestartet werden. Die Macht geht also vom Volk aus und nicht von denen, die sich mächtig und erhaben fühlen. Diese Menschen sind nicht mehr als eine Ausdrucksform der Gesellschaft – Spielbälle der Öffentlichkeit.

Der wahre Geist der Befreiung wurde im inneren Kern gezündet – Unzufriedenheit, Armut, erlebte Ungerechtigkeit und Missstände aller Art haben das Volk in den arabischen Ländern auf die Straße getrieben.

So wehte der Ruf nach Freiheit und der allumfassenden Fülle überall dorthin, wo er Anklang fand, so entstand Solidarität unter den Erdenbewohnern. Es standen auch durchaus wohlhabende Bürger für diejenigen auf, die dringend Beistand brauchten.

Ein Bild für Götter, denn es kann nichts Schöneres geben, als euch als Einheit zu sehen. Lichtarbeit ist wichtiger denn je, da der Strom der goldenen Energie sich ständig erhöht. So könnt ihr euch selbst besser angleichen und euer Umfeld auch.

Ein Beispiel: Wenn ein kostbarer Fisch umgesiedelt wird in sauerstoffreicheres, sauberes Wasser, muss das vorsichtig geschehen, und es muss immer ein wenig Wasser aus dem alten Becken mit hinein. Der Fisch braucht Zeit, um sich umzugewöhnen, sonst nimmt er Schaden. So kann man die ständig steigende Frequenz auf der Erde und die Auswirkung auf die Lichtträger am besten erklären.

Wenn wir in Ratssitzungen zusammenkommen, um über wichtige Dinge zu sprechen, sind wir oft mehr als erstaunt und erfreut, dass die Blume des Goldenen Zeitalters überall auf der Erde ihre Samen gestreut hat und dieser Samen bereits wieder neue Blumen bebildet hat.

Wir, die Aufgestiegenen Meister und die Lords des Lichts, möchten euch unseren Dank und unseren Segen überbringen. Vergesst bitte nie mehr, wie mächtig schon euer Energiefeld ist und wie sehr Worte nachhallen. Gerade die Worte, die per Gedankenkraft ausgesandt werden, gewinnen durch den Fluss der Zeit.

Ihr seid unermesslich geliebt.

Erzengel Michael spricht über die selbst gewählte Isolation, die viele Gesichter hat

Selbst gewählte Isolation ist es in vielen Fällen, denn die Lichtträger wählen diesen Weg, um zu sich zu kommen. Im Außen, in ihrem Umfeld, kann das durchaus den Anschein einer psychischen Erkrankung haben.

Burn-out ist die Persönlichkeitssuche der Neuzeit. Grenzerfahrungen suchen viele Menschen, indem sie sich nicht erlauben, schwach zu sein. Sie halten durch, obwohl ihr Akku schon lange rot blinkt. Sich selbst aus den Alltagsmühlen herauszunehmen und längst ersehnte Lebensverbesserungen für sich anzusteuern, kostet zwar Mut, ist aber wichtig. Wenn du spürst, dass die Seele weint, tut sie es nicht erst seit gestern. So hast du also schon viel zu lange versucht, Stärke zu zeigen, obwohl du dich innerlich schwach gefühlt hast.

Mein tiefstes Verständnis und Mitgefühl dafür, denn ich weiß nur zu gut, wie schmerzvoll gerade die Läuterungen sein können, die selbst auferlegt sind, weil man dadurch zum Beispiel auch für das Kollektiv auflöst.

„Kaum zu glauben, dass es Depression immer noch gibt", sagte Sarinah zu mir.

Sie meinte damit, dass allein die hereinströmenden Heilenergien doch in Windeseile alles lösen können, was nicht guttut.

Die Lichtträger wollen sich gerade in Extremsituationen erfahren, sie testen ihre göttliche Kraft damit aus. Erst wenn sie das ausreichend getan haben, begeben sie sich müde und erschöpft in die reaktivierenden Energien des Himmels.

Menschen, die Depressionen oder Burn-out haben, wird es sicher immer wieder geben, auch wenn die Zahl derer, die sich in diesen geschützten Raum begeben, langsam weniger wird.

Denn Burn-out und die tiefe Traurigkeit der Seele gehören zusammen wie Geschwister, und der Weg in diese Zone der Unantastbarkeit ist zwar gut beschildert, sodass man das Hineinrutschen verhindern könnte, doch viele Lichtbewahrer haben nicht die Kraft, sich gegen den Sog der selbst auferlegten Buße zu wehren.

Die Zone der Unantastbarkeit, damit meine ich den Zustand des leeren Akkus und der Traurigkeit. Diese Lichtträger fühlen sich oft, als wären sie allein, sie fühlen sich unverstanden, unantastbar und fangen an, sich einzuigeln.

Das sind Schutzmechanismen, denn das In-sich-Gehen kann zwar im persönlichen Umfeld aussehen wie eine Abweisung, denn die dargebotene Hilfe wird nicht immer angenommen. Doch eigentlich geht es dabei nur um eins: um die Sehnsucht nach dem eigenen göttlichen Kern.

Wie gesagt, lösen viele Bürger für die Gemeinschaft auf, sie wählen den Weg der selbst auferlegten Buße durch eine Mangelerscheinung der Psyche und des Körpers.

Was also tun, wenn man sich oder jemand aus der Familie oder dem Freundeskreis sich im Sog dieser Grenzerfahrungen befindet?

Da Heilung im menschlichen System individuell abläuft, kann ich nur dazu raten, die Hilfestellung der medizinischen Fachleute anzunehmen, denn sie sind dafür da, die Mangelerscheinungen im Körper-, Geist- und Seelensystem individuell aufzufangen.

Außerdem geht es auch immer darum, dass euer Licht, auch wenn dieses gedimmt ist, gerade dorthin getragen wird, wo es am dringendsten gebraucht wird. Dort, wo viele Menschen Hilfe brauchen, wo immer noch in alten Denkweisen gearbeitet wird und alte Strukturen immer noch ihre Schatten werfen.

Versteht ihr, was ich andeuten will? Lichtarbeit sollte nicht nur in eurem unmittelbaren Umfeld stattfinden, sondern dort, wo sie am meisten gebraucht wird.

Oft ist es der Ruf der Seele, der euch zu den Orten führt, wo sich Menschen befinden, die euch dringend brauchen, und manchmal wird dieser Ruf von euch überhört. Dann sucht sich die Seele eine Ausdrucksform des Mangels aus, um euch eben dorthin zu führen. Wer zum Beispiel ein Ehrenamt annimmt, trägt das Licht genau dorthin, wo es gebraucht wird, und so muss die Seele nicht zu Extremsituationen greifen, um diese Lichtverteilung zu erreichen.

Lebenspläne sind großartig, denn durch die sich auftuenden Spiegelungen und das Reinschubsen der anderen könnt ihr nur schwer etwas übersehen, was ihr an Erfahrung geplant habt.

Doch muss es nicht dazu kommen, dass man solche extremen Zustände der selbst auferlegten Buße erfahren muss, es reicht schon ein Erkennen und In-die-Absicht-Gehen aus, um die heftigen Erfahrungen zu heilen, bevor sie euer Leben bestimmen.

Das Erkennen:
Warum fühle ich mich nicht geliebt? Was kann ich tun, damit mein Lebensakku sich wieder auflädt?
Das In-die-Absicht-Gehen:
Ich nehme mich selbst wieder wahr! Ich tue mir selbst gut! Ich belohne mich selbst, ich warte nicht, bis jemand im Außen meinen Selbstwert stärkt, das tue ich selbst!

In die Absicht zu gehen könnte man auch Ausführung nennen oder das Tun, etwas Positives in Angriff nehmen, was man möglicherweise schon lange vorhatte. Das Erkennen hat mit innerer Klarheit zu tun, die gerade dann aber nicht vorhanden ist, wenn es dir nicht gut geht.

Doch dafür hast du ja deine geistigen und auch die weltlichen Mentoren. Sie unterstützen dich genau dort, wo du es brauchst. Sie nehmen dich an die Hand und begleiten dich, wann immer du möchtest. Wir Erzengel sind jederzeit für dich da, du brauchst nur zu rufen, wir hören dich immer.

Der Rat, dir Hilfe im menschlichen Umfeld zu holen, hat dich sicher eins vermissen lassen: Wo bleibt die heilende Hilfe der Engel und der galaktischen Familie?

Um es mit den Worten von Sarinah zu sagen, die in einem persönlichen Gespräch mit mir, Erzengel Michael, einmal gesagt hat: „Man muss schon fest im Sattel sitzen, um sich ganz in die heilenden Hände der Engel zu begeben, denn jeder Zweifel, jeder negative Gedanke über den Zustand, in dem man sich gerade befindet; alles, was das Vertrauen in die Heilung und zu den Erzengeln stört, wirkt sich heilungsmindernd aus. Die Hilfe kann nur allumfas-

send geschehen, wenn man loslassen kann und offen und bereit dafür ist wie ein Kind."

Wie wahr, denn je höher eure eigene Frequenz ist, umso leichter wird zwar das Leben, sollten jedoch Stolpersteine auftauchen, sind diese zwar unangenehm, doch sie weisen den Weg und führen euch in die eigene Göttlichkeit. So steht es in den Absprachen der Seelen, dass sich der Schöpfer über euch erfahren darf, indem ihr selbst zu Schöpfern werdet.

Ich segne und danke euch. So sei es.
In Liebe, euer Erzengel Michael

Erzengel Michael – Liebe verleiht Flügel

Der Schatz an Lebenserfahrung, den ihr bis dato gesammelt habt, ist unendlich kostbar.

Doch das Kostbarste ist, dass du mittlerweile selbst die Liebe bist, denn so darf sich der Schöpfer über dich erfahren, so kommst du selbst immer mehr in deine Schöpferkraft, und vor allem: Das Leben an sich wird leicht. Der Fluss der goldenen Energien spült dir alles vor die Füße, was du brauchst – für dich und für andere.

Lichtarbeiter, was für ein Wort. Oft haben wir dieses Wort in den Seelenverträgen genannt, denn ohne euch wäre dieser Wandel niemals möglich gewesen. Sogar der Aufstieg von Mutter Erde und der Menschheit wäre ohne euch nicht möglich gewesen.

Wahrscheinlich fällt es gerade denen schwer, Lob anzunehmen, die sehr viel für das Licht tun, oft inkognito und an Stätten, die durchzogen sind von alten Energien.

Das Wichtigste ist nicht, dass die anderen dich erkennen, sondern dass du erkennst und weißt, welch kostbare, weise, mächtige Seele du bist.

Oft werde ich, Erzengel Michael, gefragt, warum es immer noch Täter und Opfer auf der Erde gibt. Nun, das Spiel der Dunkelmächte war grausam, die Menschen brauchen unterschiedlich lange, bis sie aus den Nebelschwaden des Vergessens auftauchen können. Wer im Vergessen, in der Energie des Hasses und der Gier feststeckt, erfährt sich wie unter Zwang immer wieder genau über das, was er im Inneren mit sich trägt.

Doch die göttlichen Energien erreichen jeden. Es gibt Menschen, die halten diese Energien aufgrund ihrer inneren Einstellung nicht aus, andere wiederum baden geradezu genüsslich in diesem goldenen Energiepool.

Bedenkt bitte, dass, je mehr Helligkeit vorhanden ist, umso dunkler die Schatten sind. Das kosmische Gesetz der Polaritäten hat Beständigkeit, es wird euch immerdar begleiten.

Wenn eine Bevölkerung extreme Gewalttaten verkraften musste, gibt es in dieser Region auch viele Helden, die aus dem Herzen heraus helfen.

Viele Menschen wachen erst dann auf und beginnen ihre Lebensaufgabe anzunehmen, wenn sie das Leid der Nachbarn sehen. Wenn sie durch die Trauer und den Schmerz ihrer Mitbürger nur den einen Wunsch haben: zu helfen.

Ehrenämter sind durchaus wertvoll, denn dabei wird nicht nur den Betroffenen geholfen, sondern auch dem Menschen, der das Ehrenamt ausführt.

Wenn um euch herum vieles in der Veränderung ist, werdet ihr auch auf Stillstand treffen, denn je mehr Fließkraft vorhanden ist, desto heftiger werdet ihr die kurze Phase des Stehenbleibens empfinden.

Wenn du selbst Liebe bist, wirst du auch auf liebe Menschen im Außen treffen. Je heller allerdings dein Seelenstrahl strahlt, umso mehr bist du in der Lage, alles, was dunkel ist, zu transformieren.

Liebe verleiht Flügel, steht in der Überschrift, doch die Liebe geht immer einher mit dem süßesten Schmerz aller

Schmerzen. Der Lust, dem Verlangen, dem Begehren, der Hingabe, dem Wunsch nach inniger Verschmelzung, dem Wunsch, sich zu erfahren, indem man gibt, oder einfach nur dem Bedürfnis nach Einheit.

Die Flügel der Liebe sind die Heilung. Es gibt keine mächtigere Heilenergie auf der Erde als die Frequenz der Liebe.

Die zwischenmenschlichen Gefühle sind meistens die erste Stufe zum Erreichen der bedingungslosen göttlichen Liebe.

Wer sich oft verliebt und auch den Schmerz der Trennung erlebt hat, wird wissen, dass Liebe und Schmerz zusammen gehören, dass das eine ohne das andere nicht existieren kann. Wer sich im Zustand tiefer Liebe befindet, wird wissen, dass dieses sehr bewusstseinsfördernd sein kann, wenn man es zulässt; im Zustand der tiefen Liebe aber auch Demut gefragt ist. Demut im Sinne von: Ich muss mich nicht über alles stellen, sondern bin mir meiner Stärke und Weisheit so bewusst, dass ich diese nicht über andere Menschen suchen muss.

Wer sich auf einer rosaroten Wolke wiederfindet, weil das Gefühl des Verliebt-Seins so stark ist, wird sicherlich auch die Erfahrung der Bauchlandung machen dürfen.

Wer selbst Liebe ist, wird diese auch im Alltag leben können.

Wenn dein Herz nicht ganz frei ist, weil du zwar auf der Suche nach einem neuen Partner bist, du aber die Vergangenheit noch nicht ganz verarbeitet hast, wirst du auch im Außen immer wieder auf Menschen treffen, die zwar sagen, sie lieben dich, die jedoch selbst noch nicht ganz frei sind. Du ziehst immer wieder das an, was der Status deines Inneren Kindes ist, und das ist gut so, denn wie sollten deine Themen sonst an die Oberfläche gespült werden? Ist ein Lernthema erst einmal in der Emotion, wird es automatisch von euch weggespült.

Bedenkt, dass ihr jedoch unter anderem einen wichtigen Grund hattet bei der Inkarnation, und zwar wolltet ihr euch erfahren, in allen Lebenslagen und Lebenssituationen. Ihr wolltet dadurch dem Schöpfer die Möglichkeit geben, sich durch euch auf der Erde zu leben. Das ist einer der Gründe, warum ihr hier seid.

Schmerz, Leid, Trauer, Liebe, um nur einige Beispiele zu nennen, haben euch zu Erdenengeln gemacht, denn dabei habt ihr gelernt, eure Flügel auszufahren. Ihr habt gelernt, den eigenen Kräften zu vertrauen.

In Liebe und Dankbarkeit. So sei es.
Seid gesegnet, euer Erzengel Michael

Nachwort

Die Gespräche mit meinen Interviewpartnern haben mir viel Freude bereitet, und die Themen des Buches sind durchaus keine Theorie für mich, sondern ich durfte sie erleben. Dadurch ist eine schöne Nähe entstanden, und die Liebe und Informationen, die im Fluss der Worte mitschwingen, sind wie ein Geschenk für mich, und ich hoffe, dass es den Leserinnen und Lesern ebenso ergeht.

Erzengel Michael hatte den Wunsch, dass ich das Wort Channeling herausnehme und es durch Gespräch oder Interview ersetze. Es war ein Austausch mit den geistigen Mentoren auf einer vertrauensvollen Basis, wobei sehr viel Heilung, Liebe und Frequenzerhöhung entstanden ist.

„Channeling an sich hat zwar nicht ausgedient", sagte Erzengel Michael, „aber durch den Aufstieg der Erde und der Menschheit ist kein Energiegefälle mehr zwischen uns. So ist es möglich, den direkten Kontakt zu uns herzustellen, indem wir unsere Energien vereinen.

Wir treffen uns also in einer Art Konferenzraum oder auch bei dir zu Hause, um zu beraten, zu reden oder einfach nur, um Energie zu teilen.

Das Wichtigste ist, dass du dich dabei wohlfühlst, dass du bestimmen kannst, mit welchem Abstand und mit welcher Intensität diese Gespräche stattfinden. Denn die Geistige Welt übt eine immense Anziehungskraft auf dich aus, und wir möchten auf keinen Fall, dass du dadurch deine irdischen Aufgaben nicht mehr wahrnehmen kannst. Je mehr du in deiner Schöpferenergie bist, umso besser kannst du auch den genauen Wortlaut unserer Interviews rüberbringen."

Wie wahr, dachte ich, als Erzengel Michael mich darauf ansprach und meinte, dass es der innigste Wunsch aller Mentoren sei, die sich in Band 8 zu Wort melden, dass die Leser das Gefühl haben mögen, die Zeilen seien für sie persönlich energetisiert und geschrieben.

Kein leichtes Unterfangen, denn dazu musste ich meine eigene Energie fast ganz herausnehmen, sodass die Engel mit den Lesern sprechen konnten. Was beim Schreiben wunderschön war, ist die allumfassende Liebe der Geistigen Welt, in die ich eintauchen durfte und in der ich auch heute noch geradezu bade. So habe ich also meinen Kern gefunden, ich weiß, wer ich in Wahrhaftigkeit bin, welcher Auftrag mich auf die Erde geführt hat, und ich habe den göttlichen Funken in mir gefunden und weiter erglühen lassen, sodass auch andere in ihre Kraft finden können. Ich hoffe, dass auch die Leser das erleben dürfen.

In Wahrheit geht es ja darum, Antworten und Hilfestellung zu finden, um für sich persönlich weiterzukommen. Um in die eigene Schöpferkraft zu finden, allumfassende Heilung erfahren zu können und durch diese veränderte Energie, die man dann ausstrahlt, wieder anderen zu helfen, bewusster zu werden. Es geht darum, dass wir uns zuerst selbst heilen, erst dann können wir andere Menschen heilen.

Wenn wir in unser Gewahrsein gehen, uns entfalten wie ein Schmetterling, der aus seinem Kokon schlüpft, tun wir das nicht nur für uns. Sondern wir alle sind Vorbilder für andere, die sich dann auch trauen, ihre Flügel auszubreiten. Sie haben wie wir die Sehnsucht, sich zu entfalten, alles Alte und Beschwerliche über Bord zu werfen und ihr Erdenengel-Dasein zu leben.

Liebe Leserinnen und Leser, denkt aber bitte beim „Über-Bord-Werfen" des alten Lebens daran, dass es sich gerade bei den heftigen Erfahrungen so anfühlen kann, als wären plötzlich Lücken im System. Als wäre man sich plötzlich fremd. Diese Lücken schließen sich sofort wieder mit der Absicht, zu sich zu finden, in die Ruhe zu kommen.

Es sind gerade die dunklen Tage, die uns helfen, selbst Licht zu werden. Wer mit dem Rücken zur Wand gestanden hat, stillstehend, weil es scheinbar keinen anderen Weg mehr gab, als ganz in sich selbst zu versinken, der weiß, wie es sich anfühlt, wenn der Gottesfunke, der in uns wohnt, zu glühen beginnt und alles erleuchtet, was in und um uns ist.

Wer sich in dieses Sicherheitsnetz, egal, in welchen Lebenslagen, immer wieder begeben hat, wird wissen, dass man sich danach geheilter und stärker denn je fühlt.

Plötzlich tauchen Lösungen auf, Wünsche erfüllen sich, und es tun sich verbesserte Lebenssituationen auf, und das ohne viel Kraftaufwand, sondern einfach so, weil man vertraut und die Familie aus der Geistigen Welt geholfen hat.

Wer sich in die Arme derer fallenlässt, die immer für uns da waren, den Aufstieg ohne Körper vollzogen haben und uns vorausgegangen sind, wird nicht nur aufgefangen, sondern auch eingehüllt in die Kraftenergie der allumfassenden Liebe.

Es ist mir eine Freude und Ehre, weiterhin als Botschafterin des Lichts zu wirken.

Vielen Dank für euer Vertrauen. Und viel Freude bei der Lektüre der Seelenverträge Band 9, die als Nächstes folgen werden.

Sarinah Aurelia